조기유학, 유토피아를 향한 출국

조기유학의 복합적 기능과 역기능

오욱환

교육과학사

서문 겸 요약
유토피아에서 현실로

한국사회에서는 '빨리', '먼저', '앞서', '다르게', '낫게' 등 비교 우위를 의미하는 어찌씨(副詞)가 일상생활에서 너무 자주 쓰이고 있다. 이 단어들은 하나같이 경쟁적, 이기적 속마음을 표현하고 있다. 한국의 근·현대사는 격동의 시절이었기 때문에, 한국인들은 빨리, 먼저, 앞서, 다르게, 낫게 하지 않으면 생활이 어려워질 뿐만 아니라 생존도 위협받는다는 두려움을 갖고 있다. 한국전쟁 때에는 피난열차에 빨리, 먼저 올라타지 않으면 생명까지 위협을 받았으며, 배급을 받을 때에는 앞서 있지 않으면 '먹을거리'를 확보하기 어려웠다. 그리고 명절 귀향열차표를 미리 구하지 않으면, 고향길이 아득해질 수밖에 없었다. 이처럼 항상 수요에 비해서 공급이 턱없이 부족했기 때문에 빨리, 먼저, 앞서, 다르게, 낫게, 별스럽게, 때로는 불법적으로나 부당하게 하지 않으면 경쟁에서 밀려난다는 위기감을 안고 살게 되었다.

그러나 이처럼 미리미리 서두르지만, 한국인들은 그렇게 계획적이거나 합리적이지는 않다. 한국인들이 일상생활에서 '확 하거나', '저지르고 보거나', '묻지 않고 하거나', '남들이 하니까 하거나', '조류에 맞추어 하거나', '못할 이유가 없어서 하거나', '돋보이니까 하거나', '비싸니까 하거나', '할 수 있으니까 하거나' 심지어 '그냥 아무 이유 없이도 한다'. 한국인들이 이처럼 합리성, 객관성, 계획성, 예측성, 효율성 등을 결여한 채 강행한 행동의 결과로서 한국사회는 학력 인플레이션(credential inflation), 과잉교육(overeducation), 학력·학벌주의의 확산, 사교육의 비대화, 공교육의 위기,

구인난과 취업난의 역설적 공존, 청년실업의 증가와 만연 등이 속출하였다. 급기야 조기유학이 유행의 단계를 넘어 조류(潮流)처럼 인식되고 있으며, 어린 학생들이 외국으로 탈출하듯 떠나고, 가족들이 지리적으로 또 심리적으로 떨어져 살고 있다.

한국의 자녀들은 부모들로부터 매사 비교되고 닦달을 받으면서 자란다. 그 부모들은 '기차표를 먼저 사두어야만 직성이 풀리는' 세대이며, 그 조부모들은 '좌석이 지정된 기차표를 갖고도 자리를 잡으려고 종종걸음을 하게 되는' 세대이다. 한국인들의 조바심은 생존의 위기와 기회의 격차를 겪으면서 각인(刻印)되다시피 한 것이기 때문에, 서두르지 않아도 될 상황에서도 서두르고 있다. 한국인들은 하나같이 자신도 서두르고 다른 사람들도 서두르게 만드는 상황을 조성하고 있다. 한국인들은 나중을 위해서 미리 서두르고 조바심을 냄으로써 오늘을 포기한 채 살아가고 있다. 그런데 그 미래가 도달했을 때에는 이미 오늘로 변화하기 때문에 한국인들은 죽을 때까지 오늘을 포기한 채 살아간다. 한국인들은 만사에 그리고 너무 많이 만족을 유예(猶豫)함으로써 어느 한 시절도 행복을 느끼지 못하고 있다. 한국인들은 성인이 될 때까지는 부모로부터 닦달을 당하고, 성인이 되었을 때는 스스로 닦달하며, 결혼하면 배우자를 닦달하다가 자녀가 출생하면 기다렸다는 듯이 자녀를 닦달하면서 일생을 보낸다. 결과적으로, 한국인들에게 오늘은 행복과는 무관한 시간이 되고 있다.

한국의 부모들은 자녀들이 행복해하는 것보다 출세하는 것을 더 좋아한다. 부모의 기대를 익히 알고 있는 자녀들은 부모를 사랑하기보다는 부모를 기쁘게 하는 데 더 열중한다. 안타깝게도 한국의 어린이들은 부모의 눈치를 보는 데 너무 익숙해 있다. 한국의 부모들은 자녀들이 한 치라도 한눈을 팔거나 방황하는 것을 허용하지 않는다. 그래서 한국의 아이들은 실수하거나 실패할 수 있는 자유를 박탈당하고 있다. 한국 부모들은 자식을 자랑할 때 '줄곧 1등', '내쳐 장학생', '내내 상위권' 등으로 표현함으로써 '줄곧', '내쳐', '내내' 등의 어찌씨를 붙이거나 '놓쳐 본 적이 없다'는 식으로 표현하기를 좋아한다. 부모들의 이러한 유형의 자녀교육에 익숙해진 한국 자녀들은, 어릴 때는 물론이고 성인이 된 후에도, 인생을 승부하듯, 도박하듯, 심한 경우에는 사생결단(死生決斷)하듯 살아가게 된다.

출세에 집착함으로써 한국인들은 승률로 따지는 리그전(league match)보다는 매(每) 경기에 따라 생존여부가 결정되는 토너먼트(tournament)를 치루는 프로팀처럼 인생을 살게 된다. 매번 승리하고 성공해야 하는 압박감 때문에, 실험이나 도전은 최대한 기피된다. 출세에 집착함으로써 일상적으로 느껴야 할 행복을 상실한 한국인들은 출세한 후에는 이를 보상받기 위해 우쭐대고 거드름을 부리며 만족을 찾으려고 애쓴다. 출세경쟁에서 상대적으로 뒤처진 사람들은 출세한 사람들의 우쭐댐과 거드름을 견디면서 패배감에 사로잡히게 된다.

한국사회에서는 패배가 죽음처럼 극단적으로 묘사됨으로써 승복(承服)한 후 재기를 다지기보다는 경기자체를 인정하지 않거나 그 상황에서 사라지는 방법이 선택된다. 이러한 처사는 정치판에서 극명하게 드러나지만 사회 모든 영역에서도 빈번하게 일어나며, 동일한 맥락에서 조기유학이 결행되기도 한다. 승산(勝算)이 조금이라도 의심되면 판을 뒤집거나 떠나는 사태가 교육장면에서도 그대로 되풀이된다. 부모들은 자녀가 초등학생인데도 대학입시를 겨냥할 뿐만 아니라 출세 여부까지 예측하려든다. 부모들은 출세라는 개념에 매료되어 있을 뿐만 아니라 그 범위도 극도로 제한한 후 자녀들을 여기에 집어넣으려고 애쓴다. 출세의 범위를 극도로 좁힌 부모들이 자녀들에게 방황은 물론이며 자유조차 허용할 리 없다. 출세에 대한 집착에서 벗어나거나 출세의 범위를 넓히기만 하면 가진 것만으로도 행복할 수 있지만, 한국인들은 발상의 전환 자체를 패배로 생각한다. 세대를 이어가는 출세욕 때문에, 한국의 자녀들은 부모들이 풀지 못한 출세의 한을 고스란히 물려받는다.

인생살이에서는 얻는 게 있으면 잃는 게 있기 마련이다. 열심히 살면 얻는 게 많아지고 잃는 게 적어지지만, 아무 것도 잃지 않을 수는 없다. 조기유학은 새로운 기회를 얻는 만큼 확보해 두었던 기회를 그만큼 잃게 만든다. 다시 말해서, 외국의 학교와 사회에서 배울 수 있는 기회를 갖는 만큼, 한국 학교와 사회에서 배워야 할 것들을 배울 수 없게 된다. 조기유학을 떠나는 학생들과 그 부모들은 새로운 기회를 얻는 데에만 관심을 가질 뿐이지 가졌던 기회를 잃게 되는 데 대해서는 고려하지 않거나 가볍게 생각한다. 이들은 한국을 떠남으로써 잃게 되는 것들을 쉽게 만회할 수 있다고 편리하게 생각한다. 그러나 초·중등 교육기간과 성장기에 배우고, 깨달으며, 느껴야 하는 것들은 그 기간이 지난 후에는 쉽게 만회되지 않거나 영원히 회복될 수 없다. 우리들은 어른이 된 후 어릴 때 살던 집이나 마을을 찾아보고 크기나 넓이가 엄청나게 달라진 사실에 놀라곤 한다. 어린이의 눈을 잃었기 때문에 어릴 때 보았던 것을 볼 수 없게 된 것이다. 일상생활에서 느끼는 모국과 외국은, 정들면 타향도 고향이라는 말이 의미하듯, 국적에 의해서보다는 경험과 그에 대한 인식에 의해서 가름된다.

한국사회에서는 외국어가 하나의 자본으로서 출세하는 데 중요하게 작용해 왔다. 조선시대, 일제강점기, 미군점령기에는 각각 한문, 일본어, 영어의 구사는 출세의 도구였다. 이제는 영어의 구사가 지식과 기술을 습득하는 데 결정적인 도구로써 뿐만 아니라 그 자체가 하나의 위세지표(威勢指標)로 활용되고 있다. 영어의 구사능력이 생후의 지능지수처럼 개인의 가치를 좌우하고 있다. 한국의 부모들은 영어만 잘하면 모든 것이 다 풀린다고 믿고 있지만 영어실력이 무엇인지에 대해서는 잘 알지 못하며 생활회화를 영어의 모든 것으로 착각하기도 한다.

영어결정론에 빠져서 영어를 배우는 데에만 너무 치중한 나머지, 영어는 제대로 구사하지만 다른 과목은 뒤떨어지는 경우도 허다하게 발생한다. 그리고 영어를 잘하기 때문에 다른 과목을 공부하는 데도 거칠 것이 없어야 하는데, 영어 구사의 편의성 때문에 오히려 영어 관련 분야에만 자신을 가두어 버리는 사태가 발생하기도 한다. 영어를 도구로 이용하는 것이 아니라 영어의 도구가 되는 주객전도(主客顚倒) 현상이 일어날 수 있다. 영어가 집중적으로 필요한 학과를 선택함에 따라 공학, 자연과학 등은 물론이며 사회과학까지 포기하는 경우도 일어난다. 극단적인 경우에는, 영어를 잘하기 위해서 다른 과목들은 물론이며 삶의 의미까지 포기하게 만든다. "영어 하나만 건져도 된다"는 식의 조기유학론에서 이러한 위험이 예견된다.

한편, 조기유학을 통해 영어를 능숙하게 구사하게 된 유학생도, 미국에서 태어나서 자란 원어민 학생들보다 잘하기는 쉽지 않기 때문에, 미국에서 취업하고자 할 경우에는 영어 관련 학과를 지망하기 어렵다. 정작 영어를 잘하면서도 영어 구사의 이점을 살릴 수 없게 된다. 그 이점을 살리려면, 한국에서 직장을 구해야 된다. 그런데 한국에서 영어실력이 돋보이려면 적어도 영어권 국가에서 대학을 졸업한 수준은 되어야 한다. 조기유학생이 대학졸업 학력을 갖추려면 최소한 7년 정도(고등학교 입학부터 대학 졸업까지만 산출할 경우)가 소요된다. 이 정도 또는 그 이상의 기간 동안 청소년기를 외국에서 보낸 유학생은 한국사회에의 적응에 어려움을 겪지 않을 수 없다. 한국사회는 조기유학을 떠나 오랫동안 외국에서 생활하고 영구귀국한 한국인이 영어를 유창하게 구사할 때보다는 한국인답게 행동하고 처신할 때 호감을 보인다. 업무에서는 능력이 중요하지만, 생활에서는 감정과 정서가 앞선다.

나는 2000년『한국사회의 교육열: 기원과 심화』의 서문을 다음과 같이 시작하였다. "한국인들은 자신이 가진 장점으로 행복해 하는 경우보다는 자신의 약점을 곱씹어 불행해 하는 상황을 더 많이 만들고 있다. 한국인들이 못 가진 것 때문에 불행한 이유는 부정적 측면에서 자신을 다른 사람들과 비교하기 때문이다." 나는 이 서문을 여기서 반복하려고 한다. 한국인들은 조국의 장점으로 행복해 하는 경우보다 외국에 대한 선망으로 스스로 불행하게 만들고 있다. 남북이 분단되어 있고 군사적으로 대치하고 있지만, 우리들은 서울, 부산, 대구, 광주, 전주 등 도시는 물론이며 농촌, 어촌, 산촌 그 어디든지 그리고 언제라도 다닐 수 있다. 그러나 우리가 선망하는 미국에서는 현지인들도 그러한 자유를 누리기 어렵다. 대도시 도심은 해가 진 후 위험하여 다닐 수 없으며 곳곳에 형성된 빈민가는 물론이며 교외에서도 자기 집 문 밖도 아무 때나 나갈 수 없다. 미국에서는 총기휴대가 법적으로 허용되어 있다. 총기를 소지하려면 자격증이 있어야 하지만 그 절차가 너무 간단하여 등록제에 가깝다. 누구라도 총을 소지할 수 있고 총의 사정거리(射程距離)를 고려하면 얼굴을 맞대지 않고도 살해되거나 상해를 입을 수 있음을 의미한다. 그 무엇보다 더 중요한 것은 우리가 한국인으로 태어났고 자랐다는 사실이다. 세계에서 가장 살기 좋은 도시로 취리히, 밴쿠버, 비엔나, 오클랜드 등이 선정되지만, 그 도시들은 각각 스위스인, 캐나다인, 오스트리아인, 뉴질랜드인에게는 좋겠지만 한국에서 태어나서 자란 한국인들에게 가장 살기 좋은 도시가 될 수는 없다.

우리가 미국을 아무리 선망하더라도, 미국에서 우리는 미국시민권자들처럼 살 수 없고 백인보다 잘 그리고 편안하게 살기 어려우며 백인 앵글로색슨 기독교인(WASP)처럼 출세할 수 없다. 한국에서 태어난 몽고계, 알타이어족인 우리들은 한국을 벗어나면 인종차별을 받을 수밖에 없다. 그 이유는 우리도 동남아시아에서 일하러 온 사람들을 차별하고 있듯이 인종차별은 세계 어느 국가에서나 나타나는 보편적 현상이기 때문이다. 우리가 행복하려면 일상생활에 거리낌이 없어야 한다. 그 거리낌은 영어와 같은 외국어 구사능력에 의해서보다는 한국에서 한국어를 구사하고 한국문화를 교류할 수 있는 사람들과 어울려 지냄으로써 없어진다. 영어는 우리에게 외국어에 지나지 않을 뿐 모국어는 아니다. 외국어를 모국어처럼 구사하려고 애쓰다 보면 모국어가 외국어처럼 어눌해진다. 모국어는 생활하는 데 그리고 외국어는 업무를 수행하는 데 활용함으로써 행복과 효율을 함께 얻을 수 있다. 업무의 효율성이 아무리 중요하더라도 생활을 포기할 정도는 아니다.

한국의 교육현상을 이해하는 데 가장 중요한 개념으로 '교육열'(education zeal)을 들 수 있다. 나는 한국의 교육열은 한국인들의 심리적 성향에 의해서보다는 한국의 사회적 맥락에 의한 사회현상으로 파악해야 한다고 주장해 왔다. 나는 나의 주장을 설명하고 설득하기 위해서 교육열을 핵심 개념으로 하여 『한국사회의 교육열: 기원과 심화』(2000)를 출판하였다. 이 책에서 나는 한국사회의 교육열이 걷잡을 수 없을 정도로 가열되고 심화될 수밖에 없으며 이로 인해 한국인들이 무한(無限) 교육경쟁에 휘말려서 일상적 행복마저 침해받을 수 있음을 지적하였다. 그 증후는 다양하게 나타나고 있다. 그 다양함은 부모들이 자신들의 자녀들을 더 먼저, 더 많이, 더 비싸게 교육시켜 학교에서 앞서고 사회에서 출세케 하는 전략의 차이로 드러난다. 더 일찍부터 교육을 시키려는 부모들의 욕심은 보육을 훈련에 파묻히게 만들었으며 어린 아이들로부터 놀이를 빼앗고 공부만 떠안기고 있다. 심지어 휴식과 여유를 가져야 할 임산부들까지도 태어날 아이의 태내 공부를 위해 태교(胎敎)라는 이름 아래 대리 공부를 떠맡아 하고 있다.

학생들은 즐거움으로서의 앎(knowing as joy)을 잃어버리고 상표로서의 학력(schooling as label)만 추구하고 있다. 학생들은, 노동자가 생산과정으로부터 소외된 채 임금에만 매달리듯이, 자신의 삶과 유리된 점수만 받고 있다. 배우고 터득함으로써 즐거워야 할 공부가 다른 학생들을 제쳐 버리기 위한 석차 경쟁의 고역으로만 남아 있다. 오늘날 한국에서는 젊은 어머니가 버스 차창으로 첫 눈이 내리는 거리를 신기한 듯 바라보며 환호하는, '우리말도 서툰' 어린 아이에게 영어 학습지에 적힌 apple, bear, car 등을 큰 소리로 읽어 주며 영어 단어를 암기시키면서 우쭐대기도 한다. 이와 비슷한 장면을 목격할 때마다, 나는 이렇게 훈련받는 아이들의 얼굴에서 어릿광대의 무심한 표정과 소외된 노동자의 암울한 미래를 읽었다. 이 아이는 앞으로 배움과 앎을 외부의 요구나 강요에 의한 노동으로 인식할 가능성이 아주 높다.

부모들은, 선행학습을 앞서기라고 확신함에 따라, 상위 단계의 학교나 상급 학년에서 배워야 할 교과과정을 자녀들의 의사나 선택과는 무관하게 밀어 넣고 있다. 한국사회에서는 어떤 부모도 이처럼 무지막지한 밀어넣기(cram) 교육으로부터 자녀들을 쉽게 해방시킬 수 없다. 그 이유는 부모들이 '다들 그렇게 하기 때문에' 자신들도 하지 않을 수 없다고 생각하기 때문이다. 이러한 현실 인식에 의해 한국사회는 자녀교육을 매개로 하여 모든 가정이 다른 모든 가정을 상대로 하여 무한 교육경쟁을 벌이고 있다. 홉스(Thomas Hobbes, 1961)가 『리바이어던』(*Leviathan*)에서 말한 "만인의 만인에 대한 투쟁"의 최적 사례가 될 수 있다. 그 극단적 사례인 양, 한국의 어린이들이 거리낌 없이 뛰놀아야 할 어린 시절을 부모에 의해 박탈당하고, 머나먼 이국(異國)으로 송출되듯 유학을 떠나, 낯선 사람들 틈에서 살아남기 위해 적응, 성숙, 조숙 등으로 미화된 남의 말, 눈치 보기, 처세술 등을 때 이르게 배우고 있다.

조기유학으로 부모와 어린 자식이 떨어져 사는가 하면 부부가 생이별을 하기도 한다. 이 때문에 부모 또는 기러기처럼 홀로 떨어져 사는 아버지는 자녀들의 성장·발달 과정을 지켜 볼 수 없으며 자녀들과의 공감 없이 매월, 분기별, 매년 단위로 결과만 보고받는다. 자녀들의 학업에 모든 것을 투기하듯 투자한 부모들은 자녀들로 하여금 공부에 몰두하도록 하기 위해 부모가 희생하고 있음을 수시로, 강도를 높여가며, 갖가지 방법으로 각인시킨다. 자신들의 인생뿐만 아니라 부모의 인생까지 고스란히 투입된 조기유학은 자녀들에게 엄청난 부담으로 작용함에 따라 공부해서 우수한 성적을 내는 것 외에는 그 어떤 것도 시도하거나 생각하지 못하게 만든다. 오직 정해진 코스를 빨리 달려야 하기 때문에 조기유학생들의 생활은 경주마에 비유될 정도이며, 절대로 실패해서는 안 되기 때문에 천길만길 높은 벼랑 위의 줄타기와 비슷하다. 부모의 뜻을 파악하는 자녀들은 긴장할 수밖에 없다. 긴장의 끈을 놓는 순간부터 자녀는 부모의 땀과 눈물도 모르는 배은망덕한 자식이 된다.

조기유학은 한국보다 더 자유롭고, 더 다양하며, 더 인간적인 외국의 학교로 옮겨서 기회를 만끽하도록 해 주기 위해 추진되지만 실제로는 실패를 허용하지 않으므로, 조기유학생들은 자유주의, 인본주의, 국제화 등과는 거리가 먼 오직 점수·학력·학벌만을 위해 공부해야 하는 극단적 상황에 봉착하게 된다. 자녀들에게 조기유학의 기회를 제공하는 부모들은 개인적인 행복조차도 포기할 만큼 자녀들을 사랑하면서도 자유를 불허함으로써 그 아이들로 하여금 부모의 기대를 충족시켜 기쁘게 해 드리는 일에만 매달리게 만든다. 결과적으로, 조기유학은 부모로 하여금 자녀를 위해 살게 만들고 자녀로 하여금 부모를 위해 살게 만듦으로써 부모와 자식 모두 실존과 자아를 상실하게 한다. 조기유학은 '미래의 삶을 위해 현재를 포기한 훈련'에서 벗어날 수 없다. 인생은 '오늘'들의 연속일 뿐이다. 내일을 위해 오늘을 포기한다면, 모래를 위해 내일을 포기하게 된다. 그 어떤 오늘도 내일을 위해 포기되어서는 안 된다.

한 국가의 교육은 문화와 같아서 그 구성원들에 의해서 유형이 결정된다. 한국사회의 학교교육은 그 누구도 아닌 바로 우리 자신들 곧 한국인들에 의해서 현재의 모습을 갖게 되었다. 한국의 교육에 심각한 문제들이 산재해 있다면, 그 문제들은 대부분 한국인들에 의해서 야기된 것이다. 한국인들이 걸핏하면 거명하는 사회나 국가의 책임은, 사회와 국가가 그 구성원들에 의해서 만들어진 것인 만큼 그리고 민주주의 체제에서는 국민들의 결정력이 그 어느 시대보다 높은 만큼, 그 누구에게도 떠넘길 수 없으며 고스란히 한국인들의 책임이다. 우리들은 자신에게만 면죄부를 주고 다른 모든 사람들과 사회 그리고 국가를 비판·비난하고 책임을 촉구하는 데 너무 익숙해 있다. 한국의 학교교육이 갖고 있는 문제들은 부모들이 자신들의 자녀들을 좋은 성적, 높은 학력, 명문 학벌 등으로 무장케 하여 출세하도록 만들기 위해 온갖 전략들을 구사함에 따라 발생하였다. 한국의 공교육을 비판하면서 떠나는 조기유학생들과 그들의 부모들에 의해서 한국의 공교육이 더욱 심각한 위기에 처할 수 있다. 이 부모들이 사회적으로 높은 지위와 전문적 소양을 갖고 있기 때문에 조기유학이 시대적 추세처럼 확산되고 있다.

자신도 자가용 자동차를 타고 다니면서 거리에 자동차가 너무 많아 교통지옥이 되고 환경이 극도로 오염된다면서 다른 사람들을 비난한다면 사리에 맞을 리 없다. 더욱이 경제적 여유가 있고 사회적 위세도 높은 사람들이, 자동차를 더 많이 보유하고 있으면서, 생업 때문에 자동차를 운행하는 사람들을 비난하는 일은 정말 잘못된 것이다. 선택할 수 있는 사람들이 선택의 여지가 없는 사람들보다 자제하는 것이 마땅하다. 조기유학은 선택할 수 있는 여유를 가진 사람들에 의해서 선택된 일이다. 그들은 경제적 자본, 문화적 자본, 사회적 자본을 상대적으로 더 많이 가진 사람들이며 사회적 지배집단에 속한다. 조기유학에 대한 비판과 비난 속에는 상대적으로 적게 가진 사람들과 피지배집단에 속한 사람들의 부러움과 분노가 뒤섞여 있다. 부러움과 분노를 표출하는 집단은 조기유학을 보내는 집단이야말로 한국사회를 선도할 책임이 있다고 주장한다. 상대적 유리함을 이용하는 집단과 그러한 행동에 대해 불만과 분노를 터뜨리는 집단 사이에 적대적 감정이 쌓여가면서, 한국사회는 점차 양극화되면서 계급사회로 진입하고 있다.

출세하는 데 유학프리미엄이 크게 작용해 왔던 한국사회에서, 자녀에게 고학력과 명문 학벌을 제공하려는 부모들에 의해 조기유학이 시대적 흐름으로 부각되고 있다. 표방하는 이유야 정당하고 우아하지만, 내면적으로는 갖가지 말 못할 사연들에 의해서도 조기유학이 늘어나고 있다. 사연이야 어떠하든, 부모가 소망하는 자녀의 조기유학은 원하는 것이 모두 이루어질 듯이 환상적으로 묘사되고 있다. 그러나 그 자녀가 맞게 될 현실은 낙원과는 거리가 멀다. 어린 아이들이 공항 출국장에 들어가는 것을 지켜보면서 '유토피아(Utopia)로의 출국', '이상향(理想鄕)으로의 출국', '없는*(ou)* 곳*(topos)*으로의 이륙(離陸)'을 연상하였다. 아이들을 떠나보내는 사람들은 유토피아를 지향하지만, 그 아이들이 착륙해야 하는 곳은 냉엄한 현실이다.

감사문

나는 1979년 8월 나이 서른한 살에 아내와 2살짜리 딸을 한국에 두고 미국 유학을 떠났다. 김포공항에서 노스웨스턴 항공기를 탔을 때 나는 그 전날 심한 복통에 시달려 사색이 되어 있었다. 나중에 그 때 사진을 보니 광대뼈가 툭 튀어나와 있었다. 그래도 외모는 내면보다 나은 편이었다. 나는 AFKN(AFN Korea) 라디오 방송 뉴스를 녹음하여 반복해서 들음으로써 영어를 익혔다. 영어회화 학원에 가본 적도 없었다. 미 8군사령부에서 GRE를 치를 때 본 미국 헌병이 내가 태어난 후 가장 가까운 데서 본 미국인이었다. 당연히 나의 영어회화 실력은 형편없었고 미국 문화에 대해서는 거의 백지 상태였다. 미국 항공사의 비행기여서 한국인 승무원의 서비스를 받을 수 없었기 때문에 모든 것은 간간이 들려오는 영어단어와 눈치로 긴 여정을 견뎌내었다. 그러나 비상사태는 곧바로 찾아왔다. 비행기가 시카고 오헤어공항에 착륙한 후 일리노이대학교가 있는 어바나-샴페인시(市)로 가는 지방 비행기를 타기까지 4시간 정도를 기다릴 때였다. 그 넓은 오헤어공항에서의 4시간은 곤혹스럽기 짝이 없었다. 바쁘게 오가는 온갖 외모의 사람들 속에서 두려움과 경계 속에 온몸으로 접한 미국은 오로지 공포의 대상일 뿐이었다.

나의 짧은 영어실력은 수업시간에 나를 미치게 만들었다. 교수들의 강의가 전혀 들리지 않았다. 내가 접한 한국 교수들과는 달리 미국 교수들은 수업 중에 빈번하게 유머를 해댔다. 교실에 출석한 학생들은 큰 소리로 웃는데 나는 웃을 수가 없었다. 알아듣지 못했기 때문이다. 그래도 모두 웃는데 무표정하게 있을 수는 없는 일이어서 미소를 띠었다. 속으로 부아가 치밀면서 울고 싶었다. 강의 중에 슬쩍 지나치며 내주는 숙제를 놓치지 않기 위해 교수는 물론이며 순해 보이는 학생 두 사람에게 숙제가 있을 때마다 나에게 알려 달라고 간곡히 부탁해 두었다. 숙제가 있을 때마다 세 사람이 무슨 큰일이라도 난 것처럼 나를 불러댔다.

이 막막한 상황에서도 돌파구는 있었다. 일정과 과제가 세세하게 적힌 수업계획안(syllabus)이었다. 만일 수업계획안이 없었다면 나의 유학은 성공하기 어려웠을 것이다. 당시에 경험했던 수업계획안의 중요성을 생각하며, 나는 매 학기마다 수업계획안을 수정하거나 새로 작성하고 그 때마다 정성을 기울이고 있다. 수업계획안에 적힌 매주 다룰 내용에 관한 독서과제(reading assignment)를 사생결단하듯 읽었다. 쉽게 읽힐 리 없는 영어 원문이었고 한 주 분량이 한국 대학의 한 학기 분량쯤 돼 보였다. 말이 들리지 않으니 읽기를 소홀히 했다가는 모든 것이 끝날 수 있는 상황이었다. 두려움 때문에 나는 수업시간에 매우 진지하였다. 두려움과 진지함이 어우러진 나를 미국인 교수는 공격적(aggressive)이라고 묘사하였다.

나는 안타깝게도 한국에서 존경하는 스승을 찾지 못했다. 그런데 4년의 짧은 미국 생활에서 나는 존경할 수 있는 많은 스승들을 만났다. 나의 삶이 위기로 연속되었기 때문이었겠지만, 그 분들의 배려는 참으로 감동적이었다. 이렇게 긴 서두는 한국에서 온 오기로 뭉친 박사과정 학생을 포근하게 감싸준 미국 은사님들을 기억하기 위해서이다. 이제는 세월이 많이 흘러 일리노이대학교 홈페이지에서도 그 분들을 찾을 수 없게 되었다. 수업시간에 성실하고 일상생활에서 포근했던 그 분들의 은혜를 여기서나마 다시 기억하고자 한다. 조기유학을 주제로 이 책을 집필하면서 그 분들을 수시로 생각하였다.

나는 이 책을 마음 편하게 쓸 수 없었다. 조기유학을 떠난 한국의 어린이들과 청소년들이 외국의 학교와 교실에서 겪게 될 현실을 알고 있기 때문이다. 나는 유학 시절 한 연구 프로젝트에 참여하였다. 이 연구는 '비영어권 국가에서 미국으로 전학 온 학생들의 영어 습득 과정'을 파악하기 위한 것이었다. 연구조교로 참여한 나는 일리노이대학이 소재한 어바나시(市)에 있는 한 초등학교(Martin Luther King, Jr. Elementary School)의 교실에서 전학 온 외국인 학생들을 비디오로 촬영하였다. 그 학생들 가운데는 한국인 방문교수들(visiting scholars)의 자녀들도 있었다. 이 외국인 학생들의 학습 과정은 대학원 교실에서의 나의 모습 그대로였다. 난감함, 쑥스러움, 움츠림, 외로움, 뻔뻔함 그리고 때때로 기쁨 등의 혼합이었고 시행착오의 연속이었다. 그렇지만 하루하루 나아가고 있었다. 나는 이 아이들로부터 용기를 배웠다. 이 아이들은 상대편이 알아듣던 못 알아듣던 말을 끊임없이 해댔다. 그래서 나도 나에게 맞는 처세훈(處世訓)을 만들었다. “나는 내가 무슨 말을 하는지 안다. 모르면 네가 답답하지 내가 답답하냐.” 이 처세훈으로 무장하고, 나는 공격적으로 말했다. 그 비영어권 아이들도 생각이 난다. 그 아이들은 조기유학생들의 삶을 상상하는 데 큰 도움이 되었다.

나는 어머니께 감사드리고자 한다. 집안 형편상 대학에 갈 수 없는데도 대학에 가겠다고 그것도 부산에서 서울로 유학(遊學)가겠다고 고집을 부린 나를 엄격한 아버지로부터 보호해 주셨기 때문이다. 어머니는 경제적으로 무력하셨기 때문에 나를 재촉하거나 닦달하지 않으셨지만 심리적 지원은 아끼지 않으셨다. 따라서 나는 내 인생을 내 마음대로 구상하고 실행할 수 있었다. 그래서 나는 가난한 어머니들이 부유한 어머니들보다 더 교육적일 수 있다고 생각한다. 유학을 주제로 다룸에 따라 나의 유학시절이 간간히 떠올랐다. 그 시절이 떠오를 때마다 아버지와 장인어른의 임종을 지키지 못했을 뿐만 아니라 장례식에도 참석하지 못한 회환 때문에 글쓰기를 멈추곤 했다. 나의 학업에 지장이 있을까 걱정하시어 소식을 나중에 알리도록 미리 조치하신 두 분의 깊은 사랑을 기록해두고자 한다.

이 책을 쓰면서 많은 분들로부터 직접적인 도움을 받았다. ‘조기유학’에 대한 생각들을 알아보기 위해 점심 후 한가한 객담을 나누는 동료교수들에게 이 주제를 들이대었다. 나의 돌출하듯 화제 바꾸기에도 웃으며 참여해준 분들께 감사드린다. 이화여대 교육학과 김안나 교수님, 국어교육학과 서혁 교수님, 사회생활학과 최민식 교수님, 한국교육개발원 이경희 박사는 자료 수집에 큰 도움을 주셨다. 초안을 작성한 후, 나는 무려 8부를 복사하여 부속 유치원 원장을 겸하고 계시는 유아교육과 홍용희 교수님, 국어교육과 서혁 교수님, 영어교육과 신상근 교수님, 교육학과 김안나 교수님과 서경혜 교수님께 따지듯 읽어주시기를 간청했으며, 박사과정에 재학 중인 유영미, 이윤정, 김미윤 선생들에게는 내용 검토와 교열읽기를 부탁하였다. 이 분들은 대학사회에서 가장 바쁜 11월의 황금 같은 시간을 할애해주셨다. 이 책에는 이 분들의 노고가 담겨 있다. 그러나 이 책과 관련된 모든 책임은 고스란히 내 몫이다.

표지를 구상하던 중 미국 유학 시절에 인상적으로 보았던 노란색 스쿨버스가 떠올랐다. 나는 스쿨버스에 대한 미국사회의 배려가 참으로 부러웠다. 스쿨버스는 왼편 앞뒤에는 '정지표시판'(STOP sign)이 달고 있다가 정차할 때마다 이것을 펴서 모든 차량의 통행을 막아 학생들을 안전하게 보호한다. 스쿨버스를 표지에 담기로 작정하고 사진을 구했지만 쉽지 않았다. 마침 대학원생 이민주의 남편 우동석 님이 미국 유학 중이어서 염치불구하고 부탁하였다. 바쁜 일정인데도 나의 부탁을 기꺼이 받아준 두 분께 감사드린다.

이 책을 구상하기 시작했을 때에는 이화여자대학교에서 배려해준 수업경감안식년(2년)이 10개월 정도 남아 있을 때였다. 나는 일주일에 3학점짜리 한 과목만 담당함으로써 시간적 여유를 가질 수 있었다. 이 여유가 얼마나 소중한 것인지는 안식년이 끝나고 수업부담이 갑자기 늘어나면서 절감하였다.

나는 책을 집필할 때마다 출판사 선정을 고민하지 않는다. 그 이유는 교육과학사가 나의 부탁을 흔쾌히 들어주실 것을 확신하고 있기 때문이다. 책을 출판할 때마다 교육과학사에 감사드렸지만, 이제는 오랜 인연이 참으로 소중하게 생각된다. 서울 마포구 아현동 시대를 접고 경기도 파주 출판단지에 새 둥지를 마련한 교육과학사의 무궁한 발전을 기원한다.

2007년 12월

오 욱 환

차 례

1
조기유학의 의미: 개관

한국인들은 내일의 행복을 위해서 오늘의 삶을 쉽게 포기한다. 한국인들이 오늘을 포기한 최적의 사례가 학창시절이다. 사는 것 자체가 배움이며 배움이 곧 살아가는 것인데도 불구하고, 한국인들은 배움과 삶을 극명하게 구별하고 학습은 나중에 잘 살기 위해 피할 수 없는 과정으로만 인식하고 있다. 한국인들을 학교교육을 피할 수 없는 과정으로 생각한다. 학창시절은 병역의무 기간처럼 간주되어, 성인 남자들이 군대시절을 이야기하듯 학생시절을 회상한다. 학교교육은 삶의 과정으로서 의미를 상실하고 출세를 위한 도구로서만 가치가 부여됨에 따라 학창시절은 생애주기 가운데 암흑기(暗黑期)에 해당한다. 이 암흑기는 출세에 대한 집착이 강할수록 짙어지고 길어진다.

부모가 자녀의 출세에 깊이 개입하면 자녀는 자신의 인생을 주도하지 못한다. 부모에게서, 어릴 때부터 심지어 태아 시절부터, 남보다 앞서도록 재촉을 받으며 자라는 자녀들은 일찍부터 어른처럼 행동[조생(早生)]하지만 그만큼 자생력(自生力)을 잃게 된다. 자신의 삶으로부터 유리(遊離)된 자녀들은 실존의식을 상실하기 쉬우며 정체성 위기를 직면하게 된다. 이 자녀들이 자아정체성을 찾게 되면서 부모와의 갈등이 야기된다. 한국사회에서는 '교육출세론'이 시민종교(civil religion)처럼 한국인들의 마음속에 깊숙이 자리를 잡고 일상생활을 좌우하는 철칙(鐵則)처럼 작용하고 있다.

> 한국인들은 조선시대 이래로 한 세기 동안 급격한 사회구조의 변화를 여러 차례 겪으면서 하류 계층의 사람들이 일시에 계층 상승이동을 성취하는 사례들을 경험함으로써 자신들에게도 그런 일이 일어날 수 있다고 믿게 되었다. 한국인들은 사회계층을 고정적이거나 구조적인 것으로 받아들이지 않는다. 한국인들은 "어떤 사람도 될 수 있고 무엇이든 할 수 있다"고 생각할 만큼 평등의식(平等意識)이 강한데, 그 이유는 인종이나 종족 구성이 단순하고 여러 차례 거듭된 사회구조의 변화가 전통적 위계구조를 붕괴시켰기 때문인 것 같다. 이러한 평등의식과 이에 따라 제고된 성취동기 때문에, 한국인들은 '교육을 통한 출세'를 하나의 철칙으로 믿고 있다. 다시 말해서, 한국사회에서 '교육출세론'은 가설(假設)이나 이론(理論)이 아니라 현실(現實)이다[1](오욱환, 2000: 45-46).

한국인들은 "앞서는 것이 이기는 것"이라는 원칙을 절대적으로 고수하고 미리미리 서두르다 못해 이제는 남을 제치는 데 집중하고 있다. 한국 부모들은 자신들의 자녀들이 다른 집 자녀들을 제치고 나서도록 하기 위해서 자녀들의 경쟁에까지 혼신을 다해 그리고 전략적으로 개입하고 있다. 자녀들의 교육에 부모의 개입이 깊어지고 길어짐에 따라, 업적주의(meritocracy)[2]의 전당처럼 인식되어 왔던

---

1) 직접 인용된 글은 원칙적으로 원문(原文) 그대로 옮겨야 한다. 따라서 인용된 글의 표현, 문법, 띄어쓰기, 구두점 등은 이 책에서 사용하는 방법과 다르다. 이후 인용된 글들은 원문 그대로 옮겨 적는다.

2) 업적주의는 교육적, 사회적 성공이 재능과 노력에 의한 성취의 결과로 획득되어야 한다는 이념이다. 업적주의 사회는 위계적 직업 구조에서 한 개인이 차지할 자리가 생득적 속성에 의해 귀속되기보다는 자신이 이룬 성취의 산물로서 획득된다고 가정하고 경쟁의 균등을 강조한다.

학교가 '부모주의 이념'(ideology of parentocracy)에 의해 점차 지배되고 있다(Brown. 1990). 한국사회에서는 다른 국가들보다 더 노골적으로 '교육적 부모주의'(educational parentocracy)가 지배함에 따라 학업성적, 학력, 학벌 등이 학생들의 능력과 노력보다는 부모의 재산과 집착에 의해 좌우되고 있다. 조기유학은 자유주의를 지향하는 부모에 의해 업적주의가 여지없이 무너지고 부모주의가 독주하게 되는 전형적인 사례로서 아주 적합하다.

학교사회에 부모주의가 득세함에 따라 학교교육은 사회경제적 불평등을 재생산(再生産)하는 효율적 기제로 작용하게 되며 지배집단 부모들에 의해서 자신들의 기득권을 합리적으로 상속하는 도구로 활용되기도 한다. 이러한 목적으로 학교가 이용될 경우 아동들은 타고난 재능, 지능, 창의성 등이 학교교육을 통해서 오히려 억압된다(알파벳 순서대로 나열하면, Apple, 1982; Bourdieu and Passeron, 1977; Bowles and Gintis, 1976; Freire, 1970; Gartner, Greer and Riessman, 1973; Giroux, 1983; Hentoff, 1966; Herndon, 1971; Holt, 1964; Illich, 1969, 1970; Kohl, 1967; Kozol, 1991; McLaren, 1998; Postman and Weingartner, 1971; Reimer, 1970; Rogers, 1969; Silberman, 1970). 이러한 사회에서는 민주주의, 평등, 기회균등 등은 거짓 약속(false promise)에 지나지 않는다.

한국 부모들은 하나같이 자녀들이 빨리 출세하도록 재촉하고 있다. 사회에 나가서 출세할 때까지 기다리지 못해 학교생활에서부터 출세하라고 재촉한다. 극성스러운 부모들은 자녀에게 명문학교라는 상표를 붙여주기 위해 국내 학교시장을 샅샅이 훑고 다니다 못해 이제는 외국의 학교시장까지 세밀히 검색하고 있다. 이러한 상황이 너무 자주, 너무 가까이서 벌어지다 보니 이제는 자연스럽게 받아들여지고 있다. 그래서 자녀들은, 오랫동안 끊임없이 쫓기면서,

부모가 자신들을 몰아치지 않으면 애정이 결핍된 것으로 착각하기도 한다. 어린 학생들의 해외유학이 성인들의 해외여행처럼 사회경제적 지위를 과시하는 수단이 되고 있다. 이러한 유행과 추세에 부합하여 조기유학을 안내·자문·알선함으로써 이익을 추구하는 유학원들이 급격히 늘어나고 있다.[3] 유학원을 방문한 부모들은 이들의 공격적 마케팅[4]에 설복되지 않을 수 없다.

유학원들 간의 경쟁이 치열해지면서 고객 유치를 위해서 자녀들을 유학 보내도록 부모들을 부추기며 급기야는 조기유학에 무관심한 부모들을 자녀교육에 소홀하다며 질타(叱咤)하는 사례도 빈번히 발생하고 있다. 조기유학을 시도하는 부모들에 의해서 유학원이 늘어나지만, 유학원이 증가함에 따라 조기유학이 급증할 수도 있다. 유학원으로서는 고객이 있어야만 존립할 수 있기 때문에 수요자들을 창출하기 위해서 다양한 광고·유치 전략을 활용한다. 유학원으로서는 초·중등 학생의 유학이 대학·대학원생의 유학보다 훨씬 매력적이다. 대학·대학원생들의 경우에는 스스로 정보를 입수하고 절차를 밟거나 유학원으로부터의 도움을 최소화하지만, 초·중등 학생의 경우는 부모들이 나설 수밖에 없고 정보나 절차에 대해 잘 모르기 때문에 유학원에 크게 또는 전적으로 의존해야 한다. 이러한 이유로 조기유학은 유학원의 중요한 영업 품목이 된다. 유학원을 경영하거나 유학을 알선·자문하는 사람들이 조기유학 안내서와 조기유학 성공기(成功記)를 출판하는 이유도 여기에 있다.

---

3) 지금처럼 늘어나는 유학원들이 유지되려면 조기유학생들이 급격히 증가해야 한다. 유학원의 증가로 조기유학이 더욱 부추겨질 가능성이 아주 높다.

4) 사교육기관에서 가장 흔히 사용하는 공격적 마케팅은 부모들의 무성의로 자녀들이 낙오될 수 있음을 경고하는 것이다. 조기유학원들은 부모들에게 자녀들이 적기(適期)를 놓치지 않도록 충고한다.

이러한 사회 분위기에 휩싸임으로써 조기유학은 좁아진 계곡의 물살처럼 가속되고 있다. 조기유학의 물살을 탄 부모들은 쉽사리 빠져 나오지 못한다. 이 물살을 타게 된 부모들은 조기유학을 정당화함으로써 결심을 굳히고, 필요한 정보를 수집·분석·정리하며, 구체적인 절차의 하나로서 현장을 방문하여 적응 가능성을 시험한 후, 최종적으로 결행한다. 가구 소득의 증가, 자녀수의 격감, 해외여행의 자유화 등은 조기유학을 현실로 다가오게 만들었다. 박사 학위를 취득하기 위한 고난의 길로 인식됨으로써 엘리트들의 열망과 의지의 과정이었던 해외 유학이 석사 과정, 학사 과정, 고등학교 과정, 중학교 과정으로 확산되다가 급기야는 초등학생까지 유학길에 나서고 있다. 심지어 유학과 그 후에 얻을 수 있는 이점을 극대화하기 위해 부모가 자식을 현지(現地)의 시민권 소지자에게 입양시키는 사태가 벌어지는가 하면[5], 현지 시민권을 획득하기 위해 출생할 아이의 할아버지, 할머니, 아버지 그리고 친지들의 축복을 포기하고 이국의 병실에서 홀로 출산하는 냉정함도 거리낌 없이 발휘한다. 한국사회의 심각성은 이러한 냉정함을 기회로 간주하고 부러워하는 사람들이 적지 않다는 데 있다. 오늘날 한국사회에서는 이러한 행위가 일탈로 인식되거나 비난의 대상이 되는 것도 아니다.

조기유학은 양적으로 급격히 증가하고 있을 뿐만 아니라 유형

---

5) 이러한 사태는 '입양유학'이라는 용어가 인터넷에서 검색될 정도로 널리 확산되어 있다. '입양유학'은 유학 대상국에 친인척이 있는 사람들에 의해서 추진되었지만, 지금은 알선 업체를 통해 생면부지의 현지 시민권자에게 자녀를 입양시키기도 한다. 어느 경우이든지 법망을 피하지만 정당하지는 않기 때문에 쌍방에 밀약(密約)이 이루어질 수밖에 없다. SBS 텔레비전 방송국은 2007년 6월 20일 저녁 11시 15분 뉴스추적에서 '위장입양유학 실태보고 - 자식 성(姓)도 바꾼다'라는 제목으로 입양유학의 생생한 현실을 보여 주었다.

도 다양화되고 있다. 현행법은 조기유학에 대해 규제하는 성향을 띠고 있기 때문에 비합법적인 조기유학이 주종을 이루고 있다. 여기에 더하여 현지 출생으로 획득한 시민권(곧, 이중국적)을 활용하는 경우, 이민의 형식을 취했지만 가족이 분거해 있는 경우, 부모의 해외파견에 동반한 자녀가 현지에 남는 경우, 현지 시민권 소지자에게 입양되는 형식을 취하는 경우, 여행 목적으로 입국한 후 불법적으로 체류하는 경우 등 유형이 다양해지고 있다. 이러한 이유 때문에 현실에서 통칭되고 있는 조기유학을 깔끔하게 정의하기가 불가능하다. 조기유학을 너무 엄격하게 정의하면, 소재(素材)를 오히려 잃을 수 있다. 먼저, 국외유학에 관한 규정부터 살펴보자.

국외유학에 관한 규정[6]

[일부개정 2004.1.29 대통령령 18248호]

제1장 총칙

제1조 (목적) 이 영은 교육기본법 제29조 제3항의 규정에 의하여 국외유학에 관하여 필요한 사항을 규정함을 목적으로 한다. <개정 1998.12.31>

제2조 (정의) 이 영에서 사용하는 용어의 정의는 다음과 같다. <개정 1988.4.29>

1. "유학"이라 함은 외국의 교육기관·연구기관 또는 연수기관에서 6월 이상의 기간에 걸쳐 수학하거나 학문·기술을 연구 또는 연수하는 것을 말한다.

---

6) 교육인적자원부 → 법률교실 → 소관법령(http://www.moe.go.kr/main.jsp?idx=0404010101) → 시행령 → 국제교육협력 → 국외유학에 관한 규정(http://www.klaw.go.kr/DRF/MDRFLawService.jsp?OC=moeadmin&ID=02900)

2. "국비유학"이라 함은 국고에서 지급하는 장학금에 의하여 유학하는 것을 말한다.
3. "자비유학"이라 함은 국비외의 경비에 의하여 유학하는 것을 말한다.
4. "국비연수"라 함은 국고에서 지급하는 경비에 의하여 외국의 교육기관·연구기관·연수기관·산업체 기타 이와 유사한 기관 또는 단체에서 6월 미만의 기간에 걸쳐 지식·기술 등을 연수하는 것을 말한다.

제3조 (적용범위) 유학 및 국비연수에 관하여 다른 법령에 특별한 규정이 있는 경우를 제외하고는 이 영이 정하는 바에 의한다.

제2장 자비유학

제5조 (자비유학자격) ① 자비유학을 할 수 있는 자는 다음 각호의 1에 해당하고 외국의 교육기관·연구기관 또는 연수기관으로부터 입학허가 또는 초청을 받은 자이어야 한다. 이 경우 제2호가목에 해당하는 자는 예능 또는 체능계 학교에, 제2호나목 및 다목에 해당하는 자는 당해 입상 또는 기술자격 분야와 동일분야의 학교에, 제2호라목에 해당하는 자는 당해 특수교육분야의 학교에 한하여 자비유학을 할 수 있다.

<개정 1988.4.29, 1991.2.1, 1992.4.24, 1994.7.23, 1997.3.27, 1997.9.30, 1998.12.31, 2000.11.17, 2001.1.29, 2004.1.29>

1. 중학교 졸업이상의 학력이 있거나 이와 동등이상의 학력이 있다고 인정되는 자
2. 다음 각목의 1에 해당하는 자로서 당해 학교를 관할하거나 학력인정에 관한 사무를 관장하는 교육장의 유학인정을 받은 자
   가. 예능 또는 체능계의 중학교(이에 준하는 각종학교를 포함한다. 이하 같다)의 재학생으로서 전공분야의 실기가 뛰어난 것으로 인정되어, 당해 학교장이 추천한 자

나. 중학교의 재학생 및 학적을 가졌던 자 또는 이와 동등이상의 학력이 있다고 인정되는 자로서 자연과학·기술·예능 또는 체능분야의 특별시·광역시 또는 도규모 이상의 대회에서 입상한 실적이 있는 자

다. 중학교의 재학생 및 학적을 가졌던 자 또는 이와 동등이상의 학력이 있다고 인정되는 자로서 국가기술자격법에 의한 기술사·기사·기능장 또는 산업기사의 기술자격을 취득한 자

라. 특수교육진흥법에 의한 특수교육대상자

3. 다음 각목의 1에 해당하는 자로서 국제교육진흥원장의 유학인정을 받은 자

가. 외국의 정부·공공단체 또는 장학단체의 장학생으로 선발된 조기교육 대상자

나. 삭제 <1994.7.23>

다. 이 영에 의한 유학으로 외국의 학교에서 3년 이상 재학하고 귀국한 자로서 당해 외국의 상용어를 사용하는 국가에 유학을 하고자 하는 자

라. 대한민국의 국적을 회복한 교포이었던 자 또는 그 자녀로서 귀국 후 그가 거주하던 외국의 상용어를 사용하는 국가에 유학을 하고자 하는 자

마. 고아 또는 혼혈아나 국가유공자 등 예우 및 지원에 관한 법률에 의한 국가유공자나 그 유족 또는 가족으로서 외국의 정부·단체 또는 친척 등으로부터 초청을 받은 자

바. 이 영에 의한 유학 또는 연수로 외국의 교육기관·연구기관 또는 연수기관에서 유학 또는 연수 중 병역의무의 이행, 질병 기타 부득이한 사유로 귀국한 후 당해기관에 복귀하기 위하여 재출국을 희망하는 자

사. 올림픽경기대회 또는 아시아경기대회에서 금메달·은메달 또는 동메달을 수상한 자

여러 가지 경우를 심층적으로 고려하여 내린 정의가 조기유학 유형이 다양해지면서 곧바로 무의미해지기도 한다. 예컨대, 조기유학을 "초·중·고등 단계과정의 학생이 부모를 동반하지 않고 외국 현지의 학교에 최소한 1년 이상의 초·중등교육과정을 이수할 목적으로 출국한 자"(한준상 외, 2002: 201)로 정의될 경우에는, 어머니가 동반한 조기유학은, 가장 심각한 주제임에도 불구하고, 연구대상에서 제외될 수 있다. 순수하게 한국 국적을 소지한 자만을 조기유학에 포함할 경우에는, 입양형식을 취한 조기유학과 원정출산이나 현지 체류 중 출산에 의한 이중국적[7]을 활용한 조기유학이 제외된다. 이 글에서 언급되는 조기유학은 한국사회에서 통용되고 공감되는 개념에서 벗어나지 않는다. 다시 말해서, 이 글에서는 깔끔한 정의 때문에 소재를 잃기보다는 사회에 통용되는 용어로서 조기유학을 그대로 사용함으로써 소재를 모두 포함하고자 한다.

> 이 책 곧, 『조기유학, 유토피아를 향한 출국: 조기유학의 복합적 기능과 역기능』에서 조기유학은 한국의 초 · 중 · 고등학생이 외국의 초 · 중 · 고등학교로 전학한 후 장기간 체류하는 경우를 의미한다. 부모의 재외(在外) 근무로 인하여 부모와 동반함으로써 불가피하게 해당 기간 동안 외국에서 초 · 중 · 고등학교에 다니는 경우는 해당되지 않지만, 부모의 해외 근무가 끝난 후에도 자녀들이 계획적으로 그리고 장기적으로 남아 있으면서 초 · 중 · 고등학교에 다니는 경우는 포함된다. 그리고 부모가 이민 형식으로 이주한 국가에서 생업에 종사하지 않고 있을 뿐만 아니라 앞으로도 종사할 의사가 없으면서도 그 자녀들은 이주한 국가에서 초 · 중 · 고등학교에 다니는 경우[8] 그리고 법률상으로만 외국 시민권자의 자녀로 입양하여 해당 국가의 초 · 중 · 고등학교에 재학하는 경우도 조기유학에 포함된다. 조기유학은 한국 국적의 학생이 한국에서 한국

---

7) 출생지주의(出生地主義)와 혈통주의(血統主義)에 의해 이중국적 획득이 가능하다. 예컨대, 미국에서 한국 국적을 가진 부모에게서 태어난 아이는 이중국적을 갖게 된다.

8) 이러한 경우는 '교육이민'으로 속칭(俗稱)되고 있다.

학교에 다니다가 외국에 있는 외국학교로 전학하는 것만을 의미하지 않는다. 조기유학은 실제로는 보편적인 한국학교에서 외국의 '우수한' 학교나 '명문' 학교로 전학하는 것이다. 조기유학을 떠나는 학생들이 지망하는 학교들은 하나같이 해당 국가의 보편적인 학교-절대 다수를 차지하는 공립학교-들이 아니며 소재 지역, 학구, 학교 재정, 학교 환경, 교사의 질적 수준, 학생들의 인종·종족구성, 학생들의 사회계층, 학생들의 교육적·직업적 포부수준 등에서 월등히 우수하다. 이 학교들은 설립 유형-공립 또는 사립-을 불문하고 재정이 풍부하고 교육환경이 탁월하다.

자료로서의 가치를 높이려면 모으고 정리하고 분류해야 한다. 이 과정을 거치면, 무의미하게 보이는 것들에서 중요한 메시지를 얻을 수 있다. 조기유학에 대해 듣고 보아 왔지만 현실적으로 어떤 상황인지 알아보기 위해서 자료 수집을 시작하였다. 가장 손쉬운 방법이어서 인터넷을 통해 '조기유학'을 핵심개념으로 하여 검색해 보았다. 한국사회에서 조기유학이 어떻게 인식되고 있는지를 알아보기 위한 첫 작업으로 조기유학 안내서들을 검토하였다. 이 책들은 거의 대부분이 비(非)학술도서들로 조기유학에 대한 안내 못지않게 판매에도 신경을 쓴 점이 뚜렷하게 드러났다. 이 책들은 표지의 도안과 제목을 보고 독자들이 구매욕을 느끼도록 유도하고 있다. 몇 가지 비판서들을 제외하면, 조기유학 안내서들은 부모들로 하여금 자녀들을 조기에 유학시키지 않으면 뒤떨어질 수밖에 없다는 위기감을 은근히 또는 노골적으로 심어주고 있다.

'조기유학'을 키워드로 하여, 2007년 8월 30일을 기점으로 하여 교보문고와 YES24의 홈페이지에 나와 있는 책들을 발췌한 후 이를 연도별로 나열해 보았다. 제목과 표지만으로도 어린 자녀들을 둔 부모들을 설레게 한다. 유학이 출세의 지름길임을 여러 경로를 통해 목격하고 확인해 온 젊은 부모들에게 자녀의 조기유학은 뿌리치기 어려운 유혹일 수밖에 없다. 한국사회에서 유학은 엘리트들에 의해서만 추진되어 왔기 때문에, 이 젊은 부모들은 실패한 유학을 본 적도 없다. 결과적으로, 서점에서 '조기유학 성공기'들을 접하는 부모들에게 조기유학은 성공이 보장된, 다만 비용이 많이 드는, 출세의 첩경으로만 인식될 뿐이다.

양진영 (1992, 1). 『조기유학 리포트』. 백수사.
전옥경 (1996, 2). 『엄마와 함께 하는 조기유학 길라잡이』. 사람과사람.
윤정화 (1996, 7). 『조기유학이 재미있다』. 플렙교육컨설팅.

최정태 (2000, 1). 『조기유학 길잡이』. 엘리트유학원.
한갑수 (2000, 3). 『조기유학 이렇게 가라』. 에스오티.
김병석 (2000, 5). 『조기유학 잘못가면 내 아이 폐인된다』. 베스트셀러.
이원표·함동윤 (2000, 5). 『나는 조기유학 없이 아이비리그로 간다』. 자음과모음.
김종애 (2000, 7). 『조기유학 오딧세이』. 윤미디어.
전옥경 (2000, 8). 『확실한 미국 조기유학 성공가이드』. 사람과사람.
IAE유학네트 (2000, 9). 『21세기 조기유학 길라잡이.COM 3』. 가림 M&B.
전창훈 (2000, 10). 『미리 가보는 조기유학』. 삶과꿈.
이혜자·황보탁 (2000, 11). 『조기유학 성공하기』. 교문사.
윤린다 (2000, 12). 『알고가면 살기편한 이민·조기유학 캐나다』. 다해.

박　정 (2001, 2). 『조기유학 보낼까 말까 갈까 말까』. 을유문화사.
송순호 (2001, 7). 『조기유학 절대로 보내지 마라』. 사회평론.
김웅식 (2001, 12). 『조기유학 지침서 (미국편)』. 세진사.

조사라(최복례)·조 그레이스 (2002, 10). 『20년 먼저 떠난 조기유학』. 이지북스

장영선 (2003, 1). 『조기유학 210』. 백수사.
홍영규 (2003, 1). 『유학 이민 미국변호사 홍영규와 상담하세요』. 굿인포메이션.
엄승용 (2003, 4). 『애들아, 영어만 배우지 말고 코스모폴리탄이 되렴: 아빠가 쓴 영국조기유학 성공 리포트』. 넥서스.
함지하 (2003, 6). 『조기유학 캐나다 시골로 가라』. 자전거.
박난선 (2003, 9). 『SUCCESS 조기유학: 박난선의 조기유학 단계별 철저 가이드』. 이루파.
진용기 (2003, 11). 『조기유학 120% 성공할 수 있다』. 숲속의꿈.
하일현 (2003, 12). 『조기유학 무조건 떠나라』. 북카페.

박경자 (2004, 1). 『자녀에게 중국유학을 선물하라: 바람꽃 가족의 중국 조기유학 성공기』. 여성신문사.
한정욱·이순길 (2004, 1). 『정욱아 캐나다로 학교가자(초등학교 4학년생 정욱이의 조기유학 일년의 체험)』. 와이겔리.
김희경 (2004, 2). 『죽도 밥도 안된 조기유학』. 새로운사람들.
한준상·Sharan Merriam 등 (2004, 2). 『조기유학 로드맵: 한 미교육 전문가가 안내하는 성공적인 조기유학 길라잡이』. 청아출판사.

황옥현·김형섭 (2004, 3).『아이비리그 조기유학』. 매일경제신문사.
홍현주 (2004, 7).『(홍현주 박사의 제대로 본 미국 교육현장) 조기유학 알고 보내자』. 넥서스BOOKS.
전옥경 (2004, 9).『조기유학 100% 성공 안심하세요』. 학원사.
공현수 (2004, 12).『초등학생 공현수의 생생 유학일기』. 을파소.

김종애 (2005, 1).『부모의 마음으로 쓴 조기유학 ODYSSEY』. 세계로유학원.
한국유학 (2005, 1).『미리보는 조기유학 (미국편)』. 나노미디어.
최양숙 (2005, 3).『조기유학 가족 그리고 기러기 아빠』. 한국학술정보.
이성미 (2005, 5).『(짠순이 이성미의 조기유학 성공기) 아들아 너는 세상을 크게 살아라』. 이지북.
전옥경 (2005, 7).『조기유학 이것만은 알고 가자』. 학원사.
이소정 (2005, 10).『(대치동에서 캐나다로 조기유학 간 이소정의) 너는 어떻게 할래』. 우리들.

박홍기 (2006, 1).『(교육전문기자의 미국 조기유학 현장 리포트) 태평양의 건너를 몰라도 너무 모른다』. 집문당.
변상신 (2006, 1).『중국조기유학가이드』. 중국교육연구소.
이경륜 (2006, 1).『중국 조기유학에 꼭 성공하는 비결』. 세창미디어.
정재열·안성희 (2006, 3).『(우리 아이 성공과 실패는 엄마에게 달렸다) 캐나다 조기유학 성공하기』. 동쪽나라.

고재용 (2006, 10). 『미국유학 200%해킹하기: 조기유학에서 IVY벽을 넘어 의대·치대·약대 가기』. 한솜미디어.

신유길 (2007, 1). 『조기유학백과(DVD)』. 인터넷해외자료.

임규남 (2007, 2). 『해외 영어연수 조기유학 독인가 약인가』. 종합출판사.

최영화 (2007, 2). 『위풍당당 기러기 엄마 미국생활 따라잡기: 성공적인 조기유학을 위한 미국생활 100서』. 캐럿하우스.

조현영 (2007, 3). 『나는 한국의 가능성이고 싶다: 스탠포드 전액 장학생의 조기유학 성공기』. 북하우스.

김시원 (2007, 7). 『(목표와 계획을 가지고 떠나는) 조기유학 서바이벌 가이드』. 한울

나열된 책들의 제목을 읽다 보면, 우리는 조기유학을 긍정적 입장에서 수용하며 권장하거나 안내하는 도서가 부정적 입장에서 자제를 촉구하거나 냉정하도록 요구하는 도서보다 훨씬 많음을 확인할 수 있다. 부모들이 자녀의 조기유학에 관한 정보를 수집할 즈음에는 조기유학에 상당히 기울어졌을 때이므로, 이들은 자신들의 결정을 지지하는 책들과 계획을 구체적으로 실행하는 데 도움이 되는 책들을 구입하게 된다. 저자와 출판사는 이 점을 염두에 두고 집필하며 출판한다. 더욱이 조기유학에 성공했다고 자부(自負)하는 부모들은 성공담을 책으로 출판하려는 성향이 강하지만, 실패한 부모들이 그 사실을 드러내기는 쉽지 않다. 이 점은 집필자들 가운데 자녀를 조기유학 보낸 부모가 차지하는 비율이 높고 내용들 속에는 실명(實名)으로 자신들의 개인적 경험은 물론이며 사생활까지 밝혀져

있다. 이러한 표현법은 글에 대한 신뢰감을 높이는 데 효과적이다.

조기유학에 성공했다고 자평(自評)하는 부모들에 의한 문헌들이 늘어남에 따라 조기유학이 대부분 성공하는 것으로 비쳐질 수 있다. 성공한 것으로 판단하는 부모들은 쉽게 그리고 자랑삼아 말할 수 있지만, 실패했다고 생각하는 부모들은 그 사실을 드러내기를 원치 않는다. 따라서 자녀의 조기유학을 고려하고 조기유학에 대해 정보를 입수하려는 부모들이 접수하는 유학정보들은 대부분 조기유학을 선호하거나 권장하는 내용이 될 수밖에 없다. 이는 주식으로 돈을 벌어보려는 사람들이, 투자로 망한 사람들보다 흥한 사람들의 말에 귀를 기울이게 되는 이치와 비슷하다. 복권으로 일확천금의 행운을 잡은 사람들은 알려져도, 돈을 잃은 사람들은 셀 수 없을 정도로 많지만 주목받지 못한다. 그래서 복권은 돈을 버는 방법으로만 부각된다. 그러나 복권이나 증권에의 몰입은 돈을 잃거나 심지어 패가망신(敗家亡身)하는 첩경이 되고 있다.

조기유학이 대부분 성공으로 비쳐지는 까닭은 성공 여부를 판단하는 기준이 매우 관대하기 때문이다. 조기유학을 보낸 부모들을 면담한 글들을 섭렵해 보면, "영어 하나만 건지면 성공이다"라는 답변을 자주 읽을 수 있다. 이들이 생각하는 '영어 하나'는 매우 애매모호하며 대개의 경우 일상회화 수준을 넘지 않는다. 이들은 자녀들의 영어 구사력에 대부분 감탄하는데, 그 이유는 자녀가 현지인들처럼 발음하고 더듬거리지 않고 빨리 말하기 때문이다. 이들은 심지어 자녀들이 빨리 그리고 굴려서 말하므로 자신들이 알아듣지 못하면 영어를 잘 한다고도 생각한다. 기러기 아빠들[9]의 경우에는 오랜만

9) 기러기 아빠는 "자녀(들)의 유학에 아내를 동반시킴으로써 한국에서 홀로 생업에 종사하며 소득을 획득하여 유학비용을 송금하는 기혼 유자녀 분거 남성"을

에 만나는 자녀들이 현지인들과 거침없이 대화하는 사실만으로도 감격하며 쇼핑센터, 식당, 주유소 등에서 자신을 제치고 일을 척척 처리해내는 것을 보면서 성공을 확신한다. 이 부모들은 자녀들이 수업장면에서 겪고 있는 어려움을 알지 못하며 귀국 후 또는 현지에서 상급학교로 진학할 때 부닥치게 될 난관을 예견하지 못한다. 극단적으로 표현하면, 어린 자녀를 유학 보낸 부모들은 성공을 확신하고 싶어서 성공적인 장면들만 선별해서 보려고 한다.

조기유학의 성공담은 상당히 극적(劇的)인데도 불구하고 이를 읽는 사람들은 매우 일상적인 사례처럼 받아들이게 된다. 극적이라는 말은 보편화되기 어렵다는 의미를 담고 있지만, 감동적·인상적이기 때문에 오히려 모형으로 삼으려는 심리가 작용한다. 조기유학의 성공담은 자녀교육에 대한 부모들의 각성, 성공에 대한 확신, 자녀에 대한 신뢰, 현실에 대한 정확한 인식, 현 시점에서 최적의 방법 모색, 허황된 꿈의 포기 곧 목표의 현실화, 삶에 대한 새로운 성찰 등으로 이루어져 있다. 자녀교육에 대한 부모들의 자성과 획기적인 변화는 자녀의 조기유학이 성공적으로 이루어지는 데 결정적인 역할을 하고 있다. 이러한 점을 중요하게 고려하면, 조기유학이 성공적으로 진행되기 위해서는 그 무엇보다도 부모가 이전의 자녀교육관을 바꿀 필요가 있다.[10)] 다시 말해서, 조기유학을 성공과 실패로

의미한다. 이들의 생활에 사회적 관심이 집중되면서 '독수리 아빠', '펭귄 아빠' 등 신조어가 등장하고 있다. 독수리 아빠는 비교적 용이하게 그리고 자주 가족들을 상봉할 수 있는 경제력과 시간을 가진 경우에 해당하며, 펭귄 아빠는 제대로 날지 못하는 펭귄처럼 가족 상봉이 어려운 경우를 지칭한다. 기러기 가족은 다국적(多國籍) 가족 또는 초국적(超國籍) 가족으로도 지칭되고 있지만, 조기유학으로 인한 분거가족의 구성원들이 다함께 또는 나누어서 한국 국적과 외국 국적을 갖고 있지 않으며 대부분의 사례들이 이민의 형태를 취하고 있지 않기 때문에 적절한 개념이 될 수 없다.

가름하는 것은 환경의 변화—한국 학교에서 외국 학교로의 전학—가 아니라 부모의 자녀교육관 변화가 된다. 여기서 우리는 자녀를 유학 시키면서 부모가 현실을 직시하고 자녀교육관을 획기적으로 수정하듯이 한국에서도 그렇게 할 수 있다면, 조기유학이라는 방법에 집착할 이유가 없다는 결론을 얻을 수 있다.

10) 부모들이 한국에서처럼 일류대학 진학과 최고 수준의 전문직에의 취직만을 성공이라고 제한할 경우에는 현지에서 성공하는 사례는 극도로 줄어들 것이다. 예컨대, 자녀를 미국에 조기유학을 보내면서 하버드대학교 법대를 졸업하고 뉴욕시에 있는 최고수준의 법무법인(law firm)에 취직하는 정도를 성공으로 인정한다면, 조기유학의 성공 사례는 거의 찾을 수 없을 것이다.

2
조기유학의 동인: 기대와 사실

조기유학을 위해 어린 자녀를 외국으로 떠나보내면서 부모들은 자녀에게 강한 신뢰감을 표현한다. 이러한 사실은 조기유학을 보낸 부모들 특히 기러기 아빠들을 면담할 때 충분히 확인할 수 있다. 면담 중에 부모들 또는 기러기 아빠들은 "나는 우리 아이가 잘할 것으로 믿는다"라는 표현을 자주한다. 조기유학을 보내면서 이들이 자녀에 대해 갖는 신뢰는 자녀가 한국에 있을 때에는 생각할 수 없을 정도로 아주 높다. 여기서 우리는 세 가지 질문을 떠올릴 수 있다. 첫째, 왜 부모들은 자녀가 조기유학을 떠날 때 강력한 신뢰감을 갖는가? 둘째, 왜 부모들은 자녀가 한국에 있을 때 그러한 신뢰감을 갖거나 표현하지 않았는가? 셋째, 이들의 강한 신뢰감은 진솔한 것인가 아니면 소망이나 기대의 표현일 뿐인가?

자녀의 조기유학에 동반한 어머니들의 체험기를 읽다 보면, 이 어머니들이 미국이나 캐나다에 도착하면 자녀관이나 자녀교육관뿐만 아니라 자신의 인생관, 미래관도 획기적으로 바꾸고 있음을 알 수 있다. 이들은 자녀에 대해 아주 관대해지고 세심해질 뿐만 아니라 아주 사소한 것에도 감사하며 조그마한 성취에서도 행복을 느낀다.

다시 말해서, 이들은 가진 것만으로도 행복해 하며 가질 수 없는 것 때문에 안달하지 않게 된다. 그래서 이들은 한국에서 동일한 일이 일어났다면 심각하게 받아들일 사태도 의연하게 대처한다. 이들은 자녀들이 낯선 이국에서 적응하려고 애쓰는 것만으로도 대견스럽게 생각하며 생경스러운 장면에 용기를 내어 다가가는 데 대해서 감격해 한다. 자녀들에 대한 기대 수준을 낮춤에 따라, 이들은 자녀들의 현지 적응과정을 경이롭게 받아들인다. 이들은 현지 교사들을 비판하거나 비방하지 않으며 자녀에 대한 사려 깊은 배려에 감사한다.

그러나 현지에서는 교사의 질적 수준에 대해 상당히 비판적이다. 미국의 경우, 교사의 질적 수준을 높이기 위해 강도 높은 조치가 취해지고 있다. 미국의 부시 정부는 2001년 1월 23일 어떤 어린이도 뒤처지지 않게 하기 위해 '낙오아동방지법'(No Children Left Behind: NCLB)[1)]의 제정을 의회에 요청하였다. 이 법안은 교육개혁에 관한 부시 정부의 네 가지 원칙들－결과에 대한 강한 책무성, 유연성과 지방의 자치적 통제, 부모들을 위한 다양한 선택권, 효과가 증명된 교수방법의 강조－을 고스란히 반영하고 있다. 이 법안은 학교와 교사에게 학생들의 교육실패에 대해 책임을 질 것을 강하게 요구한다. 미국에서 교직은 선호되는 직업이 아니어서 수준 높은 교사를 채용하는 데 어려움이 많다. 교사의 높은 이직률 때문에 많은 학교들이 교과과정에 차질을 빚고 있다. 교직에 부임 후 5년을 넘기지 못하는 교사의 비율이 40퍼센트에 육박하고 있다(Ingersoll, 2004).

미국의 교사도 한국의 교사처럼 과로에 시달리며 학생들로부터 심리적·신체적 상처를 받을 뿐만 아니라 교육적 무력감에서 헤

1) http://www.ed.gov/nclb/landing.jhtml

어나지 못하기도 한다(Lortie, [1975][2] 2003; Ginott, [1972] 2003; Gatto, [1992] 2005; 오욱환, 2005). 조기유학의 대상국이 아니지만 독일에서도 교사에 대한 불신이 학부모들 사이에 상당히 퍼져 있다. 로테 퀸(Kuehn, [2005] 2006)의 『발칙하고 통쾌한 교사비판서』는 선진국 교사에 대한 한국 부모들의 근거 없는 환상을 깨는 데 적합한 도서이다. 조기유학에 동반한 어머니들이 현지 교사들에게 갖는 호감은 학교와 학급에 대한 심층적인 이해의 부족에 근거할 수도 있다. 이 어머니들은 현지 학교와 학급에서 일어나는 일상적인 사태들에 대해 경험한 적이 없다. 다시 말해서, 이 어머니들은 현지 교사들의 얼굴에 띤 미소를 보았지만 그들의 마음을 간파할 수는 없다. 더욱이 현지 교사의 눈에 비친 한국의 조기유학생은 '이역만리 생소한 곳에 떨어진 채 말도 제대로 못하는 불쌍한 아이'에서 크게 벗어나지 않을 것이다. 이러한 상황이라면, 현지 교사가 동양에서 온 외톨이에게 연민의 정을 느끼고 각별한 관심을 기울이는 것이 너무나 당연하다.

자녀의 조기유학 과정을 객관적으로 기술하고 자신들이 받은 인상과 자신들의 처신에 대해서도 진솔하게 고백하는 어머니들은 자녀들의 현지 적응을 안쓰러워하면서도 대견해 한다. 이 어머니들은, 자신들도 현지 적응에 어려움을 겪기 때문에 아이에게 연민의 정을 갖게 되어, 자신들의 소원(所願)이나 기대(期待)에 자녀들을 맞추려 하지 않고 실제 상황을 직시하고 자녀들이 처한 위기를 솔직하게 인정하고 발전을 도모한다. 이 어머니들은 한국을 떠나면서, 바꾸어서 말하면, 외국에서 생활하면서 진솔한 의미에서의 교육을 정관(靜觀)하는 방향으로 돌변하였다. 그렇다면 한국의 어머니들은 한

2) [연도]는 원본이 출판된 연도를 가리킴. 예컨대, [1975] 2003: 34는 1975년에 출판된 원본을 2003년에 번역(또는 수정)한 책의 34쪽에서 인용했음을 뜻함.

국에서는 어떠한가? 사실, 한국에서 한국의 어머니들은 교육적이라고 인정받기 어렵다.

오늘날 한국의 어머니들은 자녀들의 성적을 올리고, 학력(years of schooling)을 높이며, 학벌(route of schooling)을 명문화하기 위해 자녀들을 공부하도록 재촉한다. 그렇지만 교육적이라고 평가받으려면 반드시 갖추어야 할 조건 곧 부모 자신들이 마땅히 수행해야 할 교육적 역할이나 행동－어린 자녀들에게 책 읽어주기, 자신들이 자녀들에게 모형이 되기 위해 스스로 읽고 쓰기, 자녀들을 앞에서 끌거나 뒤에서 밀지 않고 격려하고 고무하기, 자녀들을 남의 집 아이들과 비교하지 않기, 자녀들의 작은 성취에도 감격하기, 자녀들의 엉뚱한 생각이나 행동을 감싸주기, 자녀들이 애써 노력하고도 실패하면 성공했을 때보다 더 칭찬하고 격려하기, 자녀들 앞에서 공부를 더 잘하는 아이의 어머니를 부러워하지 않기 등－은 소홀히 하고 있다. 한국의 어머니들은 자신들에게 "나는 교육적인가"하고 수시로 자문(自問)할 필요가 있다. 교육은, 훈련과 달라서, 결과보다 과정을 더 중요하게 생각한다.[3] 교육적인 어머니는 수석 합격생의 어머니가 아니라 자녀가 삶을 즐기도록 만드는 어머니이다. 맹자(孟子)의 어머니가 교육적으로 추앙받는 이유는 맹자가 위대한 학자이어서가 아니라 아들의 교육환경을 개선하기 위해 기꺼이 이사했기 때문이다.[4] 만일, 그 시절에 어떤 아이의 어머니가 맹자 어머니와 똑

3) 훈련은 지식과 자아를 극명하게 분리시킨다. 훈련에서는 자아를 내세우는 것을 허용하지 않는다. 그러나 교육은 지식과 자아의 분리를 반대할 뿐만 아니라 완전한 통합을 지향함으로써 훈련과 대립된다(Noble, 2002: 3-4). 훈련의 목표는 외부에서 확정하지만, 교육의 목표는 본질적으로 내부에서 설정된다.

4) 맹모삼천지교(孟母三遷之敎)를 말한다. 맹자의 어머니가 맹자를 교육시키기 위하여 묘지, 시장, 학교 인근으로 세 번 이사했다는 고사(故事)에서 따온 말이다. 아

같은 마음으로 이사를 세 번씩이나 했는데도 불구하고 그 아이가 공부하는 데 실패했다면, 우리는 그 아이의 어머니도 교육적이라고 평가해야 마땅하다.

한국의 어머니들은 아버지들보다 자녀교육에 더 직접적으로 영향을 미친다. 그래서 한국의 어머니들은 스스로 '학습하는 어머니'의 모습[5]을 자녀들에게 생생하게 보여줄 필요가 있다. 교육을 강조하다 보면, 가르침이 없는 상황에서는 배움이 불가능한 것처럼 인식되고 특별히 마련된 장소를 떠난 사람들, 곧 성인들은 학습할 수 없다는 결론에 이르게 된다. 그러나 학습과 터득은 가르치는 사람과 장소가 없어도 얼마든지 가능하다(오욱환, 2007).

> 학습은 호흡과 같다. 자연스러운 인간활동이다. 그것은 우리가 살아 있다는 표시다. 활동적이고, 호기심이 강하고, 자신의 세계를 탐구하고, 열정적으로 삶을 사는 사람들은 – 모든 갓난아이들과 마찬가지로 – 학습하고 있다. 우리의 호흡능력처럼 학습능력은 향상되거나 간섭받을 필요가 없다. 깊이 있게 생각해 볼 필요도 없겠지만 사람들이 학습하고 생각하는 방법을 배워야 한다는 것은 난센스다. 우리는 이런 것들을 이미 알고 있는 채로 태어났다. 재미있고, 접근 가능하고, 이해할 수 있는 세계에서 의미 있는 한 부분이 되어 생활하는 것만이 필요하다(Falbell, [1996] 2004: 124–125).

한국의 어머니들보다 할머니들이, 할머니들보다 증조할머니들이 오히려 더 교육적이었다. 그 이유는 할머니들의 경우에는 자녀들

마 당시(맹자는 BC 371년경에 태어남)에는 이사가 아주 어려운 일이였을 것이다. 오늘날 한국에서처럼 이사가 빈번하다면 교훈의 소재가 될 리 없다.

5) 학습하는 어머니는 부엌 선반 위에 간지가 끼워진 책을 놓아두거나, 안방에는 화장대 대신 앙증맞은 책상을 두거나, 틈틈이 사 모은 책들을 분류·정리하거나, 필기구와 필기장을 항상 옆에 두고 수시로 쓰거나, 컴퓨터와 인터넷에 익숙하거나, 인터넷 즐겨찾기에 사전을 등재시켜 놓거나, 이동도서관이나 가까운 도서관을 수시로 이용하거나, 서점에 가기를 쇼핑하기보다 즐기거나, 인터넷으로 책을 구입하거나, 지적 호기심을 잃지 않을 것이며 모르는 것이 있을 때 참지 않을 것이다.

이 많아서 자녀 하나하나에게 공부하라고 일일이 닦달하거나 재촉할 수 없었기 때문이다. 할머니들은 "될 자식은 되기 마련이고 안 될 자식은 애를 써도 안 된다"는 식으로 생각하고 그 많은 자식들을 내버려 두다시피 했는데, 이 방법이 오히려 일일이 간섭하고 재촉하는 방식보다 더 교육적이었다. 할머니들의 '자연주의 교육철학' 또는 '내버려두기 교육방법'에 의해서, 그 할머니들의 자식들－오늘의 아버지들과 어머니들－은 쫓기지 않음으로써 꿈을 꿀 수 있었고, 그 꿈을 실현하기 위해서 스스로 노력했으며, 꿈이 실현되었을 때에는 성취감과 함께 자존심을 가질 수 있었다.[6] 그 할머니들은 사실인즉 자식들을 내팽개치지 않았으며 나서지 않고 마음을 졸이며 지켜보았다. 그 할머니들은 자식의 인생을 자신들이 대신 살아줄 수 없음을 잘 알고 있었다. 할머니들은 학력과 경제력에서 무력(無力)했기 때문에 자녀들에게 교육적일 수 있었지만, 어머니들은 학력이 받쳐주고 한국의 경제성장, 저(低)출산 등에 힘입은 경제적 유력(有力)함 때문에 자녀들의 인생에 적극적으로 개입·간섭하면서 오히려 비교육적일 소지를 높이고 있다. 할머니들은 경제적 지원(支援)이 부실했기 때문에 심리적 지원(志願)만 할 수밖에 없었지만, 어머니들은 경제적 투자를 아끼지 않기 때문에 심리적 압박(壓迫)을 멈추지 않는다.

조기유학의 체험을 이야기하는 어머니들은 아이들의 적응이 성공적으로 이루어진다고 판단하면 그에 대한 공로를 현지 학교와 교사들에게도 돌린다. 이들은 현지 학교교육의 장점을 크게 강조하

6) 형·자매들이 많은 가난한 가정출신의 아버지들과 어머니들은 자신들을 자수성가(自手成家)했거나 입지전적(立志傳的) 인물로 묘사하는 경우가 빈번하다. 그 강도(强度)는 자녀들을 훈계할 때 더 높아진다. 아버지와 어머니 세대들이 자신들의 삶에 대해 자존심을 가짐은 그들이 처했던 상황을 고려하면 당연할 수도 있다.

면서 간간히 한국 학교의 낙후함과 교사의 무정함을 부각시킨다. 예컨대, 숙제를 내주지 않는 미국 초등학교는 교육적으로 비쳐지고 숙제를 내주는 한국 초등학교는 비교육적이 된다. 그런데 미국의 영향력 높은 보고서들(Adler, 1982: 54; National Commission on Excellence in Education, 1983: 21. 35-36)은 미국의 학교가 학생들에게 숙제를 너무 적게 부과한다고 신랄하게 비판하고 있다. 한국 어머니들의 숙제에 대한 인식은 상황에 따라 전혀 달라진다. 이 어머니들은 자녀가 한국에서 학교 다닐 때는 숙제를 부과해주기를 원하면서도 자녀가 외국에서 학교에 다닐 때에는 숙제가 없는 것을 매우 반기며 교육적인 조치라고 생각한다. 이 어머니들이 한국에서도 학교에서 숙제를 내주지 않기를 원할지 의문이다.

서구사회의 교사들은 학생들이 공부를 열심히 하든 말든 크게 개의치 않으며, 부모들도 자녀들이 공부하도록 심하게 닦달하거나 재촉하지도 않는다. 신분, 계급, 인종 등에 의해서 구조적으로 계층화된 사회에서는 학교교육은 전통적으로 엘리트를 선발하기 위한 제도였다. 엘리트는 인구 가운데 10퍼센트 정도로 간주되었기 때문에 공부하도록 독려하지 않아도 충분히 선발될 수 있었다. 영국, 프랑스, 독일의 경우, 고등교육의 기회가 급격하게 확대되었지만 해당 인구 가운데 30퍼센트 정도만 대학에 진학하며 대학에 진학한 학생들 가운데 절반 정도만 4년제 대학을 졸업한다(Sadovnik, Cookson and Semel, 2006: 209-215). 미국은 계층화가 뚜렷한 유럽 국가들과는 상당한 차이가 있지만 고등교육 수준에서는 엘리트주의를 지향하고 있다. 그 지향성은 대학들이 질적 격차에 따라 추구하는 목표가 다름에서 드러난다. 미국의 고등교육은 (1) 연구 대학교(research universities), (2) 박사학위 수여 대학교(doctorate-granting universities), (3) 종합대학교와 종합대학(comprehensive universities and colleges), (4) 인문대학(liberal art colleges), (5) 2년제 지역사회·단기·기술 대학(two-year community, junior, and technical colleges), (6) 전문가 학교와 특화 기관(professional schools and other specialized institutions) 등 여섯 가지로 구분되거나, (1) 아이비리그(Ivy League)로 통칭되는 전통 사립대학교, (2) 인문학 중심의 소규모 인문대학, (3) 경쟁력이 높은 주(州)에서 설립한 연구중심 주립대학교, (4) 각 주(州)에서 주민들의 자녀교육에 비중을 두고 지역별로 안배하여 설립한 교육중심 주립대학교, (5) 2년제로 운영되는 지역사회대학(community colleges) 등 다섯 가지로 분류된다(오욱환, 1999).

1983년 미국 교육성(Department of Education)에서는 『위기에 처한 국가』(*A nation at risk*)라는 제목의 보고서를 발행·배포하였다. 이 보고서는 미국이 위기에 처했다고 단정하고 그 원인이 학교교육의 국제 경쟁력 하락에 있다고 진단하였다. 미국은 1957년에 소련이 인공위성을 세계 최초로 발사했을 때에도 엄청난 충격(Sputnik shock)에 휩싸였으며 국가가 위기에 처했다고 단정하였다. 『위기에 처한 국가』는 1980년대에 접어들면서 일본, 독일 등에 미국의 경제력이 추월당할 가능성이 높아짐[7]에 따라 또다시 위기가 초래되었다고 주장하였다. 이 보고서는 미국이 경제 위기를 극복하려면 경쟁상대 국가들에 비해 턱없이 뒤떨어진 학교교육의 힘을 획기적으로 신장해야 한다고 결론짓고 이를 위해서 교사들과 학부모들이 각각 학생들과 자녀들로 하여금 공부에 전념하도록 고취하기를 촉구하였다.

---

7) 1980년대에 접어들면서 미국은 자동차, 철강, 전자, 기계 등 거의 모든 산업에서 경쟁력이 급격히 하락하였다. 예컨대, 포드, GM, 크라이슬러 등 미국 3사는 일본의 도요타, 닛산, 혼다, 독일의 메르세데스 벤츠, BMW, 폭스바겐, 스웨덴의 볼보 등에 시장을 크게 잠식당하였다. 전자제품 시장은 일본 상품에 의해 거의 잠식당하였다.

한국사회에서 한국 부모들이 교사들에게 '부모의 입장에서'(in loco parentis) 학생들을 공부시키도록 요구하지만 않더라도 학교와 교사는 학생들을 지금보다는 훨씬 인본적으로 대할 수 있다. 부모의 입장에서 교육하고 훈육하기를 요구받고 있는 한국의 학교에서는 아래의 인용된 글과 같은 장면은 어떤 과목에서도 가당치 않다. 이 장면은 미국 미시건주(州)에 소재한 선호도 높은 공립 고등학교의 3학년 선택과목 스페인어 수업시간이다. 한국 고등학교에서 이렇게 수업을 진행하는 교사가 있다면, 그는 학교로부터는 물론이며 부모들로부터 거센 항의를 받을 것이며, 계속해서 이렇게 수업한다면 해직을 피할 수 없을 것이다.

> 제2외국어인 스페인어 시간은 분위기가 사뭇 달랐다. 언어를 배우는 시간이라서인지 활기가 넘쳤다. 교실에 들어갔을 때 많은 학생들이 막대사탕을 핥고 있었다. '선생님이 오시면 안 먹겠거니'했는데 웬걸, 학생들은 수업 시간 내내 사탕을 빨면서 얘기했다. 교사에게 주의를 받지도 않았다. 2, 3명씩 묶어 자유롭게 얘기하는 시간에는 교실 바닥에 엎드려서 얘기하거나 아예 드러누워 있는 학생들도 있었다. 너무나 천연덕스러운 그들 속에서 공연히 민망해한 사람은 필자뿐이었던 것 같다(최영미, 2001, 7).[8)]

외국의 학교교육에 대해 깊은 인상을 받은 한국인들이 다함께 지적하는 한국교육의 문제점은 사교육의 만연과 과잉이다. 조기유학에 동행한 어머니들도 사교육으로부터의 해방을 가장 반긴다. 그러나 한국에서 사교육이 만연하고 어느 부모도 피할 수 없게 된 이유가 무엇인지 생각해 볼 필요가 있다. 사교육을 받을 것인지를 최종적으로 결정할 수 있는 사람은 부모와 그 자녀이다. 학교, 교육인

---

8) http://www.donga.com/docs/magazine/woman_donga/200107/edu04.html 『여성동아』 2001년 7월호

적자원부, 사회가 사교육을 강요하지 않는다. 이에 대해 반발하는 학부모들은 '공교육의 부실'이 사교육을 부추긴다고 주장한다. 그러나 이러한 주장은 상대적으로 더 나은 학교에 다니는 학생들이 사교육을 더 많이 받고 있는 현실에서는 설명력과 설득력이 없다. 다시 말해서, 서울에 있는 사립초등학교 학생들이 읍 소재지 초등학교 학생들보다 그리고 외국어 고등학교 학생들이 일반계 고등학교 학생들보다 공교육 측면에서 상대적으로 더 낫지만 사교육을 훨씬 더 많이 받고 있다. 그리고 공교육의 수준을 높이기 위해 초등학교에서 영어를 가르치면서 영어 과외는 크게 늘어났다.

사교육에 대한 개념 정의에서 우리는 심각한 혼돈에 빠져 있다. 사교육을 논할 때에는 항상 공교육과 대비시킨다. 그래서 사교육은 '학교 외에서의 교육'을 의미하고, 공교육은 '학교 내에서의 교육'으로 제한된다. 공교육에 대한 부모들의 불만은 공식적이거나 대외적으로는 교육의 질적 수준에 초점을 맞추고 있지만, 그 불만의 실질적인 원천은 사교육비 지출에 대한 경제적 부담에 있다. 그렇다면, 우리는 공교육과 사교육의 차이를 교육비용으로 가릴 필요도 있다. 국가에서 무상으로 제공하는 공립 초등학교를 마다하고 사립 초등학교에 자녀를 입학시키는 경우, 공립학교에 재학할 때 소요되는 경비를 초과한 교육비용은 부모의 입장에서는 사교육비와 하등 다를 것이 없다. 조기유학에는 사교육비가 추가되지 않는다는 주장은, 교육비 측면에서 볼 때, 논리적 모순이다. 그 이유는 공교육비를 초과한 상당한 금액이 분명히 지출되고 있기 때문이다. 똑같은 오류가 "자립형 사립 고등학교에 다니면 사교육비가 필요 없다"는 주장에서도 담겨져 있다. 더욱이 "기숙형 사립 고등학교에서는 사교육비가 전혀 들지 않는다"는 주장은, 실질적

의미에서의 초과 교육비가 엄청나게 지출되고 있기 때문에, 오류일 수밖에 없다.

"공교육의 내실화가 사교육을 줄인다"는 논리는 인간의 욕구에 대한 이해 부족에서 나온 오류이다. 한국사회의 사교육 열풍은 부모나 그 자녀의 필요(必要)에 의해서라기보다는 그들의 무한한 욕구(慾求)에 의해서 초래된 사회적 현상이다. 우리는 욕구가 충분히 충족되어 더 이상의 욕구가 발생하지 않는 사태는 결코 일어날 수 없음을 인정해야 한다. 더욱이 출세욕 때문에 모든 사람들을 경쟁상대로 지목하고 있는 한국인들에게 욕구가 충족되고 만족에 이르는 상태를 기대하기 어렵다. 한국의 부모들은 보습(補習)의 필요보다는 경쟁에서의 우위(優位)를 차지하기 위해서 과외수업에 매달린다. 한국사회에서 보습의 필요를 결정하는 실질적인 변수는 해당 과목에 대한 이해의 부족이 아니며 경쟁 상대들과의 격차이다. 충분히 이해했더라도 경쟁상대로 지목하고 있는 사람들이 더 많이 알고 있다는 사실을 확인하면 졸지에 부족으로 인식하게 되고 보습이 뒤따른다.

한국 부모들의 공교육에 대한 불만은 다양한 이유에서 야기된다. 첫째, 학교에서의 가르침이 비효율적인 데 대해 불만이 제기될 수 있다. 이 경우, 부모들은 자녀들의 성적이나 석차에 상관없이 불만을 제기한다. 둘째, 공교육에 의해서 학생들 간에 격차가 발생하고 순위가 매겨짐에 따라, 부모들이 자녀들로 하여금 상대적 우위를 차지하도록 하기 위해서 사교육에 의존하면서 불만이 제기될 수 있다. 이 경우에는 (1) 자녀가 학교 공부에 더하여 과외공부로 시달리는 것이 안타깝지만 다른 대안이 없는 데서 야기되는 불만과 (2) 사교육비로 인해 가계 부담이 늘어남에 따른 불만으로 세분될 수 있다. 공교육에 대한 불만이 여러 갈래로 나뉨에 따라 공교육을 비판·비난하며 떠나는 조기유학도 여러 가지 유형으로 나뉘게 된다. 두 번째의 불만으로 조기유학을 떠나더라도 과외공부로부터 해방되게 하기 위한 경우와 과외비를 덜기 위한 경우는 상당히 다른 유형으로 나타난다.

초등학교에서 영어를 가르치면서 초등학생들의 조기유학이 급격히 증가하였다. 초등학교에서 영어를 가르치게 되자 학생들 사이에 영어 실력의 격차가 뚜렷하게 나타났고 이 사실을 학생들은 물론이며 학부모들도 확인하게 되었다. 이 사실을 확인한 부모들은 새로운 욕구를 추가하게 되었다. 더 일찍, 더 먼저, 더 많이 공부시키는 것이 남들보다 앞서게 하는 첩경으로 확신하는 한국의 부모들은, 외국어는 어릴 때부터 배워야 한다는 이론에 힘입어, 조기 영어교육에 매진한다. 이 부모들 가운데에서 자녀들로 하여금 영어에 흠뻑 젖게 만들고 영어를 생활화하게 하는 방법까지 구상하는 사람들이 등장하였다.[9] 그러한 구상의 실행이 조기유학으로 나타나고 있다.

자녀의 조기유학에 동행한 한국 어머니들이 언제까지 그리고 어느 곳에서나 자녀가 현지에 적응하는 것만으로 성공으로 생각하고 감사하게 받아들일 수 있는지 궁금하다. 다시 말해서, 자녀들이 현지에서 대학 입시를 준비해야 할 때에도 처음 시작할 때처럼 학력이나 학벌로부터 자유로울 수 있을지 궁금하다. 이러한 궁금증은 한

9) 이러한 구상은 일면 타당하다. 왜냐하면 영어를 제대로 습득하는 데 필요한 시간을 공교육에서 할당할 수 없기 때문이다. 한국의 학교교육에서 영어에 할당하는 시간은 842시간인데 이 시간은 기본적 의사소통 능력을 갖추는 데에 필요하다고 주장된 최소시간(4,000에서 5,000시간 정도)에 턱없이 모자란다. 영어교육학계에서는 이러한 한계를 지적하며 영어 과목의 시간수를 늘리려는 움직임을 보이고 있다. 현실적으로 시수(時數)를 늘리려면 다른 교과목에 할당된 시간을 양도받는 방법, 수업시간을 늘이고 그 시간을 영어교육이 전용하는 방법, 영어교육을 더 이른 학령부터 시작하는 방법 등이 있다. 이 방법들은 곧바로 쟁점을 야기할 수밖에 없다.

국인들이 모여 살고 있는 대도시에 한국을 떠나면서 자신들이 그렇게도 비난했던, 그리고 미국인들이 '쥐어짜는 학교'(cram school)로 비아냥거리는 한국형 입시과외학원들이 성행하고 있으며 조기유학 중인 한국학생들이 방학 동안 귀국하여 미국 대학에 합격하기 위해 '대학진학적성검사'(Scholastic Aptitude Test)를 한국 학원에서 배우고 있는 얄궂은 사실에 의해 곧바로 풀려버린다.

자녀의 현지 적응만으로도 감격해 하던 어머니들이 한국으로 귀국하여 자녀들이 한국 학교에 재입학했을 때에도 적응하는 수준에 만족할 것인지 의문이다. 그에 대한 해답은 너무 빤하기 때문에 아주 쉽게 구할 수 있다. 어머니의 조기유학 동반 체험기에서 적절한 글을 찾았다. 아래 인용된 글과 같은 메시지는 조기유학에의 동반 경험을 솔직담백하게 말하는 어머니들로부터 쉽사리 들을 수 있다.

> 아이들(유치원생 딸과 초등학교 2학년생 아들)을 던져 놓고 키우는 듯 싶은 나지만 가끔 정신이 번쩍 날 때가 있다. 한국의 동네 엄마들과 통화를 하고 나면 그렇다. 우리 애들과 같은 나이의 아이를 기르고 있는 한 엄마는 아이 교육에 아주 열심이라 더욱 자극을 받는다. 그런 날이면 우리집 아이들은 영문도 모르고 눈을 부릅뜬 엄마 앞에 노트를 놓고 앉아야 한다. 큰애는 한국에서 가져온 산수문제를 풀고 작은애는 한글공부를 한다. "속 터져!"를 연발하는 엄마와 달리 아이들은 틈만 나면 노트 한 귀퉁이에 좋아하는 포켓몬 만화를 그리며 공부는 하는 둥 마는 둥 건성이다. 잘 뛰어놀고 영어로 곧잘 얘기하는 아이들이 기특하다가도 한국에 돌아가야 한다는 생각을 하면 이렇게 긴장이 된다. 특히 한글을 못 떼고 온 작은애는 영어와 함께 한글 공부까지 해야 하니 더 그렇다. 놀고 싶어하는 아이들과 씨름을 하다가도 '영어 하나만 확실히 건져가자'고 마음을 돌리면 조금 느긋해지긴 한다(최영미, 2001, 7).[10] (괄호 안의 글과 밑줄은 각각 이해를 돕고 강조를 위해 추가한 것임)

10) http://www.donga.com/docs/magazine/woman_donga/200108/edu01.html

초등학생 자녀들이 현지 학교에 적응하면서 영어 동화책을 줄줄 읽을 수 있을 정도가 되면 동행한 어머니는 감격하고 이 소식을 한국에 있는 기러기 아빠에게 알린다. 자녀들이 영어 동화나 소설을 읽는 데 감탄하는 바로 이 부모들이 한국에 있을 때 자녀들이 우리글로 된 동화나 소설을 읽으면 공부하는 데 방해가 된다고 야단쳤으며 책을 읽는 데 필요한 시간을 여러 가지 학원들에 보내느라고 원천적으로 박탈하였다.[11] 영어권 국가들의 영어 교육 방법에 깊은 인상을 받은 부모들은 동화책이나 문학작품을 과도하게 읽도록 요구하는 수업방법에 찬사를 보내면서 한국의 수업방법을 은근히 또는 노골적으로 비판한다. 이러한 비판은 타당하지만, 비판을 제기하는 부모들도 그 비판으로부터 결코 자유로울 수 없다. 왜냐하면 영어권 국가들의 영어 교육은 해당 국가들로서는 모국어 교육이기 때문이다. 이 부모들은 영어권 국가들이 영어 교육을 위해 부과하는 만큼 한국에서 국어 교육을 위해 학생들에게 동화책이나 문학작품을 과도하게 읽어야 하는 숙제를 내줄 때에도 반길 것인지를 자신들에게 물어볼 필요가 있다. 그러한 분량의 읽기 숙제는 다른 과목 공부나 학원 수강에 방해가 되기 때문에, 이 부모들이 수용할 가능성은 거의 없다. 안타깝게도, 이 부모들은 외국의 모국어 수업방법에 감탄하면서도 그 방법을 한국의 모국어 수업에 적용하기를 원하지 않는 모순에 스스로 빠지고 있다.

자녀들의 유학생활을 동거하며 지켜보는 한국의 어머니들은 미국 학교의 교과과정, 교수방법, 과외활동 등에 쉽게 매료된다. 이 어머니들이 매료되는 이유는 미국 학교가 다양한 프로그램을 제공

---

11) 책이 팔리지 않으므로 저술하는 사람들도 적으며, 당연한 결과로서 좋은 책도 귀할 수밖에 없다. 책이 팔리지 않기 때문에 저술에 전념해서는 먹고 살 수 없다.

하기 때문이다. 이 어머니들은 한국의 학교는 "왜 그렇게 하지 못하느냐"며 강한 의문을 던지면서 질책한다. 한국의 학교가 그렇게 하지 못하는 데에는 여러 가지 이유들이 있지만 결코 간과될 수 없는 이유가 바로 학부모들에게 있다. 재정적 이유는 차치하고라도, 한국의 학교에서는 미국 학교처럼 다양한 프로그램을 제공할 수 있는 시간이 없다. 필수 과목들이나 입시 과목들 이외의 교과목들을 가르치는 것조차 거부하는 지경인데 다양한 과외활동을 하도록 자녀들을 학교에 남겨둘 부모는 없다[12]. 정규수업이 끝난 후에도 학생들을 붙잡아 두는 학교나 교사가 있다면, 학부모들로부터의 비난을 감당키 어려울 것이다. 학교가 학생들이 과외학원에 늦지 않도록 배려해야 할 지경에 이르렀다. 미국, 캐나다, 호주 등에서는 자녀들이 친구들을 사귀도록 고무하고 독려하는 부모들은 한국에 있을 때 친구들을 만나는 데 필요한 시간까지도 공부시간을 뺏어간다면서 허용하지 않았다. 한국에서는 어린이들과 청소년들이 친구들을 만나기 위해서라도 과외학원에 다녀야 한다. 학원에 다니지 않으면 친구를 만날 시간이 없으며, 학원에라도 가야만 친구들을 볼 수 있다.

부모들이 자녀에 대한 기대수준을 낮추고 자녀의 인생에 덜 개입하며 학력과 학벌경쟁으로부터 초연(超然)해지면, 학생들로부터, 부모들로부터, 사회로부터, 심지어 교사들로부터도 비판·비난되고 있는 한국의 학교생활도 충분히 즐거울 수 있다.[13] 한국 학교

12) 밴드부, 연극반, 야구동호회 등에 가입할 학생이 있겠으며, 자녀들이 공연 준비를 위해 방과 후 학교에 남아 있는 것을 내버려 둘 부모가 있을까?

13) 행복의 공식은 '행복 = 충족/욕구'로 표현될 수 있다. 이 공식에 따르면, 행복하기 위해서는 욕구를 충족시키든지 아니면 욕구를 줄이면 된다. 자녀에 대한 기대를 줄이기만 해도, 그 자녀는 부모를 행복하게 할 수 있다. 다(多)자녀 부모가

교육의 현실이 나아질 기미가 보이지 않아서 비극적(悲劇的)이라면, 그에 대한 책임은 그러한 현실을 초래한 한국인들과 그들이 만든 사회, 문화, 국가, 제도에 있다. 사회, 문화, 국가, 제도 등이 개별 인간들의 집합 이상이 아니므로 결국 한국인들이 전적으로 책임져야 마땅하다. 그러나 한국인들은 사회풍토를 탓하고 스스로를 희생자로만 인식하며 "남들이 다 시키는데 나만 안 시킬 수는 없다"면서 하나같이 학력·학벌경쟁에 매진함으로써 공교육을 초토화시키면서 사교육을 공룡화(恐龍化)시키고 있다. 결과적으로, 한국인들은 타인들의 자녀교육 행위를 탓하면서 남들과 똑같이 행동함으로써 한국교육을 악화시키고 있으며, 자신들에 의해서 국가와 사회가 구성됨에도 불구하고 전혀 무관한 사람들처럼 그 국가와 사회만 일방적으로 비판·매도하고 있다. 가족이기주의와 부모주의가 팽배한 사회에서 공교육의 효율화는 어려울 수밖에 없다. 부모가 자녀교육에 끝없이 그리고 끊임없이 개입하는 한, 입시제도의 혼선에서부터 수행평가의 무의미화에 이르기까지 온갖 교육 문제들이 야기된다.

우리는 조기유학 성공담이 대부분 단기적인 성과에만 근거하고 있음을 간파해야 한다. 다시 말해서 장기적인 성패나 최종적인 성과에 대해서는 알 수 없으므로 성공에 대한 확신이나 단언(斷言)은 유보해야 마땅하다.[14] 현재 단계의 학교생활에 적응, 성적 향

행복한 이유는 자녀들에게 너무 높이 기대하지 않기 때문이다. 한편 소(小)자녀 부모가 노심초사하는 이유는 한두 자녀에게 너무 많이 기대하기 때문이다.

14) 조기유학을 떠나는 학생들은 물론이며 그 부모들도 조기유학을 떠나야 하는 이유나 떠날 수밖에 없는 이유에 대해서는 분명한 견해와 의지를 밝히지만 조기유학의 성공 모형을 구체적으로 제시하지는 못한다. 조기유학을 떠나는 사람들은 자신들의 결정이 합리적이고 정당하며 불가피함을 주장하기 위해서 한국

상, 우수한 대학교에의 진학 등으로 이어지더라도 성공이라고 결론을 짓기는 이르다. 추후 취업, 결혼, 승진, 업적, 사회적 인정 등 구체적으로 드러나는 결과뿐만 아니라 자신, 부모, 국가, 민족 등에 의한 태도와 구체적 행위가 어떻게 전개될지 알 수 없다. 타국(他國)에서 공부하고 생활하므로 심리적 변화가 급격하게 일어날 가능성이 상대적으로 더 많다. 성공을 예단하기에는 너무 많은 세월이 남아 있고 아주 많은 변수가 강력하게 그리고 혼돈스럽게 작용하고 있다. 성공적인 적응으로 알려진 경우도 실정(實情)을 구체적으로 파악해 보면 상당히 다른 결론이 내려질 수 있다. 학력이나 학벌이 교육받은 사람(the educated person)을 만들 수 없다. "진정으로 교육받았음(to be truly educated)은 학교교육을 마친 오랜 후 인생의 후반기에 자신이 설정하고 주도한 것을 성취한 상태를 의미한다"(Adler, 1982: 58).

한국인들이 서양인들에 대해 근거 없이 갖고 있는 호의적인 선입관도 현지에서 이들과 이해관계에 얽힐 경우 허상임이 드러나는 경우가 많다. 이해관계가 얽힐 경우나 불편이나 손해를 감수하고도 친절을 베푸는 인성이나 문화를 가진 민족은 없다. 한국 유학생들은 미국·캐나다·호주 등의 일반 가정에서 머물[home-stay] 때, 비싼 대가를 치루면서 그 실상을 체험하기도 한다. 아래의 인용문은 호주 홈스테이의 명암에 대한 글에서 발췌한 것이다.

의 교육현실에 대해서는 상당히 비관적이거나 비난적이지만 유학국의 교육현실에 대해서는, 경험과 정보가 부족한데도 불구하고, 호의적, 관용적, 심지어 환상적 견해를 주저하지 않고 피력한다. 조기유학의 성공 모형은 아직도 애매모호할 뿐인데도, 예외적이며 극적인 성공 사례가 누구나 언제나 성취할 수 있는 목표처럼 과도하게 부풀려져 있다.

한국인들은 대부분 "서양인(특히 미국인)들은 부자여서 후하고 자상하고 친절하다"는 선입관을 갖고 있다. 많은 한국인들이 해외여행 경험을 가지고 있는 요즘도 그런 생각은 거의 변하지 않고 있는 듯하다. 막상 현지에서 살게 되면 그런 '꿈'에서 깨어나게 되는데 홈스테이도 이와 마찬가지다. 많은 한국학생들은 학교가 정해준 홈스테이 가정을 찾아가 본 뒤 실망한다. 살면서 문화적으로 느끼는 일반적 불편 말고도 주인과 겪은 오해와 마찰, 영어실력이 크게 늘 것이라는 기대가 깨지는 것 등으로 인해 오래 버티지 못하고 거처를 옮겨 다니기 시작한다. 결국 비슷한 처지의 한국학생들끼리 방을 얻어 나가, 가급적 영어를 쓴다는 원래 계획과는 딴판인 해외생활을 하게 되는 것이다(김삼오, 2004: 181).

한국 유학생들은 학교 가까운 곳에 있는 앵글로색슨계 백인 중산층의 홈스테이[15]를 기대하지만, 이들은 경제적 여유가 있고 사생활을 중요하게 생각하기 때문에 홈스테이를 통해 외국 학생을 가정에 들이기를 원하지 않는다. 행운이 따라주어서 기대한 앵글로색슨계 백인 중산층에서 홈스테이를 하게 되는 경우도 한국 유학생들이 생각하는 환경이 아닐 가능성이 아주 많다. 홈스테이를 하더라도 백인 중산층은, 한국 유학생들이 보기에는, 깐깐하고 보수적인 사람들일 수밖에 없다. 이 주인들은 효율적으로 가정을 관리하기 위해 그리고 자신의 집에 거주하는 유학생들에 대한 책임감 때문에 상당히 엄격한 규칙을 정해 놓고 준수하도록 요구한다. 한국 유학생들이 부모 슬하에서 편하게 지낼 때의 행동이나 태도들 가운데 상당 부분이 규제 대상이 된다. 중류계층의 백인들에게 한국 유학생들은 버릇없는 청소년으로 인식될 가능성이 아주 많다. 조기유학생이 한국의 자기 집에서처럼 자유분방하게 행동한다면[16], 쫓겨나기 십중팔구일

15) 이러한 조건을 갖춘 홈스테이가 없는 것은 아니지만 극히 예외적인 경우이며 그 수도 극히 적다. 한국 중산층 가정이 개발도상국에서 유학 온 학생들을 상대로 하숙을 치겠는지를 생각해 보면, 홈스테이 실정을 쉽게 상상할 수 있다.

16) 조기유학생들은 한국사회에서 중류층 이상에 속한다. 한두 명의 자녀만 두고

것이다. 한국의 청소년들은 자유에는 엄격한 책임이 뒤따름을 제대로 알지 못하는 편이다.

조기유학생들이 외국학교에 적응하는 데 한국에서의 학교생활이 역설적으로 도움이 되고 있다. 한국에서는 학교와 가정에서 강도 높은 학업을 요구하기 때문에 이에 익숙해져 있는 조기유학생들은 외국 학교에 적응하는 데 유리하다. 한국의 학교생활이 느슨했다면, 외국 학교에의 적응이 더 어려울 수 있다. 학력·학벌주의 한국사회에서는 중·고등학교는 물론이며 초등학교, 심지어 유치원까지 어린이들과 청소년들을 공부하도록 몰아치고 있다. 이러한 현실이 싫어서 유학을 떠나는 사례도 아주 많다. 그런데 바로 이러한 한국의 교육현실이 정작 외국의 학교생활에 적응하는 데 도움이 되고 있다. 어떠한 이유로 떠났건, 유학의 성공 여부를 결정짓는 최소 조건은 소정의 과정을 끝마치는 것이며 이를 위해서는 학업에서 실패하지 않아야 한다. 교과과정, 수업방법, 시험유형 등에서 차이가 있더라도 학업의 성패를 결정짓는 귀인(歸因: attributes)은 생득적 재능과 생후의 노력이다. 한국의 학교에서는 재능보다 노력을 강조하기 때문에 학생들로 하여금 공부하도록 닦달한다. 이러한 현실에 거부감을 갖고 떠난 유학생들에게도 현지 학교에 적응할 때에는 한국에서의 빡빡한 학생생활이 도움이 되고 있다. 만일 한국의 학교에서 느슨하게 지냈다면, 외국에서 학교에 적응하기가 훨씬 어려울 것이다.

조기유학에 대해 회의적인 문헌들은 대부분 비판의 강도가 높다. 이 때문에 조기유학에 대해 부정적인 문헌들은 그 적은 수에 비

있는 한국 중류계층 가정은 대부분 '아이들 기를 죽이지 않기 위해서' 그리고 '공부에 방해가 되지 않으면 가능한 내버려 두기' 때문에, 그 자녀들이 전통적 서구 가정에서 요구하는 규율을 지키기 어렵다.

해서 상당한 영향력을 갖게 된다. 조기유학에 부정적인 저자들이 비판의 강도를 높이면, 그 반대편에 서 있는 저자들은 조기유학을 지지하거나 권장하는 수준을 넘어 찬미하는 단계에 이르기도 한다. 중도적인 입장을 취하는 저자들은, 객관성을 유지하고 사실을 밝히는 데 치중하려 하지만, 결과적으로는 긍정론과 부정론을 모두 비판하면서 동시에 모두 수용하는 모순된 결론을 맺고 있다. 이처럼 다양한 입장들이 혼재하기 때문에 독자들은 조기유학에 대해 쉽게 결론을 내릴 수 없다. 아직까지 조기유학의 성공과 실패를 가름하는 지표가 없고 조기유학생의 현지 생활에 대한 객관적 자료가 없기 때문에, 조기유학을 지지·수용하거나 반대·거부하는 사람들은 각자의 주장을 지지하는 데 유리한 사례들을 선별하여 제시하고 있다. 따라서 조기유학을 떠나려는 학생들과 그 부모들은 조기유학을 권유하고 고취하는 지지자들을 얼마든지 찾을 수 있다.

초등학교, 중학교, 고등학교, 대학교, 대학원 석사, 박사까지를 각각 6, 3, 3, 4, 2, 4년으로 설정하면 22년이 산출된다. 유학(留學)은 사전에서는 "외국에 머물러 학문이나 예술 등을 공부함"으로 풀이되고 법률적으로는 "외국의 교육기간·연구기관 또는 연수기관에서 6월 이상의 기간에 걸쳐 수학하거나 학문·기술을 연구 또는 연수하는 것"(국외유학에 관한 규정 제1장 제2조 1항)[17]을 뜻한다. 이러한 정의(定議)에서는 유학의 기간이 명시되지 않고 있지만, 유학의 통상적 의미 속에는 기간이 함의(含意)되어 있다. 예컨대, 한국인이 박사학위 취득까지 소요되는 22년의 학력 전부를 외국의 학교에서 고스란히 보낸 경우는 유학으로 인정되기 어렵다. 그렇다면 22년 가운

17) http://www.lawnb.com/lawinfo/law/info_law_searchview.asp?ljo=l&lawid=00067700/ 2007-08-15

데 몇 년까지를 유학으로 인정할 수 있는가? 또는 대학졸업 학력을 가진 사람이 16년의 학교 연한 중에서 8년을 외국의 학교에 다녔다면, 유학으로 인정되는가? 12년이면 인정될 만한가? 현재 초등학교 5학년 학생이 유학을 떠나 앞으로 박사학위 취득까지 계속할 예정이라면, 이 학생은 한국 학교에서 5년의 학력을 쌓았고 외국 학교에서 17년의 학력을 쌓게 될 것이다. 유학에는 귀국이 함의되어 있다. 유학을 떠난 뒤 고국으로 돌아오지 않은 경우에는 유학보다는 이민이나 귀화가 더 적합한 개념이 된다. 이 경우에는 조기이민이라는 용어를 사용하면 적당할 것 같다.

이러한 의미 분석이 필요한 이유는 유학이 급속도로 조기화되고 있기 때문이다. 한국에서는 대학과정이 없거나 부실했던 일제식민시대에서는 일본에 있는 대학이나 전문학교로의 유학[18]이 있었지만, 해방 이후에는 미군정 시대(1945년 8월 15일부터 1948년 8월 15일까지)를 기점으로 하여 석사나 박사 학위를 취득하기 위한 유학이 주종을 이루었다. 그러다가 최근에 접어들면서 유학이 점차 대학과정으로 일러졌고 곧바로 고등학교, 중학교로 더 일러졌으며 마침내 초등학생들까지 유학길에 나서고 있다.

유학의 조기화(早期化)는 국가 수준에서는 국부(國富) 유출의 급증으로 직결되며 해당 가정에게는 가계부담의 과중으로 귀결된다. 유학생이 어릴수록 어머니가 동반하거나 현지인의 도움을 요청해야 하므로 비용이 늘어날 수밖에 없다.[19] 대학원 수준에서의 유학

18) 일제강점기에는 한국(당시 조선)학생들의 학구열을 충족시킬 수 있는 고등교육기관이 극히 제한되었다. 그래서 한국학생들이 일본으로 유학했으며 이들에 의하여 3.1독립운동의 기반이 된 2.8독립선언문(동경유학생독립선언문, 1919년)이 발표되었다. 이후 한국유학생들은 국가적 엘리트로서 평가받게 되었다.

19) 이 경우, 소득은 기러기 아빠가 있는 한국에서 이루어지고 소비는 유학국 현지

은 장학금을 받거나 부업으로 학비와 생활비를 해결하거나 덜 수 있지만, 그 이하 단계에서는 현실적으로 소득을 획득할 수 있는 방법이 거의 없으므로 모든 비용을 한국에서 송금해야 한다. 유학의 조기화는 유학비용의 회수율도 크게 떨어뜨린다. 석사나 박사 과정에서의 유학은 학위 취득 후 취업을 통해 유학을 위해 투입한 금액을 짧은 기간 내에 회수할 수 있지만 조기유학은 학업과 취업 사이에 시간적 간격이 너무 떨어져 있기 때문에 회수하는 데 시간이 많이 소요된다. 더욱이 조기유학생이 현지에 영구 체류할 경우에는 국부유출은 엄청나게 늘어난다. 조기유학은, 부모의 입장에서는 추구할 명분과 이유가 있겠지만, 국가적 측면에서는 비용은 많이 소요되는 데 비해 회수율이 아주 낮은 비효율적인 사업일 뿐이다. 외화수입(外貨輸入)의 주역은 생산직 노동자들이 맡고 있지만, 지출은 직접 생산과는 거리가 먼 사람들이 주도하고 있다.

해외유학의 조기화는 학력·학벌경쟁에서 유리한 고지를 선점하기 위한 전략으로 추진된다. 이러한 조기화 현상은 이미 사교육에서도 오래전부터 나타났다. 학교교육에서의 경쟁 우위를 위하여 사교육이 대학입시를 앞둔 고등학생들에 의해서 시작되었지만 점차 중학생들, 초등학생들, 심지어 유치원생들은 물론이며 그보다 더 어린 아이들로 내려갔듯이, 조기유학도 급속도로 빨라지고 있다. 2003년도 이후에는 규모면에서 초등학생, 중학생, 고등학생 순서로 바뀌었으며, 조기유학에 대해 자문하거나 안내하는 책들도 초등학

에서 일어난다. 한 국가의 경제가 소득과 소비의 양축으로 회전되는 만큼 한국에서 소득과 외국에서의 소비는 한국 경제에 부담이 될 수밖에 없다. 예컨대, 산업도시 울산에서 소득을 획득하는 사람들이 많지만 그들 가운데 상당수는 아내와 자식들이 타지에 거주하면서 소비하고 있다. 만일 이들의 가족들이 울산에서 생활한다면, 울산의 경쟁력은 지금과는 비교할 수 없을 정도로 상승할 것이다.

그림 1. 연도별 학교급별 유학생 출국 현황

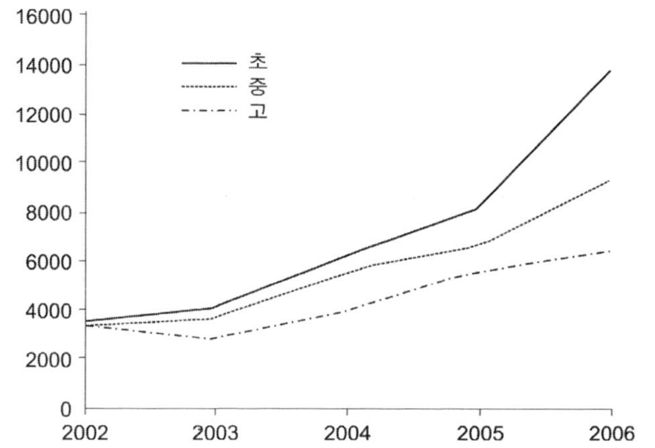

생의 유학이 시대적 추세인 양 선전하면서 젊은 부모들을 부추기고 있다. 조기유학이 더욱 조기화되고 있음은 통계수치로 확인할 수 있으며 이를 그래프로 전환시켜 보면 확연하게 드러난다(그림 1).[20] 2002년에는 3,464명의 초등학생이 출국했지만 2006년에는 그 4배인 13,814명이 출국하였다.

조기유학이 급증하는 사태에 대한 우려는 몇 년 전 학계에서부터 시작되었지만, 2007년에 접어들면서 신문, 방송 등 대중매체에서도 중요한 사회문제로 다루고 있다.

20) [그림 1]은 한국교육개발원에서 발표한 '2006학년도 초·중·고 유학생 출국 및 귀국 통계' 2쪽에 있는 '연도별·학교급별 출국 현황'표를 시각적 효과를 얻기 위해 그래프로 전환한 것임

> 지난 한해 동안 유학을 목적으로 출국한 초중고생이 3만 명에 육박하는 등 조기유학생 숫자가 매년 사상 최대치를 경신하고 있다. (9월) 26일 교육인적자원부가 한국교육개발원을 통해 집계한 2006학년도 초중고 유학생 출국 통계에 따르면 지난해 3월 1일부터 올해 2월 28일까지 1년 동안 해외로 나간 유학생 수는 총 2만 9천 511명으로 전학년도(2만 400명)에 비해 44.6% 증가했다. 2만 9천 511명은 지난 1년 간 해외이주(7천 137명) 또는 부모의 해외파견 동행(8천 783명) 등으로 출국한 경우를 제외하고 순수 조기유학 목적으로 출국한 수치이다. 초중고 유학 출국생수는 1998학년도 1천 562명에 불과했으나 2000학년도 4천 397명으로 급증했고 2002학년도(1만 132명) 처음 1만 명을 돌파한데 이어 2003학년도 1만 498명, 2004학년도 1만 6천 446명, 2005학년도(2만 400명)에는 2만 명을 넘어섰다. 학교급별로 보면 초등학생 출국자가 2005학년도 8천 148명에서 2006학년도 1만 3천 814명으로 69.5%, 중학생이 6천 670명에서 9천 246명으로 38.6%, 고교생이 5천 582명에서 6천 451명으로 15.5% 증가해 특히 초등생 유학 급증세가 두드러진 것으로 나타났다(조선일보, 9월 26일자).[21]

유학은, 초등학교 단계로 조기화되고 있음이 시사하듯, 비교적 단기간으로 끝나지 않을 뿐만 아니라 후속 유학도 빈번해질 것임을 예고한다. 유학기간이 2년 이상 지속될 경우에는 귀국하더라도 한국의 교과목 공부와 학교생활에 적응하기가 급격히 어려워진다(표 1과 그림 2 참조). 초등학생의 경우, 조기유학 기간이 2년 이상이 되면

---

21) http://news.chosun.com/site/data/html_dir/2007/09/26/2007092600023.html 비슷한 논조의 기사가 중앙일보에도 게재되었다(http://article.joins.com/article/article.asp?total_id=2894070). 이와 같은 유형의 기사나 조기유학에 대한 비판적 사설은 다른 지면(紙面)이나 다른 날짜의 신문에 화려하고 길게 게재된 조기유학의 성공담, 광고성 홍보, 유학알선 업체의 광고 등에 의해서 무색해진다. 비판적 사설이나 고발성 기사는 한국사회나 다른 사람들을 비판할 때 이용될 뿐이지만, 부모들이 조기유학을 결행할 때에는 안중에 없으며 조기유학 성공담, 조기유학에 대한 홍보나 광고를 중요한 참고자료로 활용한다. 그리고 신문사에서 유학 알선회사를 자(子)회사로 갖고 있고(예, 조선일보의 '맛있는 영어', 동아일보의 '동아유학') 지면을 이용해서 홍보 또는 광고하는 현실에서 조기유학에 대해 비판적이거나 부모들에게 자성(自省)을 요구하는 사설 또는 기획기사가 설명력과 설득력을 발휘하기 어렵다.

귀국할 경우 한국의 중학교 과정으로 진입해야 할 시점이 되므로 한국 학교에의 적응뿐만 아니라 상급학교에의 적응이라는 이중 과제를 직면하게 된다. 초등학생 때 조기유학을 떠나서 대학 입학 단계에서 귀국할 경우 자신의 학력 가운데 절반 이상을 외국에서 학교에 다녔기 때문에, 이러한 경우의 학생에게는 한국에서의 학교생활이 오히려 유학에 가깝다. 귀국 후 한국 학교에의 적응에 어려움이 닥칠 경우에는 짧은 기간 내에 재(再)출국할 가능성이 높다. 한편, 적응에 성공할 경우에는 대학 이상의 과정에서 유학을 다시 추진할 가능성이 있다. 조기유학, 귀국, 2차 유학 등으로 유학과 귀국이 반복될 경우에는 외국에 영구 체류할 가능성이 높아진다.

국제사회에서 강대국과 약소국의 지배-종속 관계는 군사, 정치, 경제에만 국한되지 않으며 문화도 지배-종속 관계에서 벗어나지 못한다. 강대국 또는 선진국이 문화, 지식, 기술 등을 선도하거나 주도함에 따라 약소국으로서는 그 문화, 지식, 기술에의 의존이 불가피하다. 약소국은 강대국으로부터 문화, 지식, 기술 등을 습득할 수밖에 없으며 이 과정을 통하여 강대국에 대한 약소국의 문화적 종

표 1. 2006학년도 체류기간별 귀국 현황

구분	계	2년 미만	2~3년	3~5년	5년 이상
인원(명)	18,362	12,942	2,342	1,809	1,269
백분율(%)	100.00	70.48	12.76	9.85	6.91

출처: 한국교육개발원 (2007). 2006학년도 초·중·고 유학생 출국 및 귀국 통계

그림 2. 2006학년도 체류기간별 귀국현황

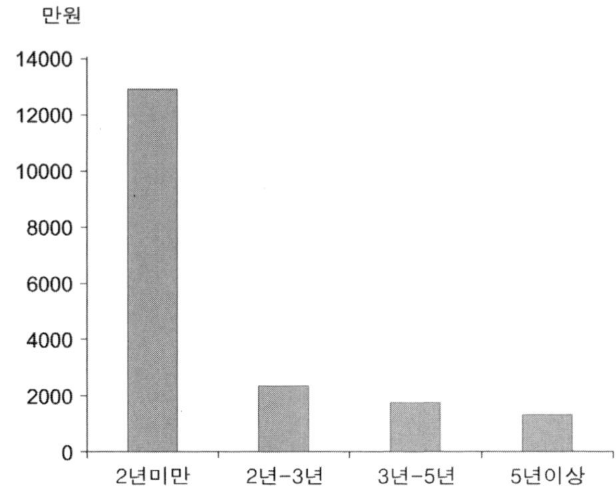

속이 이루어진다. 이 과정을 교육이 매개하기 때문에, 교육은 문화적 제국주의(cultural imperialism) 또는 신(新)식민주의(neocolonialism)의 도구로 비판되기도 한다(Carnoy, 1974; Altbach, 1982, 1984). 문화적 약소국에서 강대국 또는 선진국에 유학하여 습득한 문화, 지식, 기술은 약소국에서 출세하는 데 결정적인 도구로 활용될 수 있다. 선진국에서 취득한 학위는, 습득한 지식이나 기술이 실제로는 효용가치가 없는 것일지라도, 유능함을 증명하는 신용증명서(credential)로서 충분한 가치를 갖는다.

한국사회에서는 외국 학위의 신용증명서 효과에 힘입어 초·중등 단계의 유학학력까지도 효과를 인정받으려 한다. 한국사회는 오래전부터 유학프리미엄을 묵시적으로 인정해 왔다. 이 프리미엄 속에는 선진 지식과 기술의 습득 이외에도 외국에서 악조건 아래 학업을 성공적으로 완수했다는 데 대한 보상도 포함되어 있다. 일제강점기 일본에 유학한 한국학생들은 일본에서 경제적 빈곤과 민족적 모멸감을 견디며 학업에 열중할 수밖에 없었으며, 해방 후 미국으로 유학한 한국학생들은 세계 최강국에서 세계적 최빈국(最貧國) 국민으로서의 열등감에 언어, 문화, 지식 등의 한계를 절감하며 난관을 헤쳐 나갔다. 유학생에게 송금이 허용된 후에도 가난했던 시절이어서 대부분의 부모들은 송금할 수 있는 여유 자금이 없었기 때문에 고학은 불가피하였다. 적지 않은 대미(對美) 유학생들은, 출국(出國)할 때 소지한 현금이 너무 적었기 때문에, 학위를 취득하고 귀국(歸國)할 때에는 그동안 부업으로 모은 지참금이 출국 때보다 더 많아 돈을 벌어오는 격이었다. 한국 유학사(留學史)는 고학사(苦學史)와 다름이 없었으며, 자비(自費) 유학은 1980년대 이전 유학생들에게는 이단(異端)처럼 인식되고 있다.

1980년대 이전 외국에서 박사학위를 취득한 세대들은 유학시절의 애환을 갖고 있다. 이들은 한국에서 학사 또는 석사를 마치고 가난한 조국을 뒤로 하고 유학길에 나섬으로써 경제적 빈곤에 더하여 문화 충격과 언어 구사능력의 한계 때문에 고군분투(孤軍奮鬪)할 수밖에 없었다. 부모로부터 경제적 지원이 전혀 없거나 제한적이었기 때문에, 이들은 학업에만 투입해도 절대 부족한 시간을 학비와 생활비를 벌기 위해 나누어 쓸 수밖에 없었다. 이러한 악조건 아래서 학업을 성공적으로 끝마쳤기 때문에, 이들은 학위와 학문에 대한 자긍심을 가질 수 있었다. 이들은 자신들의 학력 22년 가운데 유학에 4년을 할당했을 뿐이다.[22] 이러한 경우와 22년 학력 중 10년(학부과정부터 유

22) 박사 학위 취득에 필요한 최소 연한으로 산출하였다. 따라서 박사과정에 입학한 후 10년 만에 학위를 취득했을지라도 박사 학력은 4년으로 계산된다. 그러

학한 경우), 13년(고등학교 단계부터 유학한 경우), 16년(중학교 단계부터 유학한 경우), 또는 19년(초등학교 4학년부터 유학한 경우)을 부모로부터 학비와 생활비를 받으면서 박사학위를 취득한 경우를 같다고 말할 수는 없다. 유학을 도전으로 생각한다면, 시기와 과정에서부터 설득력이 있어야 한다. 그 이유는 조기유학을 분류해보면 밝혀진다.

나 실제로는 4년 만에 학위를 취득하기 어렵다. 경제적 어려움 때문에 유학기간의 연장이 불가피한 경우도 발생한다.

3 조기유학에 대한 심층적 분류

조기유학이 하나의 사회현상으로 부각됨에 따라 2000년 이후에는 논평 수준의 글을 넘어서는 체계적인 연구도 점차 늘어나고 있다(연도별로 나열하면, 한준상 외, 2002; 강지연, 2002; 권효숙, 2002; 정재옥·주은선, 2003; 조은, 2004; 최양숙, 2005; 손준종, 2005; 김현주, 2007). 연구가 수행되면서, 조기유학에 대한 유형화 작업과 함께 가치가 개입된 평가도 진행되었다. 손준종(2005)은 기존의 문헌들에서 제기된 교육관들을 차용하여 교육 관련 탈(脫)한국 현상에 대한 관점을 '학습자의 교육권', '합리적 선택', '공교육 비판과 그 대안', '계급전략' 등 네 가지로 정리하였다.

학계를 벗어나면, 조기유학에 대한 논쟁은 찬반으로 나뉘어져 있고 가치가 개입되면서 의견 대립이 치열해지고 있다. 찬성하거나 권장하는 사람들은 조기유학을 '도전'(挑戰)이라고 주장하며, 반대하는 사람들은 '도피'(逃避)라고 비판하고 있다. 도전론을 주장하는 사람과 도피론을 주장하는 사람들은 각각 자신들의 입장을 옹호할 수 있는 사례들을 제시하며 설명력을 높이면서 상대편을 설득하려

한다. 그러나 조기유학에는 도전형도 있고 도피형도 있다. 따라서 정작 필요한 작업은 도전형과 도피형을 명료하게 나누는 방법을 개발하는 일이다. 나는 조기유학의 개념을 정리하기 위해서 12가지 하위 변인들을 구상하고 각 변인에 대한 반응을 유추하여 도전형과 도피형 그리고 여기에 과시형(誇示型)을 추가하여 세 가지 유형으로 구분하였다.

변인 하나하나에 따라 도전형, 도피형, 과시형으로 명쾌하게 구별되지는 않지만 변인들에 대해 유추된 반응들을 종합해 보면 세 가지 유형들은 비교적 명료하게 차이가 드러날 수 있다. 다시 말해서, 조기유학을 보냈거나 보내려는 부모들이 각 변인들에 대해 스스로 응답해봄으로써 자신들의 결정이 도전, 도피, 과시 가운데 어느 편에 속하는지 판단할 수 있다. 각 변인에 대한 응답도 상호배타적이기보다는 성향을 나타낼 뿐이다. 예를 들면, "성공을 결정하는 것이 무엇이냐"(성공의 귀인)는 질문에 "노력에 의해서 100퍼센트 결정된다"라고 대답할 사람은 없으며 "전적으로 운수소관이다"라고 주장할 사람도 없다. '노력', '운수', '환경'은 상대적 성향이 어느 쪽으로 기우는지를 가릴 뿐이다.

그러나 상대적 성향을 가려주는 여러 가지 변인들을 함께 고려하면 유학의 유형이 상당히 뚜렷하게 판가름된다. 예컨대, 유학의 목적이 명료하다고 '도전형'으로 분류할 수는 없지만, 유학의 목적이 명료하고, 성공 범위를 엄격하게 제한하며, 학생이 주도했을 뿐만 아니라 영어 구사능력이 탁월하다면 '도전형'으로 분류될 수 있다. 그 반대의 경우로서 유학의 목적도 모호하고 성공 범위가 확대되고, 부모에 의해서 유학이 주도되었을 뿐만 아니라 영어 구사 능력도 낮다면 '도피형'으로 분류될 수 있다.

조기유학의 유형을 분류하고 의미를 파악하기 위해서 (1) 목적의 명료성, (2) 성공의 범위, (3) 성공의 귀인, (4) 유학의 주도자, (5) 결정변인의 수, (6) 중간지점 유무, (7) 국적에 대한 태도, (8) 한국에서의 학교생활, (9) 외국어 구사능력, (10) 유학의 시기, (11) 지원 정도, (12) 유학에의 동반자 등 열두 가지 기준으로 세분하였다. 각 변인에 대한 반응은 세 가지로 나누었다. 상호배타적인 반응을 이끌어내기 위해서 상대적으로 부각되는 점을 중시하였다.

1) 유학 목적의 명료성

사전적 풀이에 의하면, 유학(留學)은 외국에 나가서 공부하는 모든 행위가 포함된다. 한편 법률적으로 유학은 외국의 교육기관, 연구기관, 연수기관에서 6개월 이상 수학, 연구, 연수하는 것으로 규정된다. 법률적 규정이 사전적 정의보다 구체적이지만 기간을 제외하면 실제적인 차이는 없다. 외국에 나가서 공부할 경우에 교육기관, 연구기관 또는 연수기관에 등록하지 않을 수 없기 때문이다. 오늘날에는 유학의 범위가 상당히 넓어지고 모호해졌지만, 전통적으로 유학은 외국의 학교에서 수학하는 것을 의미해 왔다. 특히, 고등교육기관에서 학위 취득을 목적으로 수행된 행위로 제한되어 왔다. 유학은 시대에 따라 변하여, 일제강점기에는 학사 과정이 주류였으며 해방 이후 미국 유학이 활발해지면서 암묵적으로는 석·박사 학위 과정 이상을 의미하였다.

한국에서는 대학교육의 기회가 극도로 제한되었던 일제강점기나 박사과정은 물론이며 석사과정도 제대로 구비되어 있지 않았던 1980년대 이전에는 유학이 학문에 대한 열정을 표출할 수 있는 거의 유일한 길이었다. 이러한 상황이었기에 유학은 대학 이상의 외국 교육기관에 진학하는 것을 의미했으며 지적 엘리트가 되기 위한 정통 경로처럼 인식되었다. 이 시기에는 한국이 국가도 개인도 가난했기 때문에, 유학은 현지에서 학비와 생활비를 조달하며 학업을 지속해야 하는 힘든 여정이었다. 그러나 학위를 취득하고 귀국했을 때에는 대학, 정부기관, 연구소, 기업체 등에 취업할 수 있어 보상을 기대할 수 있었다. 외국에서의 고학, 학위 취득, 사회적으로 선호되는 직업 획득 등으로 이어지는 과정은 교육출세론의 최적 사례가 되었다. 이 과정은 노력과 보상이 완벽하게 조응했고 외국 생활이라는 신비감까지 더했기 때문에, 자녀의 교육과 출세에 혼신을 다하는 한국의 부모들에게 환상적인 모형이 되었다.[1) 가계 수입이 늘어나고 자녀수가 격감하면서 자녀교육에 투입할 수 있는 금액과 여유가 마련되자, 수많은 부모들이 환상적 모형을 스스로 구현하기 위해 적극적으로 나서게 되었다.

한국사회의 교육열이 가정 간 경쟁에 의해서 심화되었듯이, '자녀 유학보내기'도 동일한 과정으로 전개되었다. 가정의 경제력이 뒷받침되고 자녀의 지적 능력이 준비된 가정부터 자녀들이 유학을 떠나기 시작하였다. 유학생들이 늘어나면서 부모들의 자녀 유학 열망이 가열되었다. 가정의 경제력은 충분한데 자녀의 지적 능력이

1) 지금은 신혼여행지가 당연히 외국이 되어야 할 정도이지만, 1980년 이전만 해도 외국여행은 자랑거리로 충분하였다. 외국여행이 쉽지 않았을 시절에는 외국에 자주 가 볼 수 있는 사람들은 선망의 대상이 되었다. 그래서 외교관이 선호 직업 가운데 1순위를 차지했으며 외항선 선원도 인기 직업에 속하여 해양대학의 커트라인도 상당히 높았다. 이런 시절에 미국, 영국, 프랑스, 독일, 캐나다, 이탈리아, 일본 등에 최소 4년 이상 체류하며 박사학위까지 준비하는 코스는 환상적일 수 있었다.

불충분하다고 판단한 부모들은 유학의 돌파구를 마련하기 위해서 다양한 방법을 동원하였다. 그 가운데 한 가지 방법이 조기유학이었다. 한편, 가정의 경제력과 자녀의 지적 능력이 충분한 경우에도 조기유학이 시도되었는데, 이 경우에는 명문대학의 입학에 유리할 것이라는 판단이 작용하였다. 여기에 더하여 부모의 체면에 걸맞은 한국 대학에 자녀가 입학할 가능성이 적다고 판단한 부모들도 조기유학에 동참하였다. 이 부모들은 자녀의 조기유학을 통해서 자신들의 체면 손상을 막고 자녀에게는 새로운 기회를 주고자 하였다.

유학 목적의 명료성은 유학의 유형에 따라 부모와 자녀 사이에 차이가 있다. 부모와 자녀가 모두 명료한 목적 아래 추진된 조기유학이라면 도전형에 가까울 것이고, 부모도 모호하고 자녀도 모호한 채 조기유학이 강행된다면 도피형에 가까울 것이며, 부모는 명료한데 자녀는 자신이 왜 유학을 가야 하는지 모른다면 과시형에 가까울 것이다. 도피형은 부모와 자녀 모두 나중에 어떻게 되든 현재 상황에서 벗어나는 유일한 길로써 조기유학을 추진한다. 과시형의 경우, 부모는 자녀를 유학 보냄으로써 자신들이 능력이 많고 상류층에 속함을 인정받으려는 목표를 갖고 있지만 자녀의 경우 조기유학이 '아닌 밤중에 홍두깨'처럼 느껴질 수 있다. 과시형의 경우, 부모는 자녀가 조기유학을 수용하도록 하기 위해서 상당히 매력적인 조건들을 제공한다.

과시형 조기유학의 특이한 점은, 부모는 자녀를 조기유학 시킴으로써 과시할 수 있는 기회를 갖는데 자녀는 과시할 수 있는 기회를 갖기 어렵다는 데 있다. 예컨대, 자녀를 미국의 유명한 사립기숙고등학교에 입학시킨 후, 그 부모는 한국에서 살고 있는 주위 사람들에게 이 사실을 가지고 자신의 자녀가 미국 최고의 엘리트 과정을 밟고 있다면서 자랑할 수 있다. 그러나 정작 그 자녀는 귀국하지 않는 한 자랑을 들어줄 대상을 찾을 수 없다. 그리고 명문학교일수록 방학 중에도 여러 가지 프로그램에 참가해야 하기 때문에 일시 귀국도 생각처럼 쉽지 않다.

2) 성공의 범위

성공의 범위를 제한할수록 도전형에 접근하며 확대할수록 도피형으로 분류된다. 과시형은 범위에 개의치 않기 때문에 확대하는 경향이 있다. 에베레스트의 정상에 등반하기 위해 조직된 원정대는 8,848미터(1975년 이후 공식 높이)를 바로 눈앞에 두고 하산했더라도, 예컨대, 8,800미터까지 등반했더라도 도전에 성공했다고 말하지 않는다. 이 원정대가 올라갔던 높이는 세계에서 두 번째로 높은 K2(8,611미터)보다 더 높지만 이들은 목표달성에 실패했다고 발표한다. 그러나 서울에서 직장생활에 시달리고 공해에 찌든 사람이 서울에서 벗어나고 싶다면 서울 아닌 곳으로 떠나기만 해도 목적은 달성된 것이다. 부자임을 자랑하고 싶은 사람은 다른 사람들이 돈이 없어 '하고 싶어도 할 수 없는 일들' 그리고 실용성은 개의치 않는 일들을 다른 사람들이 알아볼 수 있도록 가시적(可視的)으로 하면 된다. 다시 말해서, 부자임을 자랑하고 싶은 사람은 미국, 유럽, 호주 등 마음대로 여행하고 외제 고가 물품들로 치장하면 된다. 과시효과를 더 높이려면 값비싼 물건들을 주변 사람들에게 나누어주면 된다. 성공을 인정하는 데 인색하고 자신에게 엄격하다면 도전으로 분류되지만, 실패를 인정하는 데 인색하고 자신에게 관대하다면 도피에 가까워진다.

목표를 구체화하고 제한할수록 도전의 정도는 높아진다. 피하고 싶은 것을 제한하고 그 대안의 범위를 넓힐수록 도피가 된다. 그리고 실용성과 수지와 타산에 연연하면 과시가 될 수 없다. 과시하려면 다른 사람들이 비용 때문에 엄두도 못내는 일들을 머뭇거리지 않고 할 수 있어야 한다. 조기유학을 떠나면서 성공의 범위를 제한한다면 도전형으로 분류되고, 한국을 떠나는 것만으로도 만족한다면 도피형에서 벗어나기 어려우며, 해외 명품을 구매했듯이 선진국의 학교에 진학시켰다면 과시형에 적합하다. 조기유학의 대상 학교의 설립 유형(공립 또는 사립), 학교 소재지(대도시, 중소도시, 교외), 학교의 질적 수준 등이 유학의 유형(도전형, 도피형, 과시형)을 결정하지는 않는다. 물론, 도전형일수록 학교의 질적 수준이 높을 것이며 과시형일수록 비싼 기숙사립학교에 유학할 가능성은 많다. 그렇지만, 성공의 범위는 유학을 결정하는 사람들의 마음가짐에 의해서 결정되며 선택된 학교의 유형이 성공의 범위를 좌우하지는 않는다.

지적으로 탁월하고 아주 진취적인 학생일지라도 부모가 경제적으로 여유가 없으면 엄청난 비용이 소요되는 소위 명문 사립 기숙학교에 진학할 수 없다. 이러한 처지에 있는 학생의 경우에는 가톨릭 계통의 사립 통학제 학교(day school)에 진학하더라도 도전형이 될 수 있다. 그러나 부모가 엄청난 액수의 기부금을 지불함에 따라 미국 최고의 기숙사립학교에 입학을 허락받은 학생의 조기유학은, 비록 도전의 의지와 능력이 없으면 시도하기 어려울지라도, 도전형으로 분류되기에 적합하지 않으며 과시형에 속한다. 다시 말해서, 자신의 능력, 의지, 노력보다는 학교의 지명도에 편승하여 학력과 학벌을 높이려 한다면, 비록 재학하는 학교가 최고의 명문에 속하더라도, 도전형으로 분류될 수 없다.

3) 성공의 귀인

비슷한 능력을 가졌더라도 이전의 성공과 실패를 어떻게 해석하느냐에 따라 이후의 과제를 수행하는 태도와 자세 그리고 투입하는 노력의 정도가 확연하게 차이가 난다. 중간시험의 답안지를 받아들고 낮은 점수를 확인한 후 구겨 버리면서 행운이 따르지 않았음을 아쉬워하는 학생과 동일한 상황을 접한 후 노력이 부족하였음을 반성하는 학생은 기말시험을 준비하는 과정에서 차이가 날 것이며 이로 인해 학업성취 격차가 발생할 것이다. 시험성적이 운수에 달렸다고 생각하는 학생은 다음 시험에 행운이 따라주기를 기원할 것이며, 노력할 나름이라고 생각하는 학생은 좋은 점수를 얻기 위해 더 많은 시간을 학업에 투입할 것이다.

사회심리학자들은 이러한 현상을 귀인이론(attribution theory)[2]으로 정리하고 있다(Heider, 1958; Johns and Davis, 1965; Kelley, 1971; Weiner, Frieze, Kukla, Reed, Rest and Rosenbaum, 1971; Frieze, 1980; Bar-Tal, 1982; Forsyth, 1986). 성공과 실패의 원인을 무엇으로 생각하느냐에 따라 동기(motivation)가 결정된다. 외적(external) 또는 상황적(situational) 요인들에 의해 성패가 결정된다고 생각하는 사람은 자신을 변화시키려고 시도하기보다는 외부 조건이 호전되기를 기대한다. 시험에 대비하는 학생의 경우라면 문제가 쉽게 나오거나 자신이 공부한 부분에서 문제가 출제되기를 기원한다. 한편, 내적(internal) 또는 기질적(dispositional) 요인들에 의해 성패가 결정된다고 생각하는 사람

2) 귀인이론에 대해서는 오욱환(2003), 『교육사회학의 이해와 탐구』 10장 2절 '학업 성패에 대한 학생의 반응: 귀인이론'(pp. 352-361) 참조.

은 자신에 의해 결과가 좌우된다고 믿기 때문에 좋은 점수를 받기 위해 공부시간 늘리기, 집중도 높이기, 마음 다스리기 등으로 다음 시험에 대비한다.

학생들 사이에 발생하는 학업성취 격차를 설명하려는 학자들은 동기를 주목하기 마련이며 그 원인을 추적하면서 귀인에 이르게 된다. 예컨대, 콜먼 연구팀(Coleman et al, 1966)은 교육기회의 불평등을 밝히는 방대한 연구 프로젝트를 수행할 때 '사태통제감'(sense of control over the events of their lives)으로 개념화되는 변인을 중요하게 다루었다. 이들의 가설은 "자신에게 일어나는 사태에 대해 스스로 통제할 수 있다고 생각하는 학생들은 그렇게 생각하지 않는 학생들보다, 다른 모든 조건들이 동일하다면, 학업성적이 높을 것이다"라고 정리될 수 있다.[3] 이 팀은 불리한 처지에 있는 학생들이 유리한 조건을 가진 학생들보다 자신들에게 닥친 환경을 무기력하게 수용하며 계획을 세워 노력하기보다는 행운이 주어지기를 소원한다고 밝혔다. 그리고 이 팀은 '적극적인 운명 통제 태도'(positive fate-control attitudes)가 6학년 이상 학생들의 학업 성취에 가장 밀접하게 관련되고 있음도 밝혔다(Coleman, et al, 1966: 319-325). 우리는 여기서 귀인, 동기, 행위, 성취가 인과적으로 연결되어 있음(귀인→동기→행위→성취)을 확인할 수 있다. 비록 상대적이기는 하지만, 도전형, 도피형, 과시형 조기유학은 학업에서의 성공이나 사회경제적 계층의 결정 변인으로서 각각 노력, 운수, 환경에 더 무게를 둘 것이라고 추측할 수 있다.

---

3) 콜먼 연구팀은 다음 질문에 대해 '동의', '확신이 없음', '반대' 등으로 응답하게 함으로써 '사태통제감'을 측정하였다. (1) 행운은 성공을 위해서 노력하는 것보다 더 중요하다. (2) 내가 앞으로 나가려 할 때마다, 어떤 일이나 사람이 나를 가로막는다. (3) 나 같은 사람은 인생에서 성공할 수 있는 기회를 많이 갖지 못한다(Coleman, et al, 1966: 654-655에 있는 문항 102, 103, 110).

4) 유학의 주도자

조기유학은 성년(成年)에 이르지 않은 연령기에서 추진되므로 부모에 의해서 주로 주도(主導)될 것이지만, 유학의 유형에 따라 자녀의 주도 정도에 차이가 있을 것으로 짐작할 수 있다. 주도의 정도를 밝히기 전에 먼저 수행해야 할 작업은 주도와 억지 또는 생떼를 구별하는 일이다. 어떤 과업을 주도하려면 그 과업의 목적을 분명히 설정해야 할 뿐만 아니라 목적을 달성하는 데까지 거쳐야 할 과정을 세밀하게 파악해야 한다. 그리고 도중에 위기나 난관도 직면할 수밖에 없음을 충분히 감안해야 한다. 따라서 목적 달성으로 얻게 될 보상에만 현혹되어 있거나 거쳐야 할 과정에 대해 아무런 준비도 없으며 위기나 난관은 상상조차 하지 않는다면 결코 주도일 수 없다. 예컨대, 의사의 업무가 무엇인지 알지 못할 뿐만 아니라 거쳐야 할 과정에 대해서 알지 못하면서, 오직 의사라는 직업으로 얻을 수 있는 경제적 보상과 사회적 위세에 매료되어 의사가 되겠다고 주장한다면 이를 "의사가 되기 위해 스스로 다져가고[주도하고] 있다"고 말할 수 없다.

유학안내서나 유학성공담을 다룬 문헌들 속에는 "아이의 주도에 의해 조기유학이 시도되었음"을 강조하는 사례들이 많이 다루어져 있다. 그러나 그 어떤 사례들도 조기유학으로 잃게 될 것들에 대해서는 다루지 않는다. 그 사례들의 내면에는 아이들의 환상, 질투, 억지 등이 숨어 있을 뿐만 아니라 이를 대견함으로 미화하는 부모들의 방어기제(defense mechanism)도 담겨 있다. 조기유학을 결정할 수 있는 주체들은 자녀, 어머니, 아버지로 나누어지지만, 실질적으로는 어머니가 가장 많은 결정력을 갖고 있다. 자녀는 부모의 동의와 지원이 없으면 조기유학을 결정할 수도 없고 결행할 수도 없다. 따라서 자녀가 조기유학의 주도자가 되는 경우는 많지 않다. 조기유학의 경우, 자녀교육 전반에서 그러하듯, 어머니가 아버지보다 더 강력한 결정권을 갖고 있다. 어머니가 조기유학을 결정했을 경우, 자녀나 아버지가 거부하기가 쉽지 않다. 그 이유는 자녀, 교육, 가정경제에 관해서 어머니는 아버지보다 훨씬 많은 정보를 갖고 있을 뿐만 아니라 자녀교육에서 담당하는 역할의 중요도에서 더 높기 때문이다. 특히, 현지에서 자녀를 돌봐야 하는 경우에는 전적으로 어머니가 동반할 수밖에 없다.

자녀가 세밀하게 계획하고 준비한 조기유학이라면 도전형으로 분류될 수 있고, 부모가 계획과 절차를 모두 준비한 후 자녀에게 통보했다면 도피형에서 벗어나기 어렵다. 과시형은 부모가 자신들의 위세를 높이거나 굳히기 위해서, 자녀도 친구들 또는 친지들 사이에서 벌어지는 위세경쟁을 의식해서 조기유학이 구상되고 실행되는 경우이다. 자신이 왜 유학을 가야 하는지에 대한 명확하게 설명하지 못하면서 다만 "누가 유학을 떠났다"거나 "누구누구도 외국에 나갔다"는 사실들을 강조하면서 "나도 가고 싶다"거나 "나는 왜 가면 안 되느냐" 또는 "나도 보내 달라"며 부모를 졸라서 떠나는 유학이라면 도전형이 될 수 없다. 과시형 조기유학은 적극적으로는 부모와 자녀가 하나같이 소속집단, 준거집단(reference group)[4] 또는 비교집

4) 사회적 행위자들이 자신들의 개인적 행동이나 사회적 태도를 결정할 때 동일시하거나 비교의 상대로 삼는 실제 또는 관념적 집단들이나 사회적 범주(social categories)를 말한다. 따라서 준거집단을 누구로 설정하느냐에 따라 행동과 태도가 달라질 뿐만 아니라 삶의 방향도 좌우될 수 있다.

단과의 차별화를 위해서 그리고 소극적으로는 이 집단으로부터 이탈되지 않기 위해서 추진된다. 이런 점에서 볼 때, 과시형은 소속집단, 준거집단 또는 비교집단을 의식함으로써 추진되기 때문에, 주도권이 오히려 외부에 있다고 말할 수도 있다.

5) 결정변인의 수

조기유학을 결정하는 데 동원되는 변수는 유학의 유형에 따라 상당히 다를 수 있다. 도전형 유학은 명료하게 설정된 하나의 목표를 달성하는 데 부합하는 변인만이 의미를 갖는다. 그러나 도피형일 경우에는 자녀와 관련된 변인들과 부모와 관련된 변인들로 일차적으로 나누어진다. 자녀와 관련된 변인은 학업성적, 학교생활, 교우관계 등에서 야기된 불만이 해당된다. 부모와 관련된 변인은 자녀의 학업성적, 학교생활 등이 자신들의 기대에 미치지 못함에 따라 자존심이 상하거나, 자녀와 갈등하거나, 부부가 갈등하는 경우가 해당된다. 도피형일 경우에는 여러 가지 요인들이 동시에 작용한다. 다시 말해서, 자녀는 자녀대로 여러 가지 불만이 쌓여 있고 부모는 부모대로 불만을 갖고 있을 뿐만 아니라 때로는 자녀의 불만과 부모의 불만이 상충함에 따라 부모-자녀 사이에 심각한 갈등이 상존하는 경우도 있다.

한편, 과시형 조기유학은 도피형처럼 문제 사태는 아닐지라도 자녀, 부모, 자녀와 부모 함께 한국의 학교교육, 자녀의 학업성적 등에 불만을 갖고 있으며 친인척, 친구, 이웃 등과 자녀교육을 둘러싸고 경쟁하는 상황을 맞고 있거나 경쟁을 자초(自招)함에 따라 구상되고 실행된다. 과시형은 여러 가지 요인들이 복합적으로 작용하고 있지만 이 요인들을 하나로 축약시키는 일원화(一元化) 작업이 강력하게 추진된다. 다시 말해서, 과시형 조기유학은 (1) 학업성적에 자녀, 부모, 자녀와 부모 모두 만족하지 못할 때, (2) 자녀가 학교생활에 성공적으로 적응하지 못할 때, (3) 자녀가 동년배 친인척, 이웃 친구, 학우(學友) 등에 비해 뒤처진다고 인식할 때, (4) 부모가 자신들의 자녀가 친인척, 친구 등의 자녀들에 비해서 밀린다고 생각할 때, (5) 자녀, 부모, 자녀와 부모 모두 경쟁상대로 생각한 준거집단들이 조기유학을 먼저 실행함에 따라 열등감을 느낄 때 구체화된다. 이처럼 다양한 이유들에 의해서 과시형 조기유학이 결행되지만, 부모들은 자녀에게 조기유학이 '도전'임을 숙지시킨다.

과시형 조기유학생들의 어머니들 또는 아버지들은 친인척, 동창, 친구, 이웃으로 교류하고 있다. 여러 가지 유형으로 교류하는 부모들은 경쟁을 의식함으로써 조기유학을 상호 부추긴다. 한편, 상호 경쟁에 의해서 과시형 조기유학이 추진되지만, 그 부모들은 친인척, 동창, 친구, 이웃 등에 의해서 교류가 빈번하므로 유학에 관한 정보의 소통이 활발하게 이루어져 상대적으로 순조롭게 유학과정을 밟을 수 있다. 다시 말해서, 과시형 조기유학생들의 부모들은 경쟁심을 촉발함으로써 서로 부추기고 정보를 제공·교류함으로써 지원하는 곧 서로 '밀치고 당김'으로써 자녀들의 유학을 촉진시키고 있다. 이들은 사회적 자본(social capital)[5]과 사회적 관계망(social network)을 활용하여 조기유학을 활성화시킨다.

5) 사회적 자본은 상호 교류하는 사람들끼리 형성한 관계연결망(network)을 통해 얻게 되는 실제적이거나 잠재적인 자원을 의미하며 의도한 목적을 달성하는 데 유용하게 작용한다(Bourdieu, 1986: 248; Coleman, 1990: 302).

6) 중간지점 유무

여행객이나 관광객은 여러 지역을 돌아다니지만, 탐험가는 목적지에만 관심을 갖는다. 도전하는 사람은 어떤 곳에 이르기 위해 떠나며, 도피하는 사람은 어떤 곳을 피하기 위해 떠난다. 따라서 도전하는 사람은 목적지에만 관심을 가지며, 도피하는 사람은 떠나는 데에만 관심을 둔다. 도전하는 사람은 중간 지점을 두지 않지만, 도피하는 사람은 더 나은 안식처를 찾기 위해서 현실적으로 편리한 중간 지점을 두게 된다. 이러한 비유는 조기유학의 유형을 분류할 때 적절하게 활용될 수 있다. 최종적으로 도착하는 곳과 떠나는 곳 사이에 기착(寄着)하는 곳이 있느냐에 따라 도전과 도피가 구별될 수 있다.

도전형 조기유학생은 목표로 삼은 국가로 직행한다. 그러나 도피형 조기유학생은 한국을 떠나는 데에 일차적인 관심을 가지며 추후 더 나은 지역을 찾는다. 과시형 조기유학생은 돋보이는 데 부족함이 없는 국가를 선택한다. 결과적으로 도전형 조기유학은 학력자본(educational capital)을 갖추는 데 유리하고 한국사회에서 지명도가 높은 대학들이 집중되어 있는 미국이나 영국을 지향하는 경향이 있으며, 도전형 이외의 조기유학은 추후 지명도가 더 높은 국가들로 전환하는 데 편리한 지역 곧 영어권 또는 영어를 공식어로 사용하는 국가들 또는 영어가 널리 통용되는 국가들－캐나다, 호주, 뉴질랜드, 남아공화국, 아일랜드, 피지, 필리핀 등－도 대상에 포함하며 영어로 수업하는 외국어학교를 가진 국가들－싱가포르, 말레이시아 등 동남아 국가들－도 배제하지 않는다.

과시형 조기유학은 국제적 위상이 높은 국가들 또는 세계적으로 유명하거나 선호되는 도시를 가진 국가를 선택하므로 미국, 영국, 캐나다, 호주 등에 집중된다. 그 이유는 국제 위상이 낮은 국가들은 유학 중임을 과시하는 데 지장이 있으며 지명도가 낮은 도시들은 학교의 질적 수준이나 소재를 설명할 때 구차스러운 과정이 필요하기 때문이다. 다시 말해서, "미국 보스턴 근교 사립학교에 다닌다"거나 "캐나다 밴쿠버 교외에 있는 공립학교에 다닌다"고 말하면 학교의 질적 수준을 과시하는 데 충분하지만 국가, 주(州), 도시, 지역 등을 일일이 또는 지도를 그려가며 설명해야 하는 상황에서는 유학 중인 학교의 질적 수준이 부각되지 않는다.

7) 국적에 대한 태도

도전은 현실을 도약의 발판으로 삼아 이루어지기 때문에, 도전하는 사람들은 현실에 대한 애착이 강하며 그 성과도 현실에서 평가·보상받기를 원한다. 한국사회에서는 유학이 도전으로 인정되고 긍정적으로 평가되며 선망되어 왔다. 그 이유는 유학생들이 귀국한 후 개인적으로 출세했을 뿐만 아니라 국가발전을 위해서도 중요한 역할을 수행해 왔기 때문이다. 유학을 도전으로 인식하거나 확신하는 사람들은 소정의 과정을 성공적으로 마친 후에는 귀국하는 것을 당연하게 생각한다. 이들 가운데 상당수는 현지에 체류하거나 귀화(歸化)[6]할 경우에는 귀국의 경우와는 비교할 수 없을 정도의 매력적인

6) 귀화는 모국의 국적을 포기하고 외국의 국적을 획득하는 것이다. 한국인들은, 재일교포가 일본 국적을 획득하면 "일본으로 귀화(歸化)했다"고 말하면서 다소 부정적인 감정을 드러내면서도, 재미교포가 미국으로 귀화한 경우는 "미국 시민권

조건을 제안 받아도 이를 마다하고 주저 없이 귀국하기도 한다. 이들은 업적이나 보상보다 보람과 공헌을 더 중요한 이유로 내세운다.

개인적 안위나 출세에 더 집착하는 사람들은, 자신들의 이익을 최우선적으로 고려하기 때문에, 국가나 사회에 대한 의식이 낮을 수밖에 없다. 유학의 유형은 출발점에서는 물론이며 종착점에서의 태도와 행동에서의 차이에 의해서도 구별될 수 있다. 어떠한 상황에 처하더라도 한국의 국적을 고수하는 유학생, 귀화를 기회로 확신하고 이에 집착하는 유학생, 상황에 따라 유리한 방향으로 결정하려는 유학생은 각각 도전형, 도피형, 과시형으로 분류될 수 있다. 도전형 유학생은, 현실의 극복을 지향하고 자신에 대해서는 물론이며 한국에 대해서도 깊은 애정과 자존심을 갖고 있기 때문에, 유학의 목적을 선진국의 지식과 기술을 습득하여 국가와 사회에 공헌하는 데 둔다. 이와는 달리, 한국에 대해 부정적 시각을 갖고 있으며 외국을 선망하는 사람들은 한국을 떠날 때 미련을 두지 않는다. 이러한 시각을 가진 부모들에 의해 추진되는 조기유학은, 한국의 입장에서 볼 때, 도피형으로 분류될 수 있다.

조기유학을 유행처럼 생각하고 시류에 영합(迎合)하듯, 남보다 앞서기 위해서 또는 뒤떨어지지 않기 위해서, 조기유학을 보내는 부모들은 최대의 관심사가 남들과의 비교 우위에 있기 때문에 돋보일

을 획득했다"라고 표현하며 긍정적으로 받아들이는 경향이 있다. 그러나 시민권 획득은 귀화의 다른 표현일 뿐이다. 귀화할 경우 귀화한 국가에 충성해야 한다. 예컨대, 미국에 귀화할 경우에는 미국을 위해 목숨을 바칠 수 있다고 선서해야 한다. 미국에 귀화한 사람은 국적을 포기한 모국과 국적을 획득한 미국 사이에 전쟁이 일어날 경우 미국을 위해서 모국의 동족을 적으로 삼아야 한다. "국제사회에서는 영원한 적도 영원한 우방도 없다"는 말이 이러한 사태가 발생할 수 있음을 시사한다.

수 있는 방향으로 행동할 가능성이 많다. 이들은 유학을 간 자녀가 어디에 있는 것이 더 출세한 것으로 보일지에 민감하며 그 판단에 따라 귀화 여부를 결정할 것이다. 과시형 조기유학이 국적 포기에 대해 유동적일 수 있는 이유가 바로 여기에 있다. 과시를 목적으로 하는 조기유학은 특출함을 자랑하는 데 목적이 있기 때문에, 부모들은 자녀가 유학 중임을 알리기 위해 수시로 귀국시킨다. 이런 이유로 일시 귀국한 조기유학생들은 자신들의 존재를 알리기 위해 친구·친지들과 빈번히 교류하며 능숙한 모국어 곧 한국어보다 영어를 더 많이 사용한다. 이들 가운데는 과시욕이 지나쳐서 지하철, 카페, 미용실, 길거리 등에서도 주변 사람들이 자신들을 주목하도록 높은 목소리와 현란한 몸짓을 사용하며 영어로 대화하거나 통화하는 경우도 있다.7)

8) 한국에서의 학교생활

한국에서의 학교생활은 조기유학을 도전형과 도피형으로 나누는 데 중요한 변인이 된다. 한국에서의 학교생활이 성공적이었다면 조기유학은 도전형이 될 수 있지만, 실패작이었다면 도피형으로 분류될 수 있다. 그러나 여기서 성공과 실패는 절대적 기준에 의해서 판정되기보다는 학생이나 그 부모들의 주관적 판단에 따라 결정된다. 주관적 판단에는 자녀의 성적에 대한 본인과 그 부모의 만족도가 주요 변수로 작용한다. 예컨대, 학업성적이 상당히 우수하더라도

---

7) 이들은 대화나 통화 중에 외국의 지명이나 학교명을 수시로 언급하며 발음을 과도하게 굴린다. 이들의 이러한 행동은 주변의 한국인들로 하여금 매우 부정적인 인상을 갖도록 만든다.

학생 스스로 만족하지 못하고 그 부모 역시 불만스럽게 생각한다면 실패로 인식될 수 있다.

한국에서의 학교생활을 성패로 나누고 이를 조기유학의 유형과 관련짓는 것은 무리가 있다. 오히려 한국에서의 학교생활을 적극적, 소극적, 복합적 등으로 나누면 세 가지 조기유학 유형에 부합한다. 한국에서 적극적, 긍정적으로 학교에 다니고 공부해 왔던 학생이라면 조기유학이 도전일 수 있다. 그러나 한국에서의 학교생활이 소극적, 부정적이었으며 학업에 흥미를 갖지 못했던 학생이었다면 그 장면을 피하고 싶었을 것이며 조기유학을 막연하지만 그 대안으로 떠올렸을 수 있다. 자신의 지위를 과시하려는 사람들은 현실에 대해 부정적이거나 소극적이지 않으며 오히려 현실 상황을 자신의 위세를 드높이는 데 적극적으로 이용하려는 성향이 있다. 동일한 이유로, 과시형 조기유학 역시 현실에 대한 불만 때문에 결행되지는 않는다. 그렇지만 현실을 충분히 만족스럽게 생각하는 학생이라면 조기유학을 떠날 이유가 없다. 과시형 조기유학으로 분류되는 경우는 한국에서의 학교생활이 적극적일 수도 있고 소극적일 수도 있으며 어떤 부분은 적극적이고 다른 부분은 소극적일 수도 있다고 판단되므로 그에 대한 반응은 복합적일 것이라고 추정된다. 어쩌면 과시형 조기유학은 한국에서의 학교생활과 무관(無關)하다고 보는 것이 나을 듯하다.

세계 최고봉들에 도전하는 산악인들은 한국의 산들도 수없이 오르내리며 연습하고 있다. 한국에 있는 산들을 등반하는 데도 힘겨워 하면서 외국의 고봉(高峰) 등정(登頂)에 도전하려는 시도는 앞뒤가 맞지 않다. 익숙한 산들도 제대로 못 올라가면서 생소하고 험악한 산들을 등정하겠다고 나서는 일은 무모함 그 자체이다. 언어적 핸디캡이 전혀 없는 한국에서 학업에 어려움을 겪는 한국 학생이 언어적 장애를 갖고 공부해야 하는 외국 유학에서 성공하기를 기대하는 것도 역시 무리이다. 도전은 어려움을 극복하려는 의지를 일컫는다. 따라서 도전하는 사람들은 싫은 일도 기꺼이 감수할 수 있어야 한다. 한국의 학교교육에 문제가 많다면, 한국의 학교를 떠나 다른 나라의 학교에 가는 것이 도전이 아니라 오히려 한국의 학교생활에 성공적으로 적응하는 것이 도전일 수 있다.

9) 외국어 구사능력

외국 유학은 현지 언어의 구사능력에 의해서 성패가 크게 좌우된다. 유학에 요구되는 현지 언어의 구사능력은 생활회화가 가능한 수준을 훨씬 넘어선다. 유학생은 관광객이나 방문객과는 확연히 다른 상황에 처하게 된다. 관광객 또는 방문객에게 요구되는 현지어 구사능력은 생활회화가 가능한 수준일지라도 충분할 수가 있다. 그 이유는 관광객과 방문객은 지식이나 기술을 습득해야 할 절박함이 없고 안내나 통역을 도와줄 사람들이 있으며 대부분의 경우 고객으로서 현지인을 대하기 때문이다. 그러나 유학생은 현지어로 진행되는 수업에서 지식과 기술을 습득해야 하며 그 결과를 수시로 평가받아야 한다. 수업 장면에서 요구되는 언어능력은 읽기, 듣기, 말하기, 쓰기 등 매우 다양한 하위 분야들로 구성되어 있다.[8] 수업장면에서의 듣기와 말하기는 일상회화의 성격을 띤 수준이 아니다.

수업은 교수-학습 언어(미국의 경우, 영어)를 매개(media)로 하여 내용(contents)(언어와 문학, 수학, 자연과학, 사회과학 등 교과목)을 가르

8) 초등학교 고학년의 영어 과목은 읽기(reading), 의사소통(language art), 철자법(spelling), 쓰기(writing), 소설(novel) 등으로 세분된다.

치고 배우는 과정이다. 수업장면에서의 듣기는 교사가 전해주는 교육 메시지를 파악하는 것이어서 비교적 단순한 메시지를 주고받는 일상회화의 차원을 훨씬 넘어선다. 가정에서 어머니와의 대화와 수업에서 교사의 강의를 상상해 보면 그 차이를 확연히 구별할 수 있다. 상점에서 물건을 살 때 점원과 나누는 대화는 이차방정식(quadric equation), 인수분해(factorization), 질량보존의 법칙(conservation of mass), 종교개혁(the Reformation), 허먼 멜빌(Herman Melville)의 소설 『백경』(白鏡: *Moby Dick*)[9] 등을 설명하고 이해하는 교수-학습과는 전혀 다른 '말하기와 듣기'의 장면이다.

어려운 과제에 도전하는 사람들은 사전에 충분한 정보를 습득하고 분석할 뿐만 아니라 철저히 대비한다. 외국 유학을 도전으로 규정하는 학생들은 현지 학교에서의 수업장면을 충분히 인지하고 그에 대비해 왔을 것이므로 외국어 구사능력이 높을 것이다. 그렇지만 한국에서의 학교생활에 소극적이었거나 부정적이었던 학생들은, 그럼에도 불구하고 외국어 실력을 쌓았을 경우도 있겠지만, 외국어 구사능력이 높을 것을 기대하기 어렵다. 한편, 과시형 조기유학의 경우는, 비교적 즉흥적으로 유학이 결정될 가능성이 많기 때문에, 장기적 계획 아래 외국어 실력을 체계적으로 준비할 시간이 없

9) 미국 학생들이 읽어야 하는 필독서이다. 포경선(捕鯨船)의 유일한 생존자 이슈멜이 고래와 목숨을 건 싸움을 회상 형식으로 쓴 작품이다. '모비딕'이라는 거대하고 횡포한 흰고래에게 한쪽 다리를 잃은 에이허브 선장은 동료들의 만류에도 불구하고 피쿼드호를 타고 난타스케트 항을 출발한다. 오랜 항해 끝에 드디어 흰고래를 발견하여 3일 간에 걸친 사투를 벌이나 선장을 포함한 승무원 전원이 수장되고 간신히 이슈멜만 살아남는다. 청교도적인 음울한 분위기 속에서 작은 배와 거대한 백경의 투쟁을 웅장하고 사실적으로 묘사하고 있다. 발표 당시에는 순전히 포경선 이야기로만 이해되어 주목을 받지 못했으나, 지금은 선악의 신비와 인간 실존에 대해 깊이 탐구한 걸작으로 평가되고 있다(http://enc.daum.net/dic100/contents.do?query1=b09b0653a 2007-09-06).

다. 그렇지만 조기유학을 비교적 쉽게 결정할 수 있을 정도의 경제력을 가진 가정이라면 자녀에게 외국어를 습득할 수 있는 기회를 상당히 많이 제공했을 것이다. 과시형 조기유학생의 외국어 구사능력은 장기적으로 그리고 체계적으로 준비한 학생보다는 높지 않겠지만 그렇다고 아주 낮지도 않을 것이다.

10) 유학의 시기

유학의 적기(適期)는 유학의 유형에 따라 결정된다. 조기유학일수록 자기결정력보다 환경결정론에 더 많이 의존하고 있다. 환경결정론에 치우친 사람들은 "미국, 영국, 캐나다, 호주, 뉴질랜드에 가기만 하면 영어를 통달할 수 있다"고 확신한다. 이들은 누구든지 모국어(母國語)는 잘할 수 있기 때문에 "외국어를 모국어처럼 느낄 수 있는 환경을 제공하면 그 외국어도 잘하게 된다"고 가정한다. 조기유학의 필요성과 불패론(不敗論)을 주장하는 사람들은 외국어를 잘하게 만들려면 가능한 일찍 유학을 보내야 한다고 확신한다. 이들은 외국어를 모국어처럼 구사하게 하는 데에만 관심을 갖기 때문에, '외국어를 모국어처럼 구사할 수 있는 환경'에 의해서 모국어가 외국어가 되고 한국인으로서의 정체성이 상실되고 있음을 인식하지 못한다.

환경결정론을 믿는 부모들은 영어를 공용어로 사용하는 국가에서 살면 영어가 저절로 터득될 것이라는 기대가 앞서 있다. 사회심리학에서 귀인 이론은 이러한 측면에 관심을 기울이고 있다. 조기유학을 결정하는 부모들이나 조기유학을 권유하는 사람들이 공통적으로 확신하거나 기대하는 것은 환경영향론 또는 환경결정론이다. 이들은 여기(한국)에서는 공부를 제대로 못했던 학생들이 거기(미국, 캐나다, 호주, 뉴질랜드 등)에서는 잘하고 있는 사례들을 과도하게 부각시켜서 일상적으로 일어나는 현상처럼 주장한다. 그러나 그러한 일은 극히 예외적인 사례에 속할 뿐이다. 복권에 당첨되어 일확천금의 행운을 잡은 사람이 분명히 있지만, 자녀에게 복권에 몰입하도록 가르치는 부모는 없다. 부모는 자녀에게 성실함이 성공의 정도(正道)라고 가르친다. 올바른 길이란 요행(僥倖)이나 행운(幸運)으로 발견한 지름길이 아니며 자신에게 적합한 속도로 한걸음씩 꾸준히 나아가면 스스로 만족할 수 있는 목적지에 닿게 하는 길이다. 자신의 목적지, 속도, 방향을 지키는 길이야말로 정도이다. 그 누구도 자신의 인생을 대신 살아주지 못하듯, 자신도 그 누구의 인생을 대신 살아줄 이유가 없다. 조기유학의 최종 목적지로 간주되는 미국의 학교에서는 요행, 행운, 첩경이 통하지 않으며 이를 방지하기 위해 온갖 장치를 마련해 놓고 있다.

유학의 시기로 도전형, 도피형, 과시형을 가르기는 쉽지 않다. 도전에 성공하려면 준비를 철저히 해야 되므로 도전형 조기유학은 상대적으로 늦은 시기에 결정될 가능성이 높다. 조기유학 가운데 도전형은 준비기간을 고려하면 고등학교 단계에 가까울 것이다. 한편 도피형은 한국의 학교와 교육에 대한 불만이 어느 정도 쌓이고 한국에서의 학력·학벌 경쟁에서 난관이 예상될 때 결행될 가능성이 많다. 따라서 도피형은 중학교 단계에 집중될 가능성이 높다. 이와는 달리, 과시형은 무엇보다도 비교집단이나 준거집단과의 경쟁이 중요한 변수이기 때문에 오늘날처럼 초등학생들의 유학이 확산되어 조기유학의 주류를 이루고 주위 사람들이 모두 떠나는 것처럼 느껴질 때에는 초등학교 단계에 몰리게 된다.

11) 지원 정도

도전의 정수(精髓)는 스스로 결정하고 홀로 책임지는 데 있다. 스스로 결정해야 할 사안이 많고 홀로 책임져야 할 사태가 많을수록 도전의 강도는 높아진다. 높은 산의 등정(登頂)에 도전한다면서 남의 등에 업혀 갈 수는 없는 것이다. 난관(難關)이나 장벽을 홀로 맞서 뚫고 나가겠다는 의지가 없으면 도전이 될 수 없다. 불편한 것이 없도록 모든 것이 준비된 상태에서 나선 유학길이라면 도전형이 될 수 없다. 출국에서부터 현지 적응까지 다른 사람들에 의해 세심하게 마련된 유학이라면 도전이 개입할 여지가 없다. 스스로 결정할 일도 없고 홀로 감당해야 할 위기도 없다면 도전이 될 수 없다. 타국에 나가는 것만으로 도전이 될 수는 없다.[10)]

기부금에 의해 명문학교에 입학을 허락받았다면, 그 입학을 도전으로 볼 사람은 없을 것이다. 이처럼 극단적인 지원에까지는 미치지 못하지만, 한국의 부모들은 자녀의 유학을 위해서 지원을 아끼지 않고 있다. 자녀에게 최선의 조건을 제공하려는 부모들에 의해서 고학(苦學)과 동일시되던 전통적 유학은 점차 사라지고 있으며, 당연

---

10) 시골에서 상경하여 낮에는 공장에서 죽도록 일하고 밤에는 야간학교에서 졸린 눈을 비벼가며 실업고등학교 졸업장을 받는 것이 미국의 초호화 기숙 사립학교에 기부금을 내고 입학하는 것보다 도전의 강도가 훨씬 더 높다. 주경야독(晝耕夜讀)하며 공부한 자녀는 시골에 계시는 부모에게 감사하며 송금할 수 있어도, 엄청난 등록금을 내며 비싼 외국의 명문학교에 다니는 자녀가 부모에게 감사하기는 어렵다. 주경야독 학생은 시골에 계시는 부모의 고단한 삶을 안타까운 마음으로 지켜보지만, 외국의 초호화 기숙학교에 유학하는 한국 학생은 한국에 있는 부모의 일상을 알 수 없을 뿐만 아니라 현지의 부잣집 자녀들과 자신을 비교함으로써 상대적 박탈감을 느끼기 때문이다.

한 결과로서 유학에 대한 프리미엄도 줄어들고 있다. 심지어 호화 유학생들의 잦은 귀국과 한국 및 현지에서의 비행·탈선과 우쭐댐으로 말미암아 유학에 대한 반감까지 형성되고 있다.

도전형 유학생들은 자신의 의지를 관철시키기 위해 그리고 학업에 몰입하기 위해 과도한 지원을 거부하기도 한다. 그러나 현실적으로는 학업에 필요한 경비보다 훨씬 많은 돈을 지원받음으로써 이를 소비하기 위해서 학업에 전념하지 않는 유학생이 늘어나고 있다. 현지에 있는 지원체제를 구축할수록 도피성 유학에 가깝다. 그 이유는 학생 스스로 결정하고 책임지는 것이 도전이기 때문이다. 부족할 것이 없도록 모든 것이 지원된다면 도전이라고 말할 수 없다. 부자로 태어난 부모들뿐만 아니라 어렵게 재산을 모은 부모들도 자녀를 위한 교육비와 생활비에 절제력을 갖지 못하는 경우가 많다. 자수성가한 부모들도, 자립의 메시지를 가르치기보다는, 자신들이 겪었던 어려운 시절을 생각하고 자식들이 비슷한 경험을 반복할까 두려워서 자녀들에게 과도하게 지원하는 경향이 있다. 이러한 경향 때문에 조기유학 가운데 상당한 비율이 과시형이나 도피형으로 분류되고 있다. 심지어 도전형으로 분류되는 것이 적합한 사례인데도 부모의 과도한 지원 때문에 그 의지와 의미가 퇴색하기도 한다. 모든 조기유학을 도피성으로 매도하는 사람들은 조기유학에 대한 부모들의 과잉 지원을 겨냥하고 있다.

12) 유학에의 동반자

세계 최고봉 에베레스트를 등반하는 산악인이 셰르파(Sherpa: 셰르파족 짐꾼)의 도움에 전적으로 의존한다면, 그 등반은 도전으로 인정될 수 없다.[11] 도전은 누가 대신해 줄 수 없는 위기상황을 홀로 대처해 나가는 데 의미를 둔다. 조기유학이 도전으로 인정을 받으려면, 학생이 대부분의 난관을 홀로 감당해야 한다. 유학생을 현지에서 지원하기 위해서 가족이 동반하여 모든 일을 거든다면 도전으로 분류될 수 없다. 조기유학에 어머니가 동반한다고 만사가 쉽게 풀리지는 않겠지만, 도전감이 떨어지는 것은 사실이다. 어머니가 동반했을 경우, 어머니의 자녀교육 개입은 한국에 있을 때보다 훨씬 더 심할 수 있다. 동반한 어머니들은 자녀교육과 현지 생활에의 적응이라는 이중의 과제를 수행하기 위해 엄청난 스트레스를 받는다. 이 어머니들 가운데 일부는 자신이 외국생활에서 엄청난 스트레스를 받음으로써 자녀가 학교에서 받게 될 스트레스를 충분히 상상하게 되어 자녀교육관을 수정하기도 한다.

어머니가 동반하지 않은 조기유학이라고 해서 도전형으로 분류되지는 않는다. 엄청난 금액을 투입하여 아무런 불편함이나 어려움 없이 공부할 수 있도록 환경을 조성한 뒤에 보내는 조기유학이라면 도전이 될 수 없다. 이 경우에는 도전할 대상이 별로 없기 때문이다. 과시형 조기유학의 경우, 부모들은 학업에 필수적인 조건들을 구비해 줄 뿐만 아니라 자녀와 자신들을 돋보이게 하기 위해서 필요 이상의 조건까지 갖추어 준다. 이 유형의 경우, 어머니의 동반 여부는 크게 중요하지 않다. 왜냐하면 어머니가 동반하지 못했을 경우에

---

11) 에베레스트 최단시간 등정은 1998년 10월 17일 셰르파 가지가 세운 20시간 24분이다. 네팔인 셰르파 앙 리타와 아파는 열 번이나 성공한 기록을 갖고 있다. 네팔의 셰르파 바부는 에베레스트 정상에서 무려 21시간을 체류하는 진기록을 세웠다. 도전의 강도를 높이기 위해서 무(無)산소 등정도 시도된다. 수많은 외국인들이 에베레스트 등정에 도전했지만 에베레스트 등정에 관한 의미 있는 기록들은 셰르파들이 갖고 있다.

는 동반한 것과 같은 효과를 얻기 위해 현지에 부모의 역할을 대신해 줄 수 있는 사람을 둘 뿐만 아니라 부모들이 따로 또는 같이 수시로 방문하거나 기회가 될 때마다 자녀를 귀국시키기 때문이다.

조기유학의 유형화를 위해서 지금까지 논의한 내용은 하나의 표(表)로 정리될 수 있다. 열두 가지 변인들 – 목적의 명료성, 성공의 범위, 성공의 귀인, 유학의 주도자, 결정변인의 수, 중간지점 유무, 국적에 대한 태도, 한국에서의 학교생활, 외국어 구사능력, 유학의 시기, 지원 정도, 유학에의 동반자 – 과 세 가지 유형의 조기유학 – 도전형, 도피형, 과시형 – 을 교차시킴으로써 '조기유학의 개념화를 위한 분류표'(표 2)를 만들었다.

도전형 조기유학은 한국과 유학국의 학교 및 사회의 현실에 대해 정확하게 분석하며 유학생의 학습능력을 냉정하고 객관적으로 판단하여 성공에 대해 확신하고 직면하게 될 위험도 충분히 예상하고 대처한다. 도피형은 한국에 관한 사항은 학교생활이든 사회생활이든, 현재든 미래든 부정적으로 인식·해석하며 유학 대상국에 관해서는 호의적으로 받아들이며 이상적으로 설정한다. 도피형 조기유학을 보내는 부모들은 "사정이 아무리 나빠도 한국보다는 나을 것이다"는 기대를 진실처럼 받아들인다. 과시형 조기유학은 부모 또는 자녀가 의미 있게 설정한 준거집단과의 경쟁에서 우위를 드러내거나 그 경쟁에서 벗어나는 데 목적을 둔다.

지금까지 살펴본 것처럼 조기유학이 도전형, 도피형, 과시형 등 세 가지 유형으로 분류될 수 있다면, 조기유학에 대한 찬성-반대 논쟁이나 지지-비판 논쟁을 한 차원 높일 수 있다. 얼핏 보면, 도전형 조기유학은 '찬성', '긍정' 쪽으로 쏠리고 지지되며, 도피형과 과시형은 '반대', '부정' 쪽으로 기울면서 비판될 것으로 짐작된다. 그러나 이는 어디까지나 상식적인 추측일 뿐 도피형 또는 과시형으로 분류될 수 있는 사람들은 상당히 또는 전혀 다른 견해를 피력할 수도 있다. 그 이유는 조기유학에 대한 안내서에 소개된 성공 사례들 가운데 상당수가 <표 2>에 의하면 도피형 또는 과시형에 속하기 때문이다.

표 2. 조기유학의 개념화를 위한 분류

	도전형	도피형	과시형
목적의 명료성	부모: 명료	부모: 모호	부모: 명료
	자녀: 명료	자녀: 모호	자녀: 모호
성공의 범위	제한	확대	확대
성공의 귀인	노력	운수	환경
유학의 주도자	자녀	부모	부모와 자녀
결정변인의 수	일원(一元)	다원(多元)	일원화(一元化)
중간지점 유무	없음	최대한 활용	없음
국적에 대한 태도	고수	포기	유동(流動)
한국에서의 학교생활	적극적	소극적	복합적, 무관
외국어 구사능력	높음	낮음	다양함
유학의 시기	적기(適期)	수시(隨時)	조기(早期)
지원 정도	최소화	최대화	무한(無限)
유학에의 동반자	없음	있음	무관(無關)

세 가지 유형은 조기유학을 계획하고 실행하는 단계에 초점을 맞추어서 분류되었다. 조기유학을 떠나 외국 학교에 입학한 후에도 여러 가지 과정을 거치게 된다. 이 과정을 거치면서 초기의 유형이

변할 수 있다(김현주, 2007).[12] 다시 말해서, 도전형에서 도피형이나 과시형으로, 도피형에서 도전형 또는 과시형으로, 과시형에서 도피형 또는 도전형으로의 변화가 일어날 수 있다. 예컨대, 도전형의 조기유학생이 의욕과 자신감을 상실하여 도피형으로 변모할 수 있으며, 도피형으로 분류될 수밖에 없었던 조기유학생이 외부의 배려와 내적 반성으로 새로운 환경에 적극적으로 대처하면서 자신감을 갖게 되고 이전에는 상상조차 어려웠던 높은 목적을 추구할 수 있다. 부모의 풍부한 경제적 지원에 힘입어 안일함과 과소비로 교포들은 물론이며 현지인들로부터 비난을 받았던 조기유학생이 부모의 지원을 거부하고 독립을 선언하면서 새로운 목표에 도전할 수도 있다.

12) 김현주(2007)는 미국 조기유학 청소년들이 낯선 세상에서 어울리고 존재감을 되찾는 유형을 의지실현형, 극적반전형, 제한적성취형, 소극적대처형, 갈등지속형 등 다섯 가지로 나누었다.

4
조기유학의 명분과 실상

한국에서 공부를 열심히 하지 않았거나 학업성적이 낮았던 학생이 외국에서 공부를 열심히 하거나 학업성적이 높아지는 것은 비교준거의 차이에서 오는 착시 현상일 가능성이 많다. 이러한 판단은 미국의 초·중·고등학생들이 한국의 초·중·고등학생들에 비해서 학습량이 절대적으로 적고 수업일수도 훨씬 짧다는 데 근거하고 있다. 미국의 경우에는 연간 수업일수는 각 주(州)에서 정하고 있지만 평균 180일 정도이다.[1] 미국의 교육력을 우려한 보고서는 연간 수업일수를 다른 산업국가들처럼 연간 220일로 늘리도록 촉구해 왔다(National Commission on Excellence in Education, 1983: 29). 이 보고서는 1일 수업시수도 최소한 7시간으로 연장하도록 요구하였다.

> 미국의 젊은이들은 국가가 부과한 의무교육 기간까지 12년 동안 (학교생활을) 지속해야 한다. 이들이 만 6세부터 18세까지 학교에서 보내야 하는 시간을 합하면 13,000시간에 달한다. …… 미국의 경우, 보통의 젊은이들은 매년 9개월 동안 주당 5일씩 매일 6시간을 학교에서 보내야 한다. 한편 (한국의) 교

---

1) http://www.ecs.org/clearinghouse/55/26/5526.doc

육인적자원부에서 제공한 교육과정 개요전문에 따르면, 한국의 학생들이 학교에서 보내야 하는 수업시간 수는 초등학교 5,828시간, 중학교 3,468시간, 고등학교 3,627시간이며 이를 실제 시간으로 환산하면 초등학교 3,885시간, 중학교 2,601시간, 고등학교 3,060시간에 달한다. 한 학생이 고등학교를 졸업할 때까지 학교에서 수업에 투입하는 시간은 총 9,546시간에 이른다.

한국의 젊은이들은 미국의 젊은이들보다 학교에서 보내는 시간이 더 많을 것임을 쉽게 짐작할 수 있다. 이러한 짐작이 가능한 이유는 한국 학생들의 수업시간이 미국보다 많기 때문이다. 그럼에도 불구하고 수치상으로는 한국 학생이 미국 학생보다 학교교육에 투입하는 시간이 적다. 이는 동일한 기준으로 측정하지 않았기 때문에 나타난 결과－미국의 수치는 학교에서 보내야 하는 시간이지만 한국의 수치는 수업시간임－로서 미국에서 측정한 방식으로 산출하면, 한국 젊은이들이 6세부터 18세까지 학교에서 보내야 하는 시간은 13,000시간(미국 학교교육 시간)을 훨씬 넘어설 것이다. 학교 밖에서 학습에 투입하는 시간을 고려하면, 최소한 고등학교 수준 이하의 경우, 미국의 젊은이들은 한국 젊은이들의 상대가 될 수 없다. 한국사회의 교육열은 비슷한 사례를 찾기 어려울 만큼 월등하게 높기 때문이다(오욱환, 2003: 21). (괄호 안의 글은 이해를 돕기 위해서 추가한 것임)

더욱이 한국 부모들의 자녀교육열, 좀 더 구체적으로 표현하면, 공부하도록 닦달하기는 미국 부모들이 흉내 내기조차 어려울 정도로 강렬하다. 이러한 변인들이 작용하기 때문에 한국의 학생들이 전학한 외국 학교에서 생각보다 훨씬 잘 적응하는 것처럼 오해하게 만든다. 조기유학생들이 귀국을 꺼리는 가장 중요한 요인은 한국사회에서의 학습량과 학업성취에 대한 부담이다. 한국 부모들은 자녀가 유학 중일 때에는 학업성적에 대해서 상당히 관대하다. 더욱이 이 부모들은 자녀의 현지 학교에서의 석차에 대해 알 수도 없다. 한국에서처럼 학급석차와 학년석차 심지어 전국석차까지 밝혀진다면, 이 부모들이 지금처럼 여유를 갖지 못할 것이다.

한국에서 학교에 다니다가 미국에서 단기간일지라도 미국 학교에 다녀 본 한국 학생들은 귀국하기를 매우 싫어한다.[2] 한국에서의 학교생활에 비해서 미국에서의 학교생활이, 영어 핸디캡을 갖고도, 아주 여유롭기 때문이다. 부모는 자녀의 미국 학교적응과 영어 핸디캡 극복에 치중하기 때문에 한국에서보다는 학업성적과 석차에 대해 조바심을 덜 낸다. 미국 교사들은 공부는 각자 알아서 할 일이고 학업성취가 지적 능력에 의해 상당 부분 결정된다고 생각하기[3] 때문에 학생들을 공부하도록 몰아치지 않는다. 그러나 부모가 자녀의 출세에 집착하고 교육을 출세의 첩경으로 확신하는 경우에는, 미국과 한국의 차이는 없으며 당연히 미국인 부모와 한국인 부모의 차이도 있을 수 없다.[4] 조기유학의 목적이 출세를 위한 유리한 고지의 선점(先占)에 있다면, 유학생의 부모는 자녀가 유학한 국가, 지역, 학교유형 등 그 어느 것에 상관없이 자녀를 공부하도록 몰아치지 않을 수 없다. 그리고 유학 기간이 늘어날수록 그 강도는 더 높아질 수밖에 없다. 그 이유는 장기 체류 후 귀국할 경우에는 한국 학교에 적응하기가 상당히 어려워지며, 계속 체류할 경우에는 현지에

2) 한국 학교생활과 미국학교 생활을 모두 경험해 본 한국학생들이 귀국하기를 거부하면서 부모에게 내세우는 이유는 "한국에 가서 목숨을 걸고 공부하기 싫다"는 말로 축약될 수 있다. 부모들은 "미국에서는 공부 안 해도 잘만 사는데, 한국에서는 왜 죽을 각오로 공부해야 하느냐"는 자녀들의 질문에 설명력과 설득력 있게 답하기 어렵다.

3) 일본의 교육현장을 심층적으로 연구한 미국인 학자들(Stevenson and Stigler, 1992; White, 1987)에 의하면, 미국은 학업성취에서 노력의 역할을 너무 소홀히 하고 있다. 이들은 일본 학생들의 높은 학업성취 뒤에는 "노력을 학업성취의 결정적 요인"으로 확신하는 일본 부모들의 교육관이 있다고 주장하였다.

4) 영화 "죽은 시인의 사회"에서 한 중산층 아버지는 자신을 희생하며 아들을 웰튼(명문기숙학교)에 보낸다. 그는 아들(닐 역(役), 로버트 숀 레오나드 분(扮))이 졸업 후 하버드의대를 거쳐 의사가 되는 과정에 방해가 되는 모든 활동을 절대 금지한다. 자신의 삶을 잃은 그 아들은 죽음에 이르고 만다.

서 상급학교로 진학함에 따라 해당 국가의 주류집단(主流集團), 상위 계층, 엘리트 학생들과의 경쟁이 불가피해지기 때문이다. 그 반대의 경우, 곧 부모가 자녀의 출세에 집착하지 않고 교육을 출세의 필수 조건으로 확신하지 않으면, 한국사회에서도 그 자녀는 충분히 자유로울 수 있다.

자녀들을 조기에 유학시키는 부모들은 자녀들의 학력과 학벌, 그리고 직업과 사회생활에 관하여 확고한 준거를 갖고 있지 않다. 다시 말해서, 자녀들의 학력, 학벌, 직업 등을 성공과 실패로 가늠할 수 있는 구체적 기준을 설정하고 있지 않다. 이 때문에 대부분의 조기유학이 성공으로 인식되고 있다. 성공과 실패를 가릴 수 있는 기준을 부모들이 설정하지 않는 이유는 조기유학이 자녀들의 장래보다 부모들의 체면에 의해 더 많이 결행되었기 때문이다. 조기유학생들은, 자신의 인생을 설계할 수 있는 연령이나 상황에 있지 않을 때 조기유학을 떠남에 따라, 자신의 교육적 목표와 직업적 목표가 구체적일 수 없다. 부모들은 자녀들에게 조기유학에 관한 정보를 긍정적으로 생각하고 호의적으로 받아들일 수 있도록 선정·편집·각색하여 제공한다. 그 이유는 조기유학이 부모들의 결심이 섰을 때부터 추진되기 때문이다. 부모들로부터 조기유학에 대한 질문을 받았을 때쯤에는, 자녀들의 입장에서 조기유학이 피할 수 없는 상황에 이르렀을 때이다. 부모들은 자녀들에게 외국유학의 매력과 이점을 강조하거나 자녀들의 학교성적이 부실하여 한국에서의 승산이 없음을 지적하면서 조기유학을 결심하도록 상황을 조성한다.

한국사회에서는 남을 비판할 때에는 민족주의, 국가주의, 집단주의, 평등주의 등을 준거로 하면서도 자신을 변명할 때에는 개인주의와 자유주의를 지상의 원칙으로 내세운다. 그러나 개인주의나 자유주의는 개인들이 자신들의 현실적 입장이나 처지를 변명하는 데 이용될 때에는 쉽게 이기주의로 변질된다. 조기유학을 결행하게 된 이유를 설명하면서 부모들이 가장 많이 내세우는 것은 한국의 학교와 사회의 부정적 측면들이다. 이들은 한국사회의 부조리를 신랄하게 비판하면서도 그 부조리의 다른 측면을 활용하는 전략을 구사한다.[5] 이들은 한국사회의 부조리를 타개하기보다는 그 부조리를 피하거나 오히려 이용하는 방법을 선택한다. 이들은 한국사회에서 자신들과 자녀들이 피해자라고 주장하지만 자신들로 인해 다른 사람들이 피해를 보거나 볼 수 있다는 사실에는 둔감하거나 애써 외면한다. 조기유학이 한국사회에서 최소한 중류층 이상에 의해서 시도되고 있는데도(손준종, 2005)[6], 이들은 자신들이 가진 기득권을 인정하지 않으려고 한다. 이들은 한국사회의 부조리들이 이기주의나 가족이기주의에 의해서 유발되고 있음을 비판하면서도 자신들의 행위 역시 가족이기주의적임을 인정하는 데에는 주저한다.

조기유학은 한국의 사회, 교육, 학교 등에 불만을 가진 사람들에 의해서 결행되지만, 이들은 한국사회에서 결코 불리한 처지에 놓여 있지 않다. 조기유학에는 비용, 정보, 인맥 등이 요구되기 때문에 경제적 자본, 문화적 자본, 사회적 자본이 부족한 사람들은 엄두를 낼 수 없다. 조기유학을 시도하는 사람들이 제기하는 불만은 자신들이 비교대상으로 자의적으로 설정한 집단 또는 개인들에 대한 상대적 불리함에 기인하고 있다. 다시 말해서, 한국사회에서 절대적으로

5) 대부분의 조기유학은 불법적으로 이루어지고 있다. 수많은 조기유학이 묵인되고 있을 뿐이며 적법한 절차를 밟지 않았다.

6) 손준종(2005)은 조사연구를 통해 교육비 및 생활비 등의 이유로 가계 지출에 부담을 느끼는 사람들은 조기유학에 대해 일관되게 부정적인 반응을 보이지만 소득이 높은 사람들은 긍정적으로 응답하는 경향이 있음을 밝혔다.

불리한 집단 또는 계층에서는 조기유학을 생각조차 할 수 없다. 이 때문에 조기유학은, 한국의 사회 또는 학교에 대해 불만을 제기하며 결행되지만, 출세를 위한 가족이기주의적, 전략적 행동으로 비쳐질 수밖에 없다. 특히, 조기유학이 한국사회에서 지도층으로 인정될 수 있는 사람들에 의해서 확산되고 있기 때문에, 이에 대한 비판 또는 비난은 서민들의 공감을 쉽게 확보한다. 물론, 비판·비난하는 서민들도 조기유학을 소망하거나 조건이 호전되면 시도할 가능성은 충분하다. 조기유학이 과시적 소비로 비쳐져서 사회를 구성하는 모든 계층, 심지어 하류계층과 절대빈곤계층까지도 과시적 소비의 유혹에 빠지고 있다. 베블렌([1899] 2005)의 유한계급론(有閑階級)처럼, 여유를 가진 계층이 과시적 소비 형태를 띤 조기유학을 선도·확대함으로써 한국사회가 경제적으로는 물론이며 정신적으로 소진되고 있다. 그로 인한 부정적 결과에 대해서는 한국사회에게 책임이 돌아가겠지만, 사회는 선택할 수 없는 처지에 있는 사람들보다는 선택할 수 있는 사람들에게 책임을 먼저 묻는다.

조기유학을 결행하는 부모들은 그 이유로서 한국 학교교육의 부실을 지적한다. 그러나 이 지적은 부당한데, 그 이유는 자신에게도 일단의 책임이 있음에도 불구하고 자신에게는 면책특권을 부여하기 때문이다. 한국의 학교는 한국사회의 역사적, 사회적, 문화적, 정치적 맥락에서 산출된 제도에 지나지 않는다. 다시 말해서, 한국의 학교는 한국인들의 의사나 소원과 무관하게 한국의 외부에서 만들어져 한국인들에게 강요된 것이 아니다. 국민들이 한국에서 살아가는데 필요한 기본적인 지식과 태도를 가르치기 위해 설립한 초등학교와 중학교이지만, 학부모들은 자신들의 자녀들이 다른 가정의 자녀들을 제치고 앞서는 데에만 관심을 갖는다. 조기유학은 이러한 경쟁에서 더 유리한 고지를 점령하려는 부모들이나 이러한 경쟁에 거부감을 갖게 된 부모들에 의해서 추진되어 왔다. 그 어느 쪽이든 한국의 학교교육을 하나의 상품으로서만 취급할 뿐이다. 조기유학이 외제 명품 구매와 너무나 비슷한 과정을 밟는 것도 바로 이 때문이다.

자녀에게 상대적으로 좋은 교육적 가정환경을 제공하는 부모들은 자녀가 학교에서도 유리한 고지를 유지하기 위해 온갖 방법을 동원한다. 그럼에도 불구하고 자녀의 학업, 성적, 석차, 전망 등이 만족스럽지 못하면, 이들은 지금까지 그토록 몰입해 왔던 학교와 학원을 버리고 외국으로 떠나는 방안을 강구한다. 한국 학교교육의 부실에 대한 비판과 비난은 자신들의 자녀들이 기대한 성적, 석차, 내신 등을 거두지 못한 데 따른 학부모들의 불만에 의해서 촉발되었다. 한국 학교교육의 부실은 이에 대해 불만을 토로하며 외국으로 자녀를 유학 보내는 부모들에 의해 더욱 부각되고 있다. 안타까운 사실은, 이러한 부모들의 마음을 되돌리려면 그 자녀들의 성적, 석차, 내신 등이 높아져야 하는데 이는 국가정책으로 해결될 수 있는 문제가 아니다.

한국사회는 자녀를 대학에 보내려는 부모들의 요구를 수용하여 대학교육 기회를 대폭 확대하였다. 이제는 대학진학을 희망하는 학생들은 대학에 진학할 수 있을 정도로 대학문호가 개방되었다. 그러나 더 나은 또는 최고의 학벌을 자녀에게 제공하려는 부모들에 의해서 대학문호의 대폭적 확대는 해결책이 되지 못하고 있다. 더욱이 '외국에 있는' 명문대학을 선호하는 부모들의 기대를 충족시킬 수 있는 방안은 거의 없다. 이 안타까움은 국산품이 획기적으로 향상되더라도 외제명품족의 취향을 되돌릴 수 없는 데 비유될 수 있다.

영어를 사용하는 국가에 가서 "영어의 바다에 풍덩 빠져보겠다"며 외국으로 떠나는 조기유학생들을 붙잡기 위해 구상되는 방안들의 효과는 지극히 제한적일 수밖에 없다.[7] 영어수업 강화, 영어마을 건설, 국제도시화 등은 영어에 대한 갈증을 해소하는 데 효과가 있을지는 몰라도 '영어의 바다에 풍덩 빠지려는' 사람들의 기대는 충족시킬 수 없다. 그 이유는 이러한 방안들이 영어를 사용하는 국가 곧 '영어 바다'를 조성하는 데까지 이를 수는 없고 고작 '영어 도랑'이나 '영어 개울' 정도에 지나지 않을 것이기 때문이다. 심지어 이러한 방안들이 영어의 필요성을 증대시킴으로써 조기유학이 정당성을 확보하면서 폭발적으로 확대될 수 있다.

오늘날 한국은 영어에 대한 열등감 때문에 국가 정체성까지도 논란의 대상이 되고 있다. 외국어자본, 신(新)식민주의, 신(新)제국주의 등의 개념들이 한국의 사회와 교육을 이해하는 데 중요한 개념으로 이용되고 있다. 마침내 영어 공용어화(公用語化)까지 제안되고(복거일, 1998) 이를 둘러싼 논쟁이 '세계주의 대 민족주의'(민족어 포기론 대 고수론), '평등주의 대 계급주의', '외래어 수용주의 대 민족어 순결주의', '전 국민 영어론 대 영어 전문가론'(통번역 무용론 대 유용론) 등 다양한 주제 아래 전개되기에 이르렀다(한학성, 2000). "바다에 빠뜨리기만 하면 저절로 헤엄치게 된다"는 착각처럼 "영어를 공용어화하면 모든 국민들이 (순식간에) 영어에 능통해진다"는 기대에 찬 억설(臆說)도 영어열등감에서 벗어나고 싶은 사람들로부터 상당한 호응을 얻었다.

한국 학교교육의 문제는 크게 '한국사회'의 문제, '제도로서의 학

7) 이들이 말하는 '영어의 바다'는 영어를 사용하는 사회를 말하는지 아니면 영어가 모국어인 외국을 의미하는지 불분명하다. 다시 말해서, 이들이 원하는 것은 영어를 잘하게 되는 것인지 아니면 영어권 외국에 나가고 싶은 것인지 모호하다.

교교육'의 문제, '한국 학교'의 문제 등 세 가지로 나누어 볼 수 있다. 첫째 문제는 '한국사회'가 안고 있는 문제가 학교교육에 영향을 미쳐서 학교가 문제에 휘말리게 되는 경우에 해당한다. 출세지향적이며 비교우위를 통해서 삶의 수준을 결정하는 한국사회에서, 학교는 학력과 학벌을 획득하는 통로가 되어 출세를 위한 경쟁의 교두보가 된다. 학력과 학벌은 출세라는 만인이 만인을 상대로 싸우는 전쟁에서 중요한 고지를 점령하거나 강력한 무기를 갖는 것에 비유될 수 있다.

둘째 문제는 교육이 학교교육으로 제도화되면서 발생한다. 이 문제는 교육대상과 교육내용을 두고 계급, 계층, 인종, 종족, 성별, 종교 등에 의해서 나누어지는 집단들 사이에 대립과 갈등이 야기됨을 의미한다. 공교육 개념이 확산되면서 현대 국가들은 문화와 체제에 따라 다소 차이는 있지만 거의 예외 없이 교육기회를 확대해 왔다. 학교교육 기회의 확대는 더 많은 기회를 요구하게 됨으로써 기회의 불평등을 더 첨예하게 부각시키는 환경을 조성하였다. 교육기회의 확대로 국민들의 학력이 상승하게 되었지만 높아진 학력에 부합하는 직업은 희망처럼 늘어나지 않는다.[8] 그리고 학력이 상승하면 소득과 위세 그리고 권력에 대한 기대 수준도 함께 상승하여 학

8) 교육의 중요성을 강조하는 사람들은 교육과 노동시장의 관계를 교육중심으로 인과관계(causation)를 설정하는 경향이 있다. 이들은 교육적 조건을 갖추기만 하면 그에 합당한 일자리가 있다고 가정해 버린다. 공급 일방적인 논리는 현실에서 곧바로 한계에 부딪친다. 노동시장은 인적자원에 맞추어 늘어나거나 줄어들지 않는다. 다시 말해서 노동시장은 교육시장과 무관하다. 사범대학 졸업생이 늘어난다고 교직이 늘어나지 않으며, 의대생이 늘어난다고 환자가 늘어나는 것도 아니다. 수요를 고려하지 않고 공급을 늘리면 교육받은 실업자만 체계적으로 양산될 뿐이다. 역설적으로 의사가 늘어나면 새로운 환자가 창출되어야 하고, 변호사가 많아지면 종전까지는 당사자끼리 타협되었던 시비도 송사(訟事)로 악화되기 마련이다. 마찬가지 논리로, 교사자격증 소지자가 증가하면서 사교육기관이 늘어나기도 한다.

력이 높아지기 전이었다면 기꺼이 받아들였을 수준의 직업들도 거부하고 더 많은 소득과 지위를 보장하는 직업을 겨냥한다. 이 때문에 취업에 유리한 조건을 구비하기 위해서 학력과 학벌의 경쟁이 더 치열해진다. 그 결과는 소수의 고학력자와 명문학벌 소지자는 학력과 학벌에 대한 보상을 받게 되지만 대다수는 학력과 학벌에 걸맞은 직업을 갖지 못하게 됨으로써 과잉학력 사회가 된다.[9)]

셋째 문제는 '한국 학교'가 갖는 문제를 의미한다. 이 문제들은 한국 학교교육이 갖는 고유의 역사적 전개와 현실적 상황에 의해서 발생한다. 이 문제는 한국 학교의 목적, 교과과정, 교사, 학생, 재정, 시설, 설립 유형, 학제 등에 의해서 야기된다. 한국 학교에서는 교사들도 부모들처럼 학생들을 공부하도록 재촉한다. 한국 학교에서는 학급, 학년은 물론이며 심지어 전국 단위로 석차가 매겨지고 있다. 부모들도 자녀의 석차에 매우 민감하며 학교에서 석차를 알 수 없도록 평가해도 기어이 석차로 환산하려든다. 입시에서의 당락에 따라 삶의 기회가 확연하게 판가름되기 때문에 어느 누구도 시험위주의 학습으로부터 자유로울 수 없다. 결과적으로, 모든 학생들은 학교에서는 물론이며 집에서도 공부하도록 닦달되고 있다. 학교 단계에 상관없이 입시위주로 교과과정이 구성되고 수업이 진행되므로 입시

9) 영국, 프랑스, 독일 등 유럽 국가들은 인구 가운데 10퍼센트 정도를 엘리트로 간주하고 있다. 이 국가들은 전통적으로 대학생 수를 그 선에서 선발해 왔다. 국민들의 요구에 의해 대학 입학생을 30퍼센트 정도로 늘였지만 4년제 대학의 졸업생은 15퍼센트 선에 머물고 있다. 한국은 대학진학률이 80퍼센트를 넘으며 중도탈락률이 아주 낮기 때문에 매년 엄청난 수의 대학졸업자들이 배출되고 있다. 종료직업교육(終了職業教育: terminal vocational education)을 목적으로 설립된 실업계 고등학교까지 대학진학에 유리함을 부각하며 학생들을 유치하고 있다. 한국사회에서는 출세지상주의에 공격적 평등주의가 가세함으로써 대학 학력이 최소 구비조건이 되고 있다.

와 관련 있는 모든 과목을 다루게 되어 교과목 수가 아주 많다. 그렇지만 입시와 관련이 적은 과목이나 분야는 철저히 외면됨으로써 다양성이 오히려 제한되어 있다. 입시와 무관한 분야에 관심을 기울이는 학생들은 학교에서 '세상물정을 모르는 철부지'처럼 취급되기도 한다. 한국의 학교는 많은 교과목을 가르치면서도 다양성이 없다는 비판을 받고 있다.

우리가 흔히 말하는 '한국 학교교육의 문제'의 원인을 이처럼 세 가지로 나눌 수 있다면, 조기유학으로 해결할 수 있는 문제는 두 번째와 세 번째에 집중될 수밖에 없다. 첫째 문제 곧 출세지향성은 개인적 가치관과 사회적 풍토와 관련되므로 학교나 교육 분야가 해결책을 마련할 수 없다. 둘째 문제는 유학의 기간, 유학 중 취득한 학력·학벌, 귀국 여부에 따라 상당히 달라진다. 유학 기간이 짧으면, 귀국 후 한국 학교에 재적응해야 하는 어려움이 적으나 최종 학력까지 세월이 많이 남아 있으므로 유학의 효과가 소멸하기 쉽다. 유학 기간이 길면, 귀국 후 한국 학교에의 재적응과 한국사회에의 재적응이 아주 어려워진다. 유학을 통해서 외국의 명문 대학 박사학위를 취득하여 귀국할 경우에는 높은 취업효과와 소득효과를 기대할 수 있다. 그러나 이 경우에는 조기유학에서 박사학위 취득까지의 오랜 세월을 외국에서 보냈기 때문에 한국사회에의 재적응이 쉽지 않아 한국인이 한국사회에서 이방인처럼 지내야 하는 위험이 따른다. 유학 후 귀국하지 않을 경우에는 유학국의 문화나 관습에 맞추어야 하므로 불이익을 피할 수 없다. 유학국에 체류하는 사람은 해당 국가의 인종·종족구성에서 소수집단, 주변집단에 속할 수밖에 없기 때문에 불리한 처지에서 벗어날 수 없다. 세 번째 문제는 유학을 통해서 대안을 모색할 수 있기 때문에 해결책이 될 수도 있다. 이 문제를 해결하기 위해서 유학을 떠날 때에는 한국식 출세관이나 교육관에서 벗어나야 한다. 실존적 자유를 추구한다면, 속세를 떠나듯이 낯선 곳으로 떠나도 좋을 듯하다.

조기유학 부모들이 선택하는 유학 대상 학교들은 해당 국가의 대학 입학에서 아주 유리한 조건을 갖춘 학교들이다. 이러한 사실은 한국의 학교교육이 안고 있는 문제들이 조기유학의 결정적 이유가 아닐 수 있음을 의미한다. 조기유학의 더 일차적인 이유는 한국 학교교육이라는 외적 조건보다는 가정의 현실적 조건들－자녀의 성적과 석차, 부모의 체면, 사회경제적 계층, 사회적 자본, 외국에 있는 인맥(人脈: social network), 고부(姑婦) 또는 부부 갈등 등－을 감안하여 자녀들이 출세하는 데 최적의 조건을 제공하려는 전략의 소산물에 가깝다. 학업에서 성공하기 위해 조기유학을 결정했다면, 한국에서 입시 준비하듯이 또는 그보다 훨씬 강도(强度) 높게 현지에서 공부하지 않으면 기대한 목표를 이룰 수 없다. 언어, 문화, 인종 등의 불리함을 안고 경쟁해야 하기 때문에 한국에서 입학시험 준비하듯이 몰입하지 않는다면 성공할 수 없다.[10)]

조기유학의 대상국가들 가운데 선호도가 가장 높고 절대적 우위에 있는 미국 유학을 중심으로 논의해 보자. 자녀를 조기에 미국으로 유학을 보내는 부모들은 최고 명문 초·중·고등학교를 지향하며 형편에 따라서 차선책을 강구한다. 최종 목표는 하버드대학교를 비롯한 명문대학교이다. 이 목표를 달성하는 데 최적의 조건을 제공

10) 미국 대학원 수업이 별것 아니라고 얕본 한국유학생들은 예외 없이 박사학위 취득이 늦어지지만, 겁을 잔뜩 먹고 이 위기를 타개하기 위해 대학입학시험에 몰두했던 시절을 되새기며 혼신을 다한 한국유학생들은 예상보다 일찍 그리고 성공적으로 학위를 취득한다.

하는 고등학교를 지향하고, 다시 이러한 고등학교에 유리한 중학교, 다시 이러한 중학교 진학에 유리한 초등학교를 지향한다. 다시 말해서, 최종 목표를 고정시킨 채 중간 목표를 조정하고 현재의 상황에 최적의 조건을 구비하는 전략을 구사한다. 조기유학이 무리하게 추진되는 이유도 바로 여기에 있다.

한국사회에서 영어 구사능력이 중요한 자본으로 활용되어 왔지만, 최근에 이르러서는 "영어 실력만 갖추면 만사가 형통이다"는 영어결정론이 한국사회에 널리 그리고 깊숙이 자리 잡고 있다. 영어결정론의 확산은 곧바로 연령이나 성별에 불문하고 영어 실력을 갖추도록 강요하고 있다. 유치원 아이들은 물론이며 말을 배우기 시작하는 젖먹이들도 부모로부터 영어 공부에 시달리고 있다. 한국을 이중언어(bilingual) 국가로 착각할 정도이다. 어린 자녀를 키우는 어머니들의 일상적 대화에서도 영어 배우기가 화두가 되고 있다. 한 어머니의 경험을 들어보자.

> 8살, 6살 두 아이를 키우는 동안 주변의 엄마들이 모였다 하면 빼놓지 않는 이야기는 다름 아닌 아이들에게 어떻게 영어를 가르칠 것인가 하는 문제였다. 아이가 얼추 3살만 넘으면 개인 지도가 좋다, 그룹이 좋다, 아니다 학습지가 낫다 등 영어 교육은 단골 메뉴로 빠지지 않았고 치열한 설전 끝에 다다르는 결론은 늘 <u>여건만 되면 영어권 나라로 확 날아가버리고 싶다</u>는 얘기였다(최영미, 2001, 3).[11] (강조를 위해 밑줄을 추가함)

최근 초등학생들의 조기유학이 급증하는 까닭은 중간 목표를 국내 외국어고등학교로 설정한 부모들이 비교적 단기(2년 정도)간의

---

11) 여성동아 2001년 3월호에 게재된 최영미의 '온가족이 떠나는 조기유학 체험기 1: 최영미 주부의 미국 출발 준비 꼼꼼 일기.' http://www.donga.com/docs/magazine/woman_donga/200103/edu03.html

유학으로 영어 구사능력을 높여 차별화를 모색하기 때문이다. 조기 유학을 정당화하려는 사람들은 공교육의 부실 특히, 평준화 교육에 의해 조기유학이 급증하고 있다고 주장한다. 이러한 주장은 조기유학이 학부모들의 가족이기주의적 전략임을 간과한 데서 오는 오류이다. 이러한 주장이 오류임은 고등학교 또는 중학교가 서열화되어 일류, 이류, 삼류 등으로 차별화될 경우 조기유학이 줄어들지, 아니면 오히려 늘어날지를 상상해 보면 밝혀진다. 부모들이 자녀들에게 사교육을 시키는 이유는 '알아야 할 것들'을 모르기 때문이기보다는 다른 집 아이들보다 앞세우기 위해서 또는 경쟁 상대들에 뒤처지지 않게 하기 위해서이다.

최근 조기유학이 더욱 조기화되고 있고 초등학생들이 주류를 이루고 있다. 이 아이들이 조기유학을 떠나는 이유로 평준화된 고등학교의 부실을 지목하는 것은 부당하다. 신문의 사설이나 방송의 주론(主論)에서조차도 평준화가 조기유학을 부추긴다고 주장하고 있는 현실이 안타깝다. 평준화된 고등학교들보다는 특수화된 외국어고등학교들이 조기유학을 더 자극하고 있다. 자립형 사립 고등학교들이 설립될 경우, 이 학교들은 당연히 학생선발권을 갖게 될 것이고 수월성, 국제화 등을 추구하며 선발과정에서 영어의 비중을 높일 것이다. 필연적 여파로서, 초·중학생들의 조기유학이 급증할 것이다. 한편, 재학생 대비(對比) 조기유학생의 비율을 따져볼 경우, 평준화형으로 볼 수 있는 공립초등학교의 학생들보다는 특수화형으로 분류될 수 있는 사립초등학교의 학생들이 조기유학을 훨씬 더 많이 떠난다. 이래저래 조기유학을 보내는 명분, 실리, 전략 등은 점차 늘어만 간다.

한국의 학교교육을 비인간적이며 비교육적이라고 비판하면서 자녀들을 조기에 미국으로 유학을 보내는 부모들은 미국의 학교교육에 대해서는 칭찬을 아끼지 않는다. 이들이 찬미하는 학교들은 미국에서 극소수이며 부유한 사람들이 엄청난 비용을 부담하고 자녀들을 입학시키는 사립학교들이다.[12] 이 학교들도 심층적으로 들여다보면, 교육적으로 그렇게 찬미할 정도가 아니다. 미국 최고 수준의 기숙 사립 고등학교는 명백히 명문대학교 진학을 목표로 삼은 입시중심 학교이다. 이 학교들이 '멋져 보이는' 이유는 미국의 보통 학교들과 비교할 때 천문학적인 비용을 들여서 쾌적한 환경, 화려한 건물, 완벽한 시설, 고학력 유명학벌의 교사, 다양한 교과과정, 정확하고 적합한 입시정보 등을 제공하기 때문이다. 이러한 유형의 학교에서 학생들에게 다양한 프로그램을 제공하는 이유는 명문대학 입시에 중요 변수로 작용하기 때문이다. 다시 말해서, 이러한 유형의 학교들은 명문대학에 선발되는 데 필요한 조건들을 철저히 제공하고 있을 뿐이다.

한 국가의 제도교육 곧 학교는 그 국가의 사회·문화를 반영한다(Turner, [1960] 1961). 한국의 학교에 대해 불만을 토로하고 미국의 학교를 찬미하는 사람들이 미국 학교의 장점들 가운데 가장 빈번하게 내세우는 점은 전인교육(全人教育)이다. 이들은 미국 학교는 공부만 시키지 않으며 필수과목은 가능한 제한하고 학생들로 하여금 교과목들 가운데 선택할 수 있도록 할 뿐만 아니라 다양한 예체능 활동들을 즐길 수 있는 기회를 제공한다고 주장하면서 연극, 골프, 승마 등을 예로 제시하기도 한다.[13] 그리고 이러한 교육이야말로 전인교육이라고 주

12) 외국의 고액 사립학교의 장점을 강조하며 한국 학교를 비판하는 것은 논리에 맞지 않다. 비유하면, 버스를 타고 있으면서 택시를 탄 듯이 골목길을 통과하여 집 앞까지 가자고 요구할 수 없다. 지하철을 타고서 리무진의 서비스와 비교하고 불만을 토로하는 것은 어리석다.

13) 이러한 예시를 통해 미국의 학교교육의 우수성을 주장하는 것은 교내 총기사건으로 무고한 학생들과 교사들이 사살되는 사례를 가지고 미국 학교를 우범지

장한다. 그러나 분명한 사실은 미국 학교들 가운데 골프나 승마 활동을 학생들에게 제공할 수 있는 학교는 초일류 사립학교들뿐이다. 그리고 미국의 보통 학교들에서 제공하는 정도의 다양한 예체능 과외활동을 한국의 학교에서 교과과정의 하나로 실행한다면, 한국의 학부모들이 이를 수용하겠는지 질문해 볼 필요가 있다. 한국 학교의 교과과정 이외의 시간을 전인교육을 위해 배정할 경우, 이를 수용할 부모들은 그렇게 많지 않다. 입시학원의 일정은 학교로 하여금 법정시간 이외의 활동을 할 수 있는 여지를 원천적으로 봉쇄하고 있다.[14]

미국의 학교교육에 대해 방문자의 시각으로 찬미하는 것은 위험하다. 미국은 학교교육이 국가를 위기로 몰아넣을 정도로 비효과적이라고 질타하고 있다((National Commission on Excellence in Education, 1983). 미국은 자국 학생들의 학력이 국제적으로 크게 뒤떨어져 있음을 심각하게 우려하고 기능적 문맹(functional illiteracy)과 학력 저하를 막기 위해 '낙오아동방지법'(NCLB)을 만들고 각 주(州)로 하여금 책임을 지도록 강제하고 있다.[15] 미국의 경우, 1억 9천 2백만 성인들의 대략 21퍼센트 그리고 17세 청소년들 중 13퍼센트가 일상적인 읽기와 쓰기가 불가능한 기능적 문맹이며 이러한 현상이 나아질 기미가 보이지 않고 있다(*Digest of Educational Statistics*, *2002*를 인용한 Ornstein and Levine, 2006: 405에서 재인용). 이후 이 주제에 대한 논란이 끊임없이 지속되고 있다

대라고 강변하는 것처럼 부당하다.

14) 학교에서 방과 후 활동을 강화하기 위해 학생들을 남게 하면, 부모들은 "학원에 가야 하는 아이를 쓸데없는 일로 잡아두고 있다"며 빗발치듯 항의한다.

15) 미국에서는 낙오아동방지법(NCLB)이 시행되면서 주(state), 학구(school district), 학교, 교사에게 책무성을 강력하게 요구하고 있다. 학교의 성적이 낱낱이 공개되고 문책이 예견되면서, 교사들은 시험 대비(對備) 수업에 치중하고 학교는 성적이 낮은 학생들의 전입(轉入)을 기피하고 전출(轉出)을 유도하며 유학생을 받지 않는 경우도 속출하고 있다.

(Peterson and West, 2003; Meier, Kohn, Darling-Hammond, Sizer, and Wood, 2004; Goodman, Shannon, Goodman and Papoport, 2004).

미국의 교수-학습 활동도 한국인들의 근거 없는 확신과는 다르게 매우 단조롭고 '절차 따르기' 방식을 취하고 있다. 이러한 사실은 국제비교연구에서 미국 학생들의 형편없이 낮은 학력이 교수방법, 학습방법 그리고 부모의 자녀교육관에 기인하고 있음을 주장한 미국 교육학자들에 의해서 지적되었다(Stevenson and Stigler, 1992; Stigler and Hiebert, 1999; White, 1987).[16] 이들은 교수-학습 방법과 부모의 자녀교육관 측면에서 일본 또는 중국이 미국보다 훨씬 낫다고 주장하였다. 한국의 문화와 교육은 전통적으로 미국보다는 중국과 일본에 더 가까웠다. 이들의 주장을 받아들인다면, 우리는 미국의 교수-학습 유형에 매료되기보다는 전통적 방법에서 장점을 발굴하고 승화시키는 데 더 치중해야 한다.

> 한국사회에서 일반인들은 물론이며 교육계와 교육학계까지 미국의 초 · 중등 교육을 포함한 모든 제도교육이 세계 최고라고 확신하는 경향이 있다. 이러한 경향은 조기 유학을 정당화하고 결행하는 학부모들의 항변에서, 그리고 교육정책의 이상적 모형으로써 미국의 사례들을 제시하는 학자들의 주장에서 잘 드러난다. 그런데 일본이나 중국의 초등학교와 중학교에서 이루어지는 수업을 직접 관찰한 미국의 학자들은 일본과 중국의 학교수업에 대해서 깊은 감명을 받을 뿐만 아니라 이를 근거로 하여 미국 학교수업의 비효율성을 신랄하게 비판하며 두 국가의 초 · 중등교육을 준거모형으로 채택하기를 제안한다. 이들은 미국의 교육자들과 교육학자들은 물론이며 학부모들과 정책결정자들에게도 어설픈 자존심을 버리고 일본과 중국의 학교수업을 '모형으로 채택하고 모방하도록'(bench-marking) 권유하고 있다(오욱환, 2005: 115).

16) 오욱환 (2005). 『교사전문성: 교육전문가로서의 교사에 대한 논의』. 서울: 교육과학사 88쪽에서 107쪽까지 참조.

교육출세론을 확신하고 자녀들의 출세를 위해서 부모들은 어떤 일도 할 수 있다고 강변한다면, 세계 어떤 국가에서도 인간적인 학교를 찾을 수 없다. 그 이유는 학력과 학벌을 높이려면 경쟁이 치열한 학교에 들어가야 하는데 소위 명문 학교일수록 경쟁이 극심하기 때문이다. 경쟁이 없는 인간적인 학교는 닐(A. S. Neill)이 세운 서머힐(Summerhill)(Neill, [1995] 1999)[17]이나 구로야나기 테츠코([1981] 2000)의 자전적 소설의 배경이 된 도모에학원 그리고 최근 한국에서도 주목을 받기 시작한 인본주의적 대안학교 등의 유형일 수밖에 없다. 한국의 학교들을 입시위주, 경쟁체제, 비인간성 등으로 비판하고 외국의 초일류, 초고가의 기숙사립학교를 선택하거나 선망하면서 그 차선책을 강구한다면 지극히 자기모순일 수밖에 없다. 출세를 지향하는 한, 경쟁을 받아들여야 하며 그에 따른 스트레스는 피할 수 없다.

한국 학교에서는 스트레스에 시달렸지만 외국 유학에서는 스트레스를 덜 받는다면 경쟁에 의미를 두지 않거나 기피하기 때문일 가능성이 많다. 한국에서 중상류층에 속했던 사람들이 외국으로 이민을 가서는 막일을 하면서도 행복하게 생각한다면, 이는 현지인들과의 계층 경쟁에 의미를 두지 않고 자신의 독자적 삶을 중요하게 고려하기 때문이다. 한국사회에서도 도시의 경쟁적 일상을 피해서 귀향한 후 촌부(村夫)의 삶을 즐기는 사람들도 있다. 이러한 사례들은 우리가 비교로부터 자유로워지면 충분히 행복할 수 있음을 시사한다. 그러나 출세에 집착하는 한, 그 어느 곳도 편안하지 않으며 미국, 영국, 캐나다, 호주, 뉴질랜드 등 그 어느 국가에서든 인종차별

17) http://www.summerhillschool.co.uk/

을 피할 수 없고 미국처럼 백인 앵글로색슨계 신교도(White Anglo-Saxon Protestant: WASP)와 같은 뚜렷하게 구별되는 지배집단이 존재하는 사회에서는 피지배집단의 굴레에서 벗어날 수 없다. 한국인들은 미국에서는 흑인이나 멕시코인보다 그리고 영국, 캐나다, 호주 등에서는 인도인 또는 파키스탄인보다 더 불리한 처지에 놓일 가능성이 많다. 그 이유는 이 인종들과 비교할 때 인종별 인구구성에서 소수이고 거주의 역사에서 상대가 될 수 없을 정도로 짧기 때문이다. 미국에 살고 있는 아시안 아메리칸(Asian-American)의 삶을 통찰력 있게 분석한 장태한(2004)의 설명을 들어보자.

> 각기 다른 인종과 민족이 차이를 극복하고 공존하는 나라라는 미국의 이미지는 우리에게 매우 매력적으로 다가온다. …… 그러나 미국이 만들어낸 그런 이미지와 달리 실제의 미국은 인종과 민족에 근거한 차별과 수탈이 엄연히 존재하는 나라다. …… 일부 식자층은 미국의 이러한 역사도 모르면서, 왜 재미 동포들은 미국 주류 사회에 진출하지 못하고 변두리에서 맴돌고 있느냐고 질책하고, 빨리 주류 사회에 동화해 미국인이 되라고 주문한다. …… 그러나 이는 미국의 본질을 모르면서 미국을 아는 체하는 일부 지식층의 무지와 오만이 범한 오류라고 생각한다. …… 아시아인의 얼굴과 피부색을 갖고 살아가면서 미국인이 된다는 것은 미국 사회에서 현실적으로 불가능하다. 미국은 엄연히 인종 차별과 불평등이 존재하는 사회다(장태한, 2004: 26-27).
>
> 백인 특권은 다음과 같은 성격을 내포한다. 첫째, 백인들은 자신들이 특권을 누리고 있다고 생각하지 않으며, 백인이라는 인종 의식을 갖고 있지 않다. 모든 것이 백인 중심으로 이루어지기 때문에 백인들은 백인 중심 체제를 특권이 아니라 당연한 것으로 받아들인다. …… 둘째, 백인들은 한 개인으로서의 정체성을 유지할 수 있으나 유색 인종들에게는 인종적 정체성만이 부여된다. …… 소수 민족에게는 개인이 될 기회가 주어지지 않으며 인종 또는 민족적 정체성만이 강요된다. …… 셋째, 유럽에서 미국으로 이주한 백인 이민자들은 유럽인이라는 정체성을 포기하면 자연스럽게 미국인으로 동화할 수 있다. …… 반면 미국에서 태어난 동양계 2세, 3세들은 문화적 · 언어적으로 미국인이 되어도 쉽게 미국인으로 인정받지 못한다. 아시아인의 얼굴과 피부

색 때문이다. 넷째, 유색인들이 미국인이 되기 위해서(는) 피를 흘리며 미국에 충성을 증명하는 대가를 치러야 한다. …… 다섯째, 인종 문제가 발생하면 백인들은 유색 인종을 탓하며 인종 차별의 피해자인 그들에게 책임을 전가한다.[18] …… 마지막으로, 미국의 모든 제도는 백인 중심으로 확립되었고 백인을 기준으로 시행되고 있기 때문에 백인은 인종 문제에 구애받지 않고 생활할 수 있으나 유색 인종들은 매일 매시간 단 1초도 인종 문제에 맞닥뜨리지 않고 살아갈 수가 없다(pp. 31-33).

'모범 소수 민족'은 말 그대로 '소수 민족 중에서 모범이 되는 민족'이라는 의미를 갖고 있는데, 이는 결국 아직 백인 주류 사회에는 진출하기 못했지만 '소수 민족 중에서 모범'이라는 뜻이 되는 만큼 미국 사회에서의 아시아인의 한계를 잘 나타내주고 있다. 다시 말해 아시아인이 백인보다 공부를 잘하면 질시의 대상이 되고 아시아인이 직장에서 백인보다 우수하다는 평가를 받으면 동료 백인들로부터 배척을 당하고 끝내는 쫓겨나게 된다는 것이다(pp. 131-132).

흑인들은 영어도 못하는 한인 이민자들이 자신들 지역의 상권을 장악하는 것도 흑인에 대한 착취로 인식한다(p. 145).

조기유학이 영어권 국가들에 집중되어 있기에 조기유학생들은 민족차별은 물론이며 인종차별도 피할 수 없다. 한국학생들이 선호하는 영어권 국가들은 하나같이 백인이 다수인종이기 때문에 유색인종들은 외모에서부터 소수인종임이 드러나게 된다. 언어적, 종교적, 문화적 차이는 극복할 수 있지만 인종적 차이는 외모에서부터 확연히 드러나기 때문에 좀처럼 극복되지 않는다. 나이지리아 출신으로 미국 캘리포니아대학교(University of California Berkeley)에서 인류학으로 박사학위를 받고 같은 대학에서 교수로 지낸 옥부(John Uzo Ogbu: 1939-2003)는 미국에서 유색인종 특히 흑인들이 인종차별

18) 장태한은 적절한 사례로서 1982년에 발생한 '빈센트 친 살인사건'을 소개하였다. 1982년 6월 23일, 디트로이트 시에서 중국계 청년 '빈센트 친'은 크라이슬러 자동차회사에 다니다 감원된 백인 두 명에게 일본인으로 오해받고 야구 방망이로 무차별 구타당해 살해되었다. 백인 주도의 재판에서 두 명의 백인은 '무죄' 평결을 받았으며 단 하루도 수감(收監)되지 않았다.

을 극복할 수 없는 현실을 신랄하게 비판하면서 '카스트 같은 소수민족'(caste-like minority)이라는 개념을 개발하였다(Ogbu, 1982, 1986). 그는 미국에서의 인종차별은 인도나 파키스탄의 카스트제도와 비슷하여 유색인종이 인종차별 구조를 타개하거나 극복할 수 있는 길이 없다고 비판하였다.

옥부는 소수민족을 '자율적 소수민족'(암만파의 신도(Amish), 유태인, 모르몬교도), '이민 소수민족'(중국인, 필리핀인, 일본인, 한국인 등), 그리고 '카스트 같은 소수민족'(흑인, 미국 인디언, 멕시코인, 하와이 원주민, 푸에르토리코인)으로 나누고 이민 소수민족이 카스트 같은 소수민족보다 상대적으로 나은 상황인 듯이 설명하였다. 그러나 미국에 거주하는 교민들은 실제적으로는 카스트 같은 소수민족과 차이가 없거나 더 불리한 경우도 있다고 인식하고 있다. 그 이유는 한국교민들이, '이민 소수민족'으로 분류되지만, 미국에 정착한 역사와 인종구성비에서 '카스트 같은 소수민족'에 비해 현격하게 열세에 있기 때문이다.[19] 한국교민들은 사회계층이 상승할수록 이 열세를 더욱 절실히 체감(體感)하게 된다.

조기유학을 보내는 부모들은 지구화, 국제화, 코즈모폴리턴, '넓은 물에서 놀기', '세상을 크게 살기' 등으로 표현하며 정당화한다. 이들은 자녀들이 유학한 국가에서는 도리 없이 '한국에서 온 이방인'으로 취급된다는 사실을 잊고 있다. 그 국가들에서는 한국은 아시아에 있는 조그마한 분단국가이며 한민족은 황갈색의 피부, 검은색의 눈,

19) American Community Survey 2005에 의하면, 미국은 백인(65.9%), 히스패닉(14.6%), 흑인(12.1%), 아시아인(4.3%), 기타(3.2%)로 구성되어 있다. 아시아인은 히스패닉과 흑인에 비해 월등히 적다. 아시아인들 가운데서도 한국계는 중국계, 필리핀계, 인도계에 뒤진다.

검은색의 머리털, 평평한 얼굴, 낮은 코를 가진 황인종에 지나지 않는다.[20] 외국인들의 한국에 대한 인지도는 우리들이 생각하는 수준보다 훨씬 낮다. 다시 말해서, 그들은 우리를 잘 모르며 알려고 하지도 않는다. 지구화, 국제화에 대처하려면 한국인으로써 정체성을 분명히 가져야 한다. 유학한 국가들 곧 미국, 캐나다, 호주 등 "넓은 물에서 세상을 크게 살려고" 해도 기회를 주지 않는다. 인종차별이 엄연히 존속하고 있기 때문이다. 공부를 열심히 해서 학력이 높아지고 학벌이 좋아질수록 인종차별은 더 심할 수밖에 없는데, 경쟁이 그만큼 더 심해지고 현지의 주류집단과 맞부딪쳐야 하기 때문이다.

지구화, 국제화, 코즈모폴리턴, 넓은 물, 크게 살기 등으로 정당화되며 시작된 조기유학은 유학기간이 늘어나면 장기 체류, 현지 취업, 귀국 포기, 귀화 등의 수순을 밟을 가능성이 높아진다. 현지에서 학력이 상승하고 학벌을 강화하면 경쟁력이 갖추어져 취업가능성도 아울러 높아진다. 현지 생활이 길어짐에 따라 귀국 후 재적응은 번거로움, 어려움, 두려움으로 상승하지만 현지에서의 적응은 점차 쉬워진다. 그러나 취업이나 귀화는 순조롭게 이루어지더라도 승진이나 출세는 기대한 대로 이루어지기 어렵다. 그 이유는 점차 주류집단, 지배집단, 엘리트집단과 경쟁해야 하기 때문이다. 출세나 계층의 단계를 올라갈수록 상대하기 버거운 집단들과 부딪칠 수밖에

20) 외국에 나가면 "어디서 왔느냐"는 질문을 수시로 받게 된다. 이 질문에 'Korea'로 답하면 고개를 갸웃거리거나 남과 북 중 어디냐고 다시 묻는다. 아주 어릴 때 미국으로 이민 갔거나 미국에서 태어난 한국계 미국인(Korean-American)들은 스스로 미국인으로 인식하지만 수시로 "어디서 왔느냐"는 질문을 받거나 (외국인으로서) 영어를 정말 잘한다고 칭찬을 받는다. 여행자건, 이민자건, 미국에서 출생했건, 재미 한국인은 미국에서 외국인으로 취급을 받는다. 우리들은 미국 영화 속에서 단역으로 등장하는 아시안-아메리칸들을 통해 미국사회에서 한국인의 위상을 엿볼 수 있다.

없다. 그리고 일정 단계에 이르면 위가 보이지만 더 이상 오를 수 없는 '유리천장'(glass ceiling)[21]을 만나게 된다.

'유리천장'은 외형적으로는 아무런 제한이 없는 것처럼 보이지만 실제로는 구속이 엄연히 존재하는 현상을 상징적으로 표현한 것이다. 미국에서는 흑인들이 링컨 대통령의 노예해방선언(Emancipation Proclamation, 1862), 마르틴 루터 킹 목사의 죽음을 가져온 민권운동(Civil Right Movement, 1955-1968), 인종차별 철폐를 위한 수차례의 위헌 판결과 헌법 수정 등에도 불구하고, 라틴계·아시아계·토착 인디언 등 소수민족들과 함께, 여전히 낮은 유리천장 아래 살고 있다. 영국연방(英國聯邦)에 속하는 국가들[22] 가운데 캐나다, 호주, 뉴질랜드, 남아공화국 등에서도 소수민족이나 원주민들이 낮은 유리천장을 제거하지 못하고 있다. "누구나 자신이 이룩한 업적에 걸맞은 사회경제적 보상을 받는다"는 업적주의 이념 아래 주장되는 인적자본론(人的資本論)이나 지위획득론(地位獲得論)은 완전 개방된 노동시장에서 자유롭게 경쟁할 수 있고 인종·종족, 종교, 문화, 언어, 연령, 성별, 지역 등에 의해서 차별을 받지 않는 사회에서나 적용될 수 있는 이론이다(오욱환, 2003: 119-137). 조기유학 후 현지에 체류하거나 귀화한 한국인들이 직면하게 될 노동시장은 이상적으로 가정된 자유경쟁체제가 아니며 다양한 유형으로 분절된 노동시장(segmented labor market)에 지나지 않는다.

---

21) 직장 내에서의 진급이나 사회에서의 계층 상승 이동이 차별에 의해서 제한을 받는데도 불구하고 공식적으로는 기회가 누구에게나 열려 있다고 알려져 있다면, 유리천장 효과가 작용하고 있는 것이다.

22) 영국연방(Commonwealth of Nations)은 영국, 캐나다, 호주, 뉴질랜드, 인도, 남아프리카, 말레이시아, 싱가포르, 피지 등 과거에 영국의 식민지였던 53개의 국가들로 구성된 국제기구로서 영연방이라고 줄여서 표기하기도 한다. 이 국가들에서는 영어가 널리 사용되고 영어로 수업을 진행하는 학교들이 있기 때문에, 조기유학을 구상하는 한국 부모들이 관심을 기울인다.

동일한 인적자본을 가지고도 상이한 보상을 받을 수밖에 없는 현실이라면, 인적자본론은 지지될 수 없다. 많은 학자들은 이러한 실상을 드러냄으로써 인적자본론의 부당함을 비판한다. 이들은 인적자본론이 확신하는 교육의 기술 · 도구적 기능, 기술적 능력에 따른 경제적 보상, 완전 자유경쟁의 노동시장 등이 허구임을 주장한다. …… 완전 자유경쟁 노동시장의 허구성을 비판하는 학자들은 노동시장에는 구조적 차별이 성행하고 있다고 주장한다. …… 노동시장분절론은 노동시장에 불평등한 구조적 장벽이 실재하고 있음을 노동시장의 분열화(balkanization of labor market), 내부노동시장(inner labor market), 이중노동시장(dual labor market), 다중노동시장(multi labor market) 등 다양한 용어로 표현한다(오욱환, 2003: 126-127).

한국의 일반계 고등학교들이 대학입시에만 매달려 학생들을 비(非)교육적으로 다루듯이, 미국의 명문 고등학교들도 학생들과 그 부모들의 간절한 열망에 부응하고 명문대학에의 합격률을 높이기 위해 학생들을 닦달하고 있다. 한국의 고등학교는 수능성적에 집착하므로 비교육적 성향이 뚜렷하게 드러나지만, 미국의 명문 고등학교는 다양한 경험을 갖도록 기회를 제공하기 때문에 비교육적 속성이 쉽게 간파되지 않는다. 그러나 미국 명문 고등학교들은 대학 예비학교로서 대학입시에의 성과에 따라 존속이 좌우되므로 학생들을 닦달하지 않을 수 없다. 그 좋은 예로 1989년 아카데미수상작 영화 '죽은 시인의 사회'(Dead poets society)[23]의 배경으로 설정된 웰튼

23) '죽은 시인의 사회'는 Tom Schulman의 작품을 Peter Weir가 감독한 영화로서 미국 버몬트 주(州)에 있는 웰튼고등학교(Welton Academy)를 임의로 설정하였다. 극중에서 이 학교는 대학입시를 준비하는 남학생 전용 기숙학교(university-preparatory boys' boarding school)로서 미국 최고 명문 대학들에 합격시키기 위해서 학생들을 밀어붙인다(http://www.imdb.com/title/tt0097165/ 08-17-2007). 이러한 유형의 예비학교들은 아이비리그에 속한 대학들(하나같이 사립으로 고액의 등록금을 납부해야 함)의 등록금과 맞먹는 학비를 요구한다. 이러한 학교들은 명문대학 출신의 진로지도 교사들을 채용하고 그들로 하여금 동문 학벌을 이용하여 출신 대학교의 입학처 직원들과 친분을 두텁게 하도록 지원함으로써 높은 합격

고등학교(Welton Academy)[24]가 적절하다. 이 영화에서 학생들은 입시 위주 교육으로 내몰리며 명문대 진학과 무관한 활동은 철저히 규제된다. 이 영화에서 자아발견을 추구하는 학생(극중 Neil Perry 역)은 자살하고, 주체적 앎과 깨달음을 위한 활동(동아리 'Dead Poets Society')은 금지되며, 참교육을 추구하는 교사(극중 John Keating 역)는 해직되고, 학교는 전통적 입시학교로서의 면모를 조금도 흩트리지 않고 고수한다.

'죽은 시인의 사회'는 미국을 배경으로 한 영화임에도 불구하고 한국 관객들은 크게 공감하였다. 1980년대 말 작품이지만 지금도 인기가 높다. 이 영화를 통해 미국인들은 미국사회의 예외적인 사태를 통해 학교교육이 출세를 위한 도구로 철저히 이용될 수 있음을 시사받았을 것이다. 그러나 이 영화는 한국인들에게 더 충격적이었다. 그 이유는 한국에서는 모든 고등학교가, 심지어 종료 직업교육을 표방하고 설립된 실업계 고등학교조차도, 이 영화에 나오는 학생들처럼 대학입시에 내몰리고 있기 때문이다. 영화에서 시(詩)를 분석하고 요점(要點)을 파악하는 방법을 가르치지 않고 감상하고 공감하도록 가르치는 교사가 쫓겨나듯이, 한국의 고등학교 수업시간도 예상 문제에 답하는 방식의 입시위주로 진행된다. 예컨대, 한용운의 시(詩), '님의 침묵'은 감상의 대상으로보다는 '님'이 가리키는 것이 무엇인지를 찾는 문제의 제시문(提示文)으로서 부각된다.

어린 자녀를 유학 보내는 한국 부모들이 꿈꾸는 학교를 그려보면 '죽은 시인의 사회'가 배경이 된 미국 동부 버몬트 주(州)에 소재한 기숙 사립학교인 '웰튼고등학교'와 유사하거나 그보다 더 비싼

률을 유지한다(Persell and Cookson, 1986: 114-129).

24) 극중의 웰튼고등학교의 배경이 되었던 학교는 세인트 앤드류고등학교(St. Andrew's School in Middletown, Delaware)이며 델라웨어 주(州) 미들톤에 있다.

학교들[25]로 귀착할 것이다. 이 학교들은 아이비리그에 속하는 대학교들과 '전세와 교환'(chartering and bartering)[26]이라는 배타적 전략을 통하여 75퍼센트의 경이적인 합격률을 자랑하는 초일류 고등학교이며(Persell and Cookson, 1986) 부유층 자제들이 온갖 과외활동을 즐기도록 배려하고 있다. 그런데 영화에서는 이 학교가 비인간적이며 본질적인 교육과 거리가 먼, 비(非)인본적인 학교로 묘사되고 있다. 미국 중상류층 부모들의 자녀교육열은 극성스러운 한국부모들 못지않다. 극중에서 닐 페리의 아버지는 중류 계층으로 아들이 하버드대학을 졸업하고 의사로서 출세하는 것을 소망하며 자신의 모든 것을 희생하면서 웰튼에 입학시켰다. 그런데 아들인 닐은 연극에 매료되어 출연하게 되고 이로 인해 아버지와 심각한 갈등을 겪으면서 자신의 꿈이 무참히 깨어지는 현실을 비관하여 자살에 이르게 된다. 영화의 극적 효과를 위해서 자살이라는 극단적 장면이 연출되었겠지만, 명문학교 입학과 사회경제적 출세로 내몰리는 아이들은 자살을 배제하지 않고 있다. 부모의 소망을 충족시키기 위해서 자신의 꿈을 접은

25) 미국의 경우, Philips(Andover) Academy(매사추세츠), Philips Exeter Academy(뉴햄프셔), St. Paul's School(뉴햄프셔), St. Mark's School(매사추세츠), Gordon School(매사추세츠), St. George's School(로드아일랜드), Kent School(코네티컷), The Taft School(코네티컷), The Hotchkiss School(코네티컷), Choate Rosemary Hall(코네티컷), Middlesex School(매사추세츠), Deerfield Academy(매사추세츠), The Lawrencevill School(뉴저지), The Hill School(펜실베이니아), The Episcopal High School(버지니아), Woodberry Forest School(버지니아) 등이 있다.

26) 미국의 최상위 16개 사립 기숙학교 졸업생들은 다른 학생들이 노선버스를 이용할 때 전세(chartering) 버스를 타고 목적지에 직행하듯, 그리고 다른 학생들이 자유경쟁 원칙 아래 거래할 때 은밀하게 상호 호의적인 관계를 유지하며 교환(bartering)하듯 아이비리그 대학교에 진학한다. 이러한 배타적 전략을 이용함으로써 이들 가운데 3분의 2가 합격한다. 이들 가운데에는 SAT 점수로는 합격할 수 없지만 부모의 최상위 사회경제적 계층에 힘입어 진학하기도 한다(Persell and Cookson, 1986).

자녀들은 성인이 된 후에는 부모와 담을 쌓게 된다. 한국의 공교육을 신랄하게 비판하고 이상적이며 인본적인 교육을 지향하기 위해 어린 자녀들을 외국으로 보내는 한국의 부모들이 선망하는 학교가 바로 웰튼과 같은 미국의 초호화 기숙 사립 대학예비 고등학교이다.

대학 전형에서 요구하는 조건들을 구비하는 교육은 다양하고 좋아 보이더라도 그 조건들을 선택의 여지없이 갖추어야 하는 학생의 입장에서는 강제된 학습일 뿐이다. 평소에는 좋아하는 활동이라도 강도 높게 요구되면 노동이고, 선택의 여지없이 강요되면 고역(苦役)일 뿐이다. 미국 명문 기숙고등학교에서 제공하는 다양한 취미활동은, 인본주의교육 목표의 달성을 위한 전인교육(全人敎育) 과외활동처럼 인식되고 있지만, 소위 명문 사립대학들이 학생을 선발할 때 중요하게 고려하는 변인임을 잊지 말아야 한다. 다시 말해서, 명문 사립대학이 높은 학업성적에 더하여 고급 취미활동(예, 요트, 펜싱, 승마, 골프 등)과 경험을 갖추도록 요구하면, 그 대학에 입학하고자 하는 학생들에게 그 활동들과 경험들은 합격하기 위해서 반드시 구비해야 하는 조건들이 될 뿐이다.

명문 고등학교 재학생들이 명문 사립대학에서 요구하는 조건들을 갖추는 데 부담을 덜 느끼는 까닭은 그들의 사회계층에서는 그러한 활동과 경험이 일상화되어 있기 때문이다. 그렇지만 낮은 사회계층 출신의 학생들에게는 그 조건을 구비하는 일이 매우 어려울 수밖에 없다. 명문 사립대학들의 학생선발 요건은, 이러한 이유 때문에, 상류계층에게는 기회를 보장하고(Persell and Cookson, 1986) 하류계층을 체계적으로 배제하는 효과를 갖고 있다. 상류계층은 일상생활을 통해서 충분히 갖출 수 있지만 하류계층은 엄청난 희생을 감수해야만 겨우 갖출 수 있는 능력이나 경험을 선발조건으로 요구하는 것은 지배집단이 피지배집단에게 자신들의 문화를 강요하는 문화적 폭력(Bourdieu and Passeron, 1977)이며 지배집단이 사회적 폐쇄(social closure)의 전략으로 사용하는 배제(exclusion)(Parkin, 1979: 44-88)에 지나지 않는다.

한국의 학교교육에 대해 불만을 토로하고 조기유학을 결행하는 부모들에게 자신들이 원하는 학교교육 모형을 제시하도록 요구했을 경우, 부모들의 의견이 수렴되어 하나의 모형이 제시될 가능성은 전혀 없다. 그 이유는 이들이 각각 자신들의 자녀가 학력과 학벌을 갖추고 이를 통해 출세하는 데 최적인 맞춤형 모형을 제시할 것이기 때문이다. 그래서 이들이 터뜨리는 '한국의 학교교육에 대한 불만'은 실제로는 자신들의 자녀들에게 적합하지도 유리하지도 않기 때문에 분출된 것이며 한국의 학교교육을 우려한 것만은 아니다. 한국의 학교교육이 갖고 있는 문제들은 '입시위주의 경쟁 체제'로 귀착되며 이는 교육을 출세와 직결시키는 논리 곧 교육출세론에서 기원한다. 한국의 교육문제들은 상당부분 한국의 부모들에 의해서 야기되며 악화되고 있다.

조기유학의 부모들이 물색하는 외국의 학교들은 단지 외국에 소재한 학교들이 아니며 해당 국가에서 선호도 또는 지명도가 높은 소위 명문 학교들이다. 이들이 원하는 것은 자신들의 자녀에게 유리한 학교이기 때문에, 조기유학으로 국고가 손실되고 사회문제가 발생하는 것을 우려하는 사람들은 국내에 다양한 유형의 학교들을 설립하는 방안을 대안으로 제시한다. 자립형 사립고등학교는 이러한 맥락에서 추진되고 있다. 그러나 이러한 유형의 학교가 설립되더라도 자신들의 자녀가 입학하지 못할 경우, 이들은 조기유학을 추진할 것이다. 조기유학은 부모들이 자녀의 학교를 선택할 수 있기 때문에 추진된다. 만일 유학국에서 학교를 선택할 수 없다면, 조기유학은 격감할 것이다. 예컨대, 미국으로의 조기유학을 갈망하는 부모라 할지라도 미국의 대도시 빈민가에 있는 공립학교에 배정되고 그 학교의 실정－공항 검색대를 연상케 하는 출입구, 백인 학생의 비율이 20퍼센트에도 미치지 못하는 인종 구성, 형편없이 낮은 대학진학률, 폭력과 마약이 난무하는 교정, 해결 가능성이 거의 없는 교사의 잦은 이직과 부족, 비교육적일 뿐만 아니라 신변조차 위험한 학교주변환경 등－을 정확하게 파악하고 있을 경우에는 유학을 감행할 리 없다. 영국을 유학 대상 국가로 고려하는 부모들은 데이비스(Davies, [2000] 2007)가 『위기의 학교』(*School report*)에서 보고한 영국 공립학교들의 실정을 파악한다면 기겁할 것이다.

조기유학생을 둔 부모들은 한국의 교육환경이 열악하다는 점을 지적하며 유학의 정당성을 주장한다. 이들의 정착지는 미국의 뉴욕, 보스턴, 시카고, 로스앤젤레스, 샌프란시스코 등 대도시 인근에 있는 한적한 교외이거나 캐나다의 밴쿠버, 호주의 시드니 등 세계에서 가장 선호되는 도시들이다. 이들은 그 지역의 노동시장이나 뿌리 깊은 인종차별을 염두에 두지 않는다. 그러나 학력이 상승할수록 급격히 줄어드는 일자리를 차지하기 위해서 현지의 주류집단과의 경쟁은 피할 수 없다. 조기유학의 경우에는, 외국에서 오랫동안 체류할 수밖에 없기 때문에, 학업을 마치고 귀국하기도 쉽지 않다. 귀국하더라도 한국에 재적응하는 데 심각한 어려움을 피할 수 없다.

한국사회의 교육 문제는 멀리는 출세로, 중간에는 대학입시로, 가깝게는 학급 내 석차로 수렴된다. 조기유학을 정당화하는 부모들이 내세우는 이유들 가운데 하나는 한국 학교교육에 대한 불만이다. 우리는 여기서 세부적 불만들이 상호 배타적임을 주목해야 한다. 한국의 학교교육에 대해 불만을 제기하는 부모들이 구체적으로 제기하는 불만들이 서로 다른 이유는 불만의 근거가 자신들의 자녀들이 받는 불이익에 있기 때문이다. 어떤 부모의 불만을 해소하는 방법은 다른 부모의 불만을 가중시키는 것이 된다. 고등학생들 가운데 82.1퍼센트가 대학에 진학하는 사회에서는 소원하거나 기대하는 대학에 입학할 수 있는 학생은 극히 제한될 수밖에 없다. 미국의 경우에는 63.6퍼센트이므로 한국 학생이 조기유학을 통해 미국의 대학에 입학할 수 있는 가능성은 높기 마련이다. 더욱이 미국사회에서는 인종 간 불평등이 극심하여 소수민족 학생들은 가난 때문에 대부분 학비 부담이 아주 적은 거주지의 주립대학에 진학하게 된다. 이 사실은 이러한 혜택이 없는 한국 유학생들로 하여금 미국 전역에서 원하는 대학을 선택할 수 있는 기회를 제공하게 된다. 다시 말해서, 한국 유학생들은 거주지의 유동성이 높기 때문에 자신이 가진 인적자본의 가치를 훨씬 높일 수 있다. 경제적 여유가 한국 유학생들이 미국에서 지명도가 상당히 높은 대학들에 입학할 수 있는 이유가 된다. 그리고 한국사회에서는 선진국 체류 프리미엄까지 작용하므로, 모든 유학생들이 명문대학에 진학하는 것으로 인식되게 된다.[27]

영어를 구사하고 미국에 소재한 대학에 다니는 것만으로도 유학은 성공이나 출세로 평가될 수 있다. 현실에 대한 무지에서 오는 신비감까지 더하게 되면, 미국에 유학 중인 한국 학생들은 모두 성공 가도를 달리는 것으로 받아들여지게 된다. 그러나 이들의 유학

27) 한국사회에서는 영어, 불어, 이태리어 등으로 만들어진 상표를 부착한 상품을 선호한다. 이처럼 외국의 대학들은 외국에 있다는 사실만으로 명문대학으로 취급된다. 최근에는 한국 대학들도 영문으로 학교 로고를 만들고 있다.

은 성공적으로만 이루어질 수 없다. 한국사회에서는 높은 학력과 명문 학벌이 출세를 위한 필수 조건으로 확신되고 미국 유학이 이 두 가지를 충족시킬 수 있는 첩경으로 인정되기 때문에, 다음 질문에 대한 대답이 궁금해진다. 그 질문은 "왜 조기에 유학을 떠난 학생들이 영어도 되고 미국 학교교육에 대해서도 익숙해졌을 터인데 명문 대학에의 진학률은 낮은가", "이 학생들은 영어도 잘할 텐데, 왜 박사 과정에 진학하기를 꺼리는가", "왜 미국에서 최고의 학력과 유명한 학벌을 갖추고도 귀국하지 않는가" 등으로 제기될 수 있다. 더 나아가서, 한국의 최고 엘리트들임에 틀림이 없는 이들에게 국가와 사회를 위한 양명(揚名)[28] 곧 노블레스 오블리주(noblesse oblige)를 기대할 수는 없는가?

한국의 근·현대사를 보면, 해외 유학이 사회·경제·문화적 계층 상승이동 곧 출세의 지름길로 작용해 왔다. 해외 유학의 출세효과는 일제식민 시대와 미군점령 시대에는 절대적이었으며 이후에도 그 영향력은 줄어들지 않았다. 해방 이후 한국사회는 정치, 경제, 사회, 문화 등 모든 영역에서 미국으로부터 강한 영향을 받고 있다. 이 때문에 유학의 사회경제적 보상효과 측면에서 볼 때, 미국의 박사 학위가 영국, 프랑스, 독일, 일본, 캐나다 등 다른 선진국에서 취득한 박사학위보다 상대적으로 더 높이 평가되고 있다. 여기에는 미국이 한국에 미치는 영향력이 심대하고 미국대학의 박사학위 소지자가 월등히 많다는 점도 작용하고 있다. 유학생들이 늘어나면서

---

28) 출세와 양명은 명백히 다르다. 출세가 개인적 이익의 추구에 몰입하는 데 비해서, 양명은 타인들로부터 존경을 받는 것을 의미한다. 출세한 사람은 부러움을 받을지언정 존경받기는 어렵다. 그러나 존경받는 사람은 저절로, 널리 그리고 오래 칭송된다. 한국사회에서는 전통적으로 '입신양명'(立身揚名)을 지향했지만 일제 강점 이후 격변기를 거치면서 이 말이 입신출세(立身出世)로 변질되었다.

유학의 사회경제적 보상효과는 학력과 학벌에 따라 격차가 발생하기 시작하였다. 다시 말해서, 유학 국가, 학위 수준(학사, 석사 또는 박사), 출신 학교, 출신 학과, 전공 영역 등에 의해서 보상효과가 세분되고 있다.

한국의 대학사회에서는 학력이 일차적인 결정 변수이며 학벌은 그 다음 과정에서 고려된다. 교수를 채용할 때, 박사학위 소지자만 응모할 수 있도록 제한하고 있다. 따라서 미국의 명문대학의 석사라 할지라도 박사학위 소지자로 제한된 채용 조건 아래에서는 처음부터 배제될 수밖에 없다. 이 과정을 통과한 박사학위 소지자들 가운데에서는 명문대학의 박사학위가 학벌효과를 발휘한다. 그러나 학벌효과도 그 다음 결정 변수인 연구업적에 의해서 증명되지 못하면 위력이 격감한다. 대학사회는 잠재한 가능성보다는 실제로 수행한 성취결과를 더 중요하게 고려한다. 잠재성보다 결과를 중시하는 경향은 영리를 추구하는 상업·산업계에서 더욱 두드러지게 나타나고 있다. 대학사회에서는 연구보다 교육이 우선하기 때문에 성과에 대한 평가에만 집착할 수 없지만, 실업계는 구성원들의 성과에 의해 사활(死活)이 가름되기 때문에 구체적 업적에 더 무게를 둔다.

상업·산업계가 성과를 중요하게 생각하면서도 여전히 학력과 학벌을 중시하여 채용하는 이유는 채용과정에서 성과를 판정할 수 있는 방법을 찾지 못했기 때문이다. 최근 경력사원의 채용이 확산되고 있는 사실은 성과를 결정적인 변수로 고려하고 있음을 나타낸다. 한국사회가 성과 중심으로 변화할 것이라고 단언할 수 있다. 실적을 증명할 수 있는 자료들 – 연구논문, 영업실적, 작품선집(portfolio) 등 – 을 요구하고 있는 경향이 이러한 단언을 뒷받침 한다. 현실이 이러함에도 불구하고 조기유학은 학력과 학벌을 높이는 결정적 과정으로 확신되어 추진되고 있다. 여기에는 부모들이 임의대로 만든 법칙 또는 원칙이 작용하고 있다.

이 법칙들 또는 원칙들은 자녀에 대한 부모의 소망(wish)이 기대(expectation)를 거쳐 신념(belief)으로 굳어진 것들이다. 부모들이 신념으로 굳힌 원칙들은 다음과 같다. (1) 선진 외국의 학교는 한국의 학교보다 우수하다. (2) 유학은 일찍 시작할수록 더 성공적으로 마칠 수 있다. (3) 외국어를 제대로 구사하려면 조기유학이 필수적이다. (4) 어떤 단계이든지 유학 학력은 한국에서 프리미엄으로 작용한다. (5) 조기유학은 선진 외국의 명문 대학에 입학하는 데 최선책이다. (6) 유학은 가기만 하면 어떻게든지 끝낼 수 있다. (7) 조기유학을 통해서 외국어를 통달할 수 있으므로 잃을 것은 없다. (8) 다른 집 아이들이 할 수 있는 것은 우리 집 아이도 할 수 있다. (9) 유학이 어려우면 언제라도 돌아올 수 있다. (10) 사회저명 인사일수록 자녀를 조기에 유학을 보낸다.

조기유학의 필요성을 주장하는 사람들은 "어릴수록 언어를 빨리 배운다"는 이론을 금과옥조(金科玉條)처럼 내세운다. 이 이론의 뒷면에는 "어릴수록 언어를 빨리 잊어버린다"는 사실이 도사리고 있다. 영어를 빨리 익히기 위해 떠난 조기유학은 국어를 빨리 잊어버리는 첩경이 될 수 있다. 언어에 대한 오해 가운데 하나는 "모국어(母國語)는 배우지 않아도 습득된다"고 생각하는 점이다. 그러나 모국어는 태어나는 순간부터 부모에게서 체계적으로 그리고 끈질기게 학습됨으로써 체득된다. 모든 부모들은 아이가 말 배우기에 늦거나 말이 어눌하면 심각한 고민에 빠진다. 모든 부모들은 아무렇게나 말하다가도 아이가 그 말을 배울 것 같으면 반드시 옳은 어법을 구사한다. 일상생활에서는 욕을 해대다가도 아이가 귀담아 듣거나 모방할 것 같으면 욕을 삼간다. 그래서 한국에는 "나는 바담 풍(風) 해도 너는 바람 풍 해라"는 속담이 있다.

국어도 외국어와 마찬가지로 제대로 구사하려면 체계적으로 배워야 한다. 한민족이어서, 한국에서 태어났으므로, 한국에서 학교를 몇 년 다녔기 때문에 한국어를 제대로 구사할 수 있게 되는 것이 아니다. 대부분의 성인들은 학창시절에 시험과목 수에 비해 공부할 시간이 턱없이 모자랄 때 국어 과목을, 실생활에서 매일 쓰고 있다고 소홀히 준비했다가, 망친 경험이 있을 것이다. 모국어라도 수준 높게 구사하려면 마땅히 배워야 한다. 조기유학은 외국어를 빨리 습득하는 기회이면서 동시에 모국어를 빨리 잊어버리는 시간이 될 수밖에 없다. 미국의 초·중·고등학교 교실에서 배우는 영어 과목이 일상회화가 아니듯이, 한국의 교실에서 배우는 국어 과목은 일상회화가 아니다. 미국의 학생들은 일상회화가 가능하지만 교과목으로서 영어를 배우고 있다.

조기유학의 필요성을 주장하는 사람들이 강조하는 영어 학습의 목적이 패스트푸드점에서 햄버거와 콜라를 능숙하게 주문하기 위해서거나 국제공항에서 입국심사를 받을 때 거침없이 영어를 구사하기 위한 것이 아닐 것이다. 영어를 제대로 배우기 위해서 미국으로 유학을 떠나야 한다면, 한국어를 제대로 배우기 위해서 한국에 머물러야 한다. 우리는 외국어처럼 모국어도 배워야 할 교과목임을 잊지 말아야 한다. 외국어 습득을 강조하기 위해서 한국어는 저절로 습득되고 한번 습득된 후에는 절대로 영원히 지속되는 것처럼 전제해서는 안 된다. "초등학교 '귀국반' 아동의 적응에 대한 문화기술적 사례 연구"(권효숙, 2002)는 한국의 어린이들이 한국어를 학습하는 데 얼마나 많은 어려움을 겪고 있는지를 생생하게 설명하고 있다. 이 적응 과정은 한국의 어린이들이 외국의 초등학교에 전학한 후 겪게 되는 과정의 '거울에 비친 상'(鏡像)이다.

조기유학이 좋은 교육을 위한 결단이 아님을 증명하는 사실들이 속출하고 있다. 조기유학을 지지하는 사람들은 '본질적 의미에서의 교육'을 위한 불가피한 조치라고 변명한다. 그러나 최근 조기유학 중인 한국학생들이 방학 동안 귀국하여 미국의 학습능력적성시험(Scholastic Aptitude Test: SAT)을 준비하기 위해 사설학원에 다니고 있거나 영어 이외의 과목을 보충하여 외국어고등학교 입시에 대비하기 위해 보습학원에 몰리고 있는 현상은 조기유학이 우아한 목적들—세계화를 위한 교육, 세계주의의(cosmopolitan) 지향, 선진 지식·기술·문화의 흡수 등—의 교육을 위한 결단이 아니며 지극히 전략적 행위임을 증명하는 사례로서 유용하다. 최근에는 한국의 사설학원들이 한국 유학생들과 한국계 학생들이 밀집해 있는 미국과 캐나다의 대도시에 진출하고 있다.

조기유학을 옹호하거나 찬미하는 사람들은 외국의 학교와 한국의 학교를 비교하고 외국학교의 우월함을 부각시킴으로써 조기유학의 정당성과 필연성을 강조한다. 그러나 이러한 비교는 매우 부당한데, 이러한 비교는 "대중식당의 저렴한 단일품목(單一品目) 음식을 고급 레스토랑의 고가(高價)의 다양한 메뉴에서 선택한 요리와 비교하는 것"처럼 무의미하기 때문이다. 좀 더 심하게 표현하면, "한국에서 버스를 이용하던 사람이 미국에서 캐딜락이나 링컨 컨티넨탈, 독일에서 벤츠나 BMW를 타면서 한국의 자동차를 비난하는 것"에 비유될 수 있다. 서울의 지하철을 뉴욕의 지하철과 비교하는 것은 타당하지만 한국의 보통 학교를 미국의 초일류 기숙 사립학교와 비교하는 것은 부당하다. 이처럼 부당한 비유들을 제시하는 이유는 조기유학이 학교가 소재하는 국가가 바뀌는 것－예컨대, 한국 학교에서 동일한 수준의 미국 학교로 전학－만을 의미하지 않음을 부각하기 위해서이다. 보통 수준의 초·중·고등학교를 비교한다면, 한국의 학교는 국제적으로도 뒤떨어지지 않으며 미국의 평균 수준 학교에 뒤처지지 않을 것이다.

자녀의 조기유학을 계획하는 부모들 가운데 어느 누구도 자녀가 입학할 학교로 뉴욕이나 로스앤젤레스의 도심(都心) 빈민지대에 있는 공립학교들을 대상으로 삼지 않는다. 이 부모들은 조기유학 안내서, 조기유학원, 현지 친지 등을 통해서 현지인들이 선호하는 학구(school district)[29]에 있는 공립학교,[30] 통학 사립학교, 기숙 사립학교, '명문' 기숙 사립학교 등에서 선택한다. 최근에는 공립학교 입학이 상당히 까다로워지고 있으며 불법 또는 편법에 의한 체류로 인한 추방 또는 추후 불이익의 위험이 높아져 사립학교로 선회하는 경향이 있다. 그리고 사립학교라 할지라도 학교와 주변 환경이 교육적으로 열악해지고 있기 때문에 도심에서 멀리 떨어진 한적한 지역에 있는 기숙학교가 선호되고 있다. 당연한 결과로서 조기유학 비용이 급증하고 있다.

---

29) 이 글에서는 미국의 'school district'를 학구(學區)로 번역한다. 그 이유는 한국의 학군(學群)과는 달리 미국의 school district는 자치제로 운영되는 점을 부각하기 위해서이다.

30) 미국의 경우에는 공립학교에서 유학에 필요한 입학허가서(I-20)를 발행하지 않거나 한시적으로만 발행한다. 따라서 한국 유학생들의 공립학교에의 입학은 처음부터 위법이거나 입학 당시에는 위법이 아니었지만 위법으로 변질될 가능성이 많다. 위법으로 변질된 경우는 아버지 또는 어머니가 학생, 초청, 취업 비자를 취득함에 따라 그 자녀들에게 발급되는 비자를 통해 공립학교에 입학했지만 아버지 또는 어머니의 비자 유효기간이 만료됨에 따라 그 자녀들의 공립학교 취학 조건도 만료되었는데도 공립학교에 남아 있을 때 발생한다.

> 관광비자나 다른 비자로 미국에 입국한 후에, 서류미비자(쉬운 말로, 불법체류자)의 신분으로 자녀를 공립학교에 입학시키는 사람들이 있다. 과도한 사립학교의 비용을 견디다 못해 공립학교로 전학시키는 부모도 있는데, 그것은 중대한 법률 위반으로, 적발될 경우 5년간 미국입국이 거부된다. 뉴저지의 한 학군[31]에서는 관광비자로 입국한 학생이 자기네 학군에서 자기네가 낸 세금으로 무료로 수업을 받았다고 지금까지 수업한 금액 전체를 환부하라는 시정명령이 내려[32] 옥신각신하고 있다(송순호, 2001: 35).

조기유학을 보내는 부모들은 학교의 인종구성에 민감하여 백인 학생의 비율이 높은 학교를 선호한다. 따라서 백인 비율이 아주 낮은 뉴욕 학구(16.1%), 로스앤젤레스 학구(9.6%), 시카고 학구(9.2%), 마이애미 학구(10.6%), 휴스턴 학구(9.3%), 필라델피아 학구(16.1%), 디트로이트 학구(5.2%)는 기피된다.[33]

자녀의 조기유학을 위해서 어머니가 자녀와 동반 출국함에 따라 부부가 물리적으로 별거 상태에 이르는 사태가 확산되고 있다.

---

31) 학구(school district)를 의미한다. 한국의 학군과 구별하기 위해 이 글에서는 학구로 표기하였다.

32) 학구에서 수업료 지불을 요구하는 것은 너무나 정당하다. 왜냐하면 학구의 교육재원 가운데 대부분이 그 지역에 거주하고 있는 사람들의 가옥세(家屋稅)에서 충당되기 때문이다. 미국인들은 외국인이 부당한 방법으로 공립학교에 다니는 행위를 무임승차에 비유하기도 한다. 무임승차자는 요금을 정당하게 지불하고 탑승하는 사람들에게 그 비용을 덮어씌우게 된다. 학구별로 지방자치제를 시행하는 미국의 경우, 작은 학구의 주민들은 그 피해를 절감할 수 있다.

33) 도시와 학구가 반드시 일치하지는 않는다. 예컨대, 비벌리 힐스(Beverly Hills: 로스앤젤레스의 할리우드 서쪽에 있는 도시로 영화인들이 많이 거주하는 부촌)는 로스앤젤레스에 있는 것으로 알려져 있지만 로스앤젤레스 학구에 비벌리 힐스의 학교들은 포함되어 있지 않다. 비벌리 힐스는 고유의 학구(Beverly Hills Unified School District)를 갖고 있다. 유학하고 있는 학교를 물으면 대도시를 거명하지만 실제로는 대도시 학구에 소속된 학교가 아닌 경우가 대부분이다. 특히 대도시의 도심 빈민지역에 있는 학교가 아닐 확률은 100퍼센트에 가깝다.

'기러기 아빠'는 자녀(들)를 외국으로 조기유학을 보내면서 그(들)를 보살피기 위해 아내가 동반함으로써 한국에서 직장생활하며 필요 경비를 송금하고 홀로 생활해야 하는 아버지를 일컬으며, '해거리 부부'는 동일한 상황에 처한 부부가 일 년에 한두 번 만나는 경우를 빗대어서 표현한 것이다. 최양숙(2005)은 기러기 가족이 발생하게 된 이유를 다섯 가지로 정리하고 있다.

> 기러기가족이 생기는 이유는 첫째, 경제적으로 부(富)의 축적이 이루어졌기 때문이다. 부의 축적을 이룬 일부 계층의 선택이 경제적으로 '빠듯한' 계층들에까지 영향을 미치기 때문이다. 자녀의 조기유학은 '교육명품'으로서 교육소비자로서의 부모들의 마음을 사로잡기에 충분하다. 둘째로는 심리적 요인, 즉 부모 자녀 동일체감 및 동조현상과 더불어, 실제로 '생존'을 위한 경쟁에서의 필요성 때문이다. …… 셋째, 인생의 성공을 길게 보지 못하고 대학입시 등과 관련하여 순간적으로 파악하기 때문이다. 이러한 조급함이 사라지지 않는 한 '거의 미친 것 같이 보이는' 교육병, 가족병은 사라지지 않을 것이다. …… 넷째, 시기심(envy) 때문이다. …… 다섯째, 이기적 편의주의 때문이다. 또한 우리 사회가 아버지 부재의 사회이기 때문이다. 자녀양육 및 교육과정은 생략되거나 비약될 수 없는 과정이다. 인간의 성장은 매일 매일의 일상적 의사소통과 관계맺음, 배움과 나눔을 통하여 긴 시간을 두고 이루어지는 과정 그 자체이기 때문이다. …… 부모가 자신의 시간과 마음을 들이지 않고 경제적 지원만으로 결과를 바란다면 부모의 이기적 편의주의 이외에 (그 어떤 것도) 아닐 것이다(최양숙, 2005: 255-257). (괄호 안의 글은 흐름을 위해 추가한 것임)

부부가 지리적으로 떨어져 살게 되면 물리적 분거(分居)에서 심리적 별거(別居)로 쉽게 악화될 수 있다. 물리적 분거는 부부의 공유(共有) 경험의 빈도와 수를 격감시켜 대화의 단절을 초래하게 된다. 대화의 단절은 오해와 곡해의 소지가 되어 부부 갈등으로 악화되어 이혼에까지 이를 수 있다. 자녀의 조기유학에 어머니가 동반함에 따라 야기된 가족의 지리적 분리를 주목한 연구들은 '비동거가족', '분거가족', '잠정적 별거가족', '기러기 아빠', '해거리 부부' 등 다양한 용어를 만들어 내면서 가족관계가 위기에 처할 수 있음을 경고하였다(구자순, 2001; 엄명용, 2002; 최경석 외, 2003; 김양희·장온정, 2004; 조은, 2004). 분거가족은 가족 유대를 유지하고 강화하기 위해서 다양한 방법을 동원하여 교류하고 있다. 최근에는 '기러기 아빠'를 위한 여러 가지 전화 상품이 만들어져 판촉에 나서고 있다.

부부 관계는 혈연에 의하지 않으며 감정과 서약에 의존하고 있다. 한국사회에서 흔히 하는 말처럼 부부 사이의 감정은 '고운 정과 미운 정'의 복합으로 이루어진다. 때로는 애정으로, 때로는 연민으로 부부 관계는 지속되고 공고해진다. 따라서 고운 정이든 미운 정이든 생길 수 있는 최소의 조건 곧 동거는 부부 관계를 지속시키는 최소의 필수 조건이 된다. 그런데 자녀의 조기유학에 어머니가 동반한 가족의 경우, 이 최소의 조건이 충족되지 못하는 기간이 상당히 길 뿐만 아니라 기대한 대로 자녀의 학업이 진행되지 않을 때에는 그 기간이 예상보다 훨씬 장기화될 수 있다(최양숙, 2005: 71). 한편, 자녀의 조기유학은 부부별거의 원인으로만 작용하는 게 아니라, 부부 간 심리적 단절이 조기유학을 부추기는 요인이 될 수도 있다. 다시 말해서, 부부갈등이 심각해짐에 따라 미봉책으로서 자녀의 조기유학을 추진하고 어머니가 동반함으로써 별거를 우아하게 포장하는 경우도 적지 않다.

> 무심한 관계의 부부들도 부부별거를 문제 삼지 않을 수 있다. 조기유학을 보내는 많은 부부들이 이미 중년기에 접어들었기 때문에 부부 사이에 큰 문제는 없다할지라도 권태기에 들어섰다고 생각되는 경우가 있고 원래부터 무심한 관계인 경우 부부별거가 크게 다가오지 않기 때문이다. 또한 부부의 관계에 다소 어려움이 있는 경우, 즉 사이가 좋지 않거나 위기나 별거경험이 있는 부부의 경우에는 오히려 자녀의 조기유학을 계기로 부부가 비동거한다

는 것은 부정적인 부부관계에 대한 새로운 대처방식 혹은 하나의 대안이 될 수 있다. 혹은 떨어져 지내면서 관계를 개선할 수도 있는 기회가 되어준다(최양숙, 2005: 119).

이러한 유형의 부부분거는 고부(姑婦)간의 갈등요인으로 작용하고 있지만 반드시 부정적으로만 작용하는 것은 아니다. 자녀의 조기유학으로 인한 기러기 엄마의 국외 거주가 고부갈등의 악화를 일시적이나마 중지시킬 수 있는 기회가 되기도 한다. 시댁(媤宅)과의 갈등이 심각한 경우, 어머니는 자녀를 동반하는 유형의 조기유학을 적극적으로 추진하기도 한다. 고부갈등이 조기유학의 원인으로 작용했을 수도 있지만, 자녀유학에 어머니가 동반함으로써 파생된 부부분거는 고부갈등의 원인으로 작용할 소지가 아주 많다(최양숙, 2005: 72). 노부모들은 기러기 아빠가 된 아들의 일상생활을 챙기지 않을 수 없고 때로는 경제적으로도 지원해야 한다. 기러기 아빠가 되어 홀로 살고 있는 아들을 만날 때마다 노년의 부모들은 아들이 처자식으로부터 버림을 받은 것은 아닌지 걱정하게 되며, 걱정의 강도만큼 며느리를 원망하게 된다. 기러기 아빠가 장손, 장남 또는 외아들일 경우에는 시댁식구들은 한국에서 대(代)가 끊어질 수 있는 가능성까지 우려하게 된다.

어머니와 자녀가 동반한 조기유학의 경우, 아버지의 방문은 이들의 일상이 깨어짐을 의미한다. 일상의 편안함이 깨어진다는 말은 곧 불편해짐을 의미한다. 1년에 한두 번 정도 방문하는 아버지는, 외롭게 지내면서 비용을 부담해 왔다는 사실에 집착할 수밖에 없기 때문에, 그리고 가족으로부터 소외를 극복하기 위해 어머니와 자녀의 생활에 대해 꼬치꼬치 캐묻게 되고 때로는 외국의 현실에 맞지 않는 요구를 하게 된다. 모처럼 방문한 아버지와 그를 맞는 어머니와 자녀의 관계는 이산가족의 감격적 상봉의 유형에서 점차 멀어져 급기야는 상급기관의 감사관(監査官)과 하급기관의 피감자(被監者)들 사이에나 나타나는 의심·질문·공격과 의아(疑訝)·대답·반박의 형태로 변질된다. 이러한 단계에 이르면 가족 사이에 애정과 호감은 점차 사라지고 의무와 책임만 남게 된다. 관심사와 언어 코드의 이질화도 대화의 단절을 가속시키는 중요 요인이 된다. 기러기 아빠들의 고백을 분거 기간의 길이 순서대로 나열해 보면, 가족 분거가 장기화될수록 가족 간 심리적 이질화가 심화되고 있음을 파악할 수 있다.

> 회사에 매인 기러기 아빠들은 일 년에 한번 가족을 만나기도 힘들다. 하지만 더 큰 문제는 처음에는 1~2년만이라고 계획했던 기간이, 3년이 지나고 아이들 대학갈 때까지로 연장되면서 부부, 부자간은 점점 더 멀어져 남편은 결국 타인이 되고 만다는 것이다. 아이들도 처음에 한두 번은 아빠가 오면 너무 반가워하고 한국에 가지 말라고 울며불며 매달리지만 세월이 좀 지나면 아빠를 찾지도 않고 봐도 시큰둥하면서[34] 아빠가 가져온 보따리에만 관심을 갖는다. 부인도 처음에는 남편이 없어 죽을 것 같지만 거기 생활에 익숙해지면 남편이 오는 것을 오히려 귀찮아한다. 자기들끼리는 아무렇게나 해먹던 식사도 제대로 격식을 갖춰 차려주어야 하고 또 이리저리 데리고 다녀줘야 하니까. 이쯤 되면 남편은 환영받지도 못하면서 생활비를 대주어야 하는 불쌍한 존재로 전락하고 만다(김희경, 2004: 237).

> 갈 때는 하고 싶은 이야기가 많았는데 …… 아무도 안들어 주더라구요 …… 내가 어떻게 사는지에도 관심이 없고 …… 자기네들 주변에서 일어나는 일들을 아내와 아이들이 화제로 삼아 이야기하는데 …… 그냥 웃고 듣기만 했지요. …… 사실 무슨 말인지도 잘 모르는 내용이지만 …… 무안해 할까봐 …… (3년차 기러기 아빠)(이두휴, 2007: 15).

---

34) 이와 비슷한 일화가 군대 간 아들의 휴가에 대한 옛 이야기이다. 아들이 첫 휴가를 나오면 어머니는 버선발로 뛰어나온다. 두 번째 휴가 때는 대청마루까지 나오지만 그 다음부터는 방문만 열고 "왔나"하고 말한다. 너무 자주 나오면 쳐다보지도 않는다.

처음에 가면 하루 이틀은 반가운 척 하는데 …… 시간이 지나면 낯설어져요. 방문 기간도 며칠 안 되는데 시차에 적응하느라 비몽사몽 사나흘 지내다 보면 …… 밖에 나가려고 해도 누가 있어야 잖아요. 와이프나 애들...그런데 다들 그곳 생활에 바빠지니 …… 때로는 무시당하는 것 같고 짐이 되는 것 같다는 느낌도 들어요 …… 아이들도 지네들끼리 영어로 대화하는 걸 보면 대견하다는 생각도 들지만 왠지 낯설다는 느낌이 더 많아져요(7년차 기러기 아빠)(이두휴, 2007: 15). (……는 말줄임표이며 ...는 원본에 있는 대로 적은 것임)

몸은 한국인이지만 알맹이는 아니라고 느낄 때가 있어요. …… 더 이상 내가 바라던 아이와 아빠의 관계가 이제는 어렵구나라는 생각을 했을 때 왜 이러한 선택을 하는지에 대한 근본적인 질문이 제기되더군요(7년차 기러기 아빠)(이두휴, 2007: 17).

내가 사는 가장 중요한 이유 중의 하나는 가족의 행복이 아닐까? 지금 이 순간을 희생하여 아이들이 나중에 훌륭한 인물이 된다고 …… 내가 …… 마누라가 …… 어떤 명예나 부를 얻는다고 행복할까? 기쁨이나 행복도 저축이 가능할까? 가능하다 한들 생명을 잃은 거죽대기 집어들고 춤이라도 출까? 결코 그럴 일이 없을 것 같다. 아이들과 아내가 필요로 할 때 나는 늘 그곳에 함께 있어야 한다. 서로가 필요로 할 때에 없다면 사는 이유가 무엇일까?(10년차 기러기 아빠)(이두휴, 2007: 18).

자녀의 조기유학으로 야기된 기러기 아빠나 해거리 부부의 상태가 부부 관계에 위험 요소가 될 수 있음은 이들의 연령이 상대의 도움을 절실히 요구하는 시기이기 때문이다. 초등학교 고학년 또는 중고등학교의 자녀를 둔 부모들은 대체로 30대 후반에서 40대 중반으로서 사회적 활동이 가장 활발하며 직장에서는 업무스트레스가 극심할 때이다. 남성에게 40대는 인생의 성공과 실패가 판별되기 시작하는 만큼 스트레스를 가장 많이 받는 시기이다. 이 시기에는 가정과 직장 어느 곳에서든 연장자와 상급자를 모셔야 하고 연소자와 하급자를 돌보아야 하며 동급의 사람들과는 협력과 경쟁·갈등이 교차한다. 명예와 실리 가운데 어느 것도 포기할 수 없기 때문에 동시에 추구하다 보면 힘들고 지치게 된다. 자신을 돌보지 않고 일에 매진하면서 건강관리에 소홀하게 되고 성인병을 피할 수 없게 된다. 한편, 여성에게 40대는 갱년기가 시작되어 인생에 전환기를 맞게 된다. 신체적 변화가 급변하고 심리 상태가 매우 불안정해진다. 남성 40대와 마찬가지로 상하좌우의 인간관계로 시달리게 된다. 늙음을 실감하게 되는데 돌보아주기를 기대하는 사람들만 늘어날 뿐 도움을 주는 사람은 찾기 어렵다. 이러한 현실에 부닥칠 수밖에 없기 때문에, 40대의 부부는 배우자의 도움을 절실히 필요로 한다. 함께 살아도 힘이 드는 시절에 기러기 가족들은 애써 떨어져 살고 있다.

이 위기의 시기를 어떻게 보냈느냐에 따라 추후 부부관계가 결정된다. 기러기 가족은 이 시기를 성공적으로 넘기는 데 필수 조건인 동거를 불허한다. 오늘날 한국의 아버지들은 직장에서 강도(强度) 높은 업무 때문에 시달리고 있다. 이 아버지들은 지친 몸과 마음을 간신히 추슬러 반겨줄 사람들을 기대하며 집으로 돌아간다. 그렇기 때문에 기러기 아빠들은 아무도 반겨주지 않는 깜깜한 '텅 빈 집'[35]에 들어서며 삶의 의미를 잃을 수 있다. 이들은 외로움을 이겨

35) '빈 둥지 신드롬'(empty nest syndrome)이라는 학술용어는 아이들이 나이가 들어 지금까지 살던 가정을 떠남에 따라 부모가 갖게 되는 의기소침, 슬픔, 비탄 등을 의미한다. '빈 둥지 신드롬'은 아버지보다 어머니에게 더 많이 그리고 더 심각하게 일어난다고 보고되고 있다. 그러나 자녀의 조기유학으로 아이들은 물론이며 아내까지 집을 떠났을 뿐만 아니라 친가와 처가의 노부모들로부터도 외면당하며 홀로 남게 된 아버지들이 겪는 '빈 둥지 신드롬'은 자녀가 슬하를 떠난 그러나 남편은 함께 있는 어머니들이 겪는 의기소침, 슬픔, 비탄보다 훨씬 더 심각할 수밖에 없다.
http://psychologytoday.com/conditions/emptynest.html 2007-08-31
http://www.forbes.com/forbeslife/health/2006/08/22/empty-nest-men_cx_sy_0823dads.html 2007-08-31

내기 위해 친구들과 함께 하는 자리를 마련해 보려 하지만, 그 친구들은 아내와 아이들 때문에 항상 응해 줄 수가 없고 넋두리 아니면 자식자랑으로 일관하는 이야기를 듣기 싫어한다. 한편 현지에서 자녀와 살고 있는 기러기 엄마는 남편 부재의 환경에 점차 익숙해지고 이를 당연시하게 된다. 아내는 전화, 화상전화[36], 전자우편, 방문 등으로 남편 부재를 극복하려 하지만 남편이 없는 시간과 상황이 길어지고 쌓일 뿐만 아니라 현지 생활의 급박함[37]과 이질성 때문에 부재 현실을 수용하게 되고 습관화된다. 아내는 비정상적인 분거 생활에 적응하면서 앞으로 닥칠 동거 생활에 거부감을 느끼게 된다. 분거 생활이 길어지면 부부관계가 위기에 처할 수밖에 없다.

이처럼 외로운 생활을 반 년 또는 일 년 동안 지속한 아버지가 유학국 또는 한국에서 아내와 자녀를 만나게 되면 서먹서먹하기 마련이다. 아버지와 자녀 사이의 갈등도 빈번하게 발생하는데, 그 이유는 각자 자신이 처한 처지에서만 상대를 평가하기 때문이다. 아버지는 외로움과 궁상스러움을 견디며 유학비용을 송금해 왔기 때문에 자녀가 학업을 성공적으로 수행하고 올곧게 자라고 있기를 과도하게 기대한다. 그러나 아버지의 기대를 충족시키는 자녀들은 많지

---

36) 분거 가족이 가족의 유대를 지속하기 위해서 가장 많이 의존하는 매체가 전화, 화상전화, 인터넷이다. 떨어져 있는 가족들은 시차를 극복하고 시간의 절약과 소통의 원활화를 위해서 시간을 정해 놓고 교신한다. 그러나 정해진 시간에 대기하기란 생각처럼 쉽지 않다. 예상하지 못한 일들이 일어날 수 있을 뿐만 아니라 정한 시간에 맞추고 대화거리를 준비하는 일은 번거로울 수밖에 없다. 그렇다고 해서 상대편의 처지를 생각할 때 소홀히 대할 수도 없기 때문에 가족 간 국제 교신은 스트레스의 원인이 되기도 한다. 동거할 때에는 귀가(歸嫁)가 곧 가족의 만남이었고 대화였다.

37) 외국 생활에서는 기존의 상식이나 지식으로 통하지 않는 사태에 수시로 부닥친다. 이 때문에 매 사태마다 여유를 갖지 못하고 당황하게 된다.

않다. 그 이유는 유학이 생각처럼 쉽지 않을 뿐만 아니라 아버지의 기대 수준이 너무 높은 반면 자녀들은 반항의 시절인 청소년기를 거치고 있기 때문이다. 자녀의 입장에서는 외국어로 학습해야 하는 중압감에서 벗어나기 어려우며 문화적 이질감과 인종 차별을 극복하기도 쉽지 않다. 그리고 한두 해 지나면서 아버지와 세대차뿐만 아니라 문화 차이도 절감하게 된다.

어머니가 동반한 조기유학의 경우, 어머니와 자녀의 외국생활은 전형적인 편모(偏母)가정과 점차 비슷해지게 된다. 자녀를 동반하고 출국하는 순간부터 어머니는 모든 것을 혼자 결정해야 한다. 출국장에 들어서기 전까지는 도와주거나 결정해 주는 사람들이 있지만 그 다음부터는 모든 것이 어머니 몫이다. 낯선 이국땅에 도착하고 짐을 푸는 순간부터 해외여행처럼 느껴졌던 낭만은 순식간에 사라진다. 낯선 곳에서 낯선 사람들과 상대하며 살아가는 것도 힘에 부치는데 아이를 성공적으로 공부시켜야 하는, '절체절명(絶體絶命)의 위기에 처하더라도 반드시 달성해야 할 목표'도 있다. 어머니의 일상은 긴장의 연속일 수밖에 없으며 아무도 찾아오지 않고 찾아갈 곳도 없어 외롭지만 누가 찾아오거나 찾아가야 할 일 – 자녀의 학교생활과 관련된 일이 주종을 이룸 – 이 생길까봐 노심초사할 수밖에 없다.

아버지가 죽고 어머니가 홀로 자식들을 양육할 경우, 그 어머니는 아버지의 존재를 자식들에게 수시로 인식시킨다. 이때 어머니는 타계한 아버지를 사실 그대로보다는 자녀들에 미치는 교육적 효과를 고려하여 다소 각색한다. 홀어머니는 자녀교육에 필요한 모형으로 가상의 아버지를 구상해 놓고 자녀들에게 아버지 역할이 필요할 때마다 설정된 모형을 활용한다. 예컨대, 자녀가 나쁜 짓을 저질

렀을 때, 홀어머니는 "아버지가 살아계셨으면 너의 행동에 매우 실망했을 것이다"라거나 "너를 이렇게 키웠기 때문에 돌아가신 너의 아버지를 볼 면목이 없게 되었다"는 식으로 훈육한다.[38] 자녀의 조기유학에 동반한 어머니도 자녀를 훈육하거나 교육할 때 한국에 있는 아버지를 언급한다. 편모가정의 자녀들이 갖는 아버지의 빈자리만큼은 아닐지라도, 어머니와 동반한 조기유학생들도 아버지의 빈자리를 느낄 수밖에 없다. 동반 어머니는 자녀의 행동을 통제하기 어려울 때 한국에 있는 아버지를 권위를 부풀려 동원하기 때문에, 자녀들은 아버지를 실제보다 더 권위적으로 인식할 가능성도 높다. 조기유학생들은 하나같이 격동의 청소년기를 보내기 때문에 통제의 빈도는 늘어나고 강도는 높아지기 마련이어서, 한국에 떨어져 있는 아버지는 자신의 의사(意思)와 무관하게 강성(强性) 이미지를 자식들에게 심어주게 된다.

아버지와 자녀 사이의 오해나 대립으로 어머니는 심각한 역할 갈등에 휘말리게 된다. 어머니는 양쪽 모두 이해할 수 있지만 중재할 수는 없다. 더욱이 아버지는 현지에서 아이들과 함께 지낸 어머니에게 모든 책임을 지도록 요구하거나 추궁하지만, 어머니 역시 외국생활에 적응하는 데 버거움을 느낄 수밖에 없다. 어머니는 하루가 다르게 변화하는 자녀와 대화하기도 어려우며 자녀의 학교생활과 사회생활을 제대로 파악하지도 못할 뿐만 아니라 한국에서 혼자 살고 있는 남편에 대한 미안함과 걱정을 덜 수도 없다. 아버지가 자녀 양육

38) 남편과 사별(死別)하고 홀로 자녀들을 키우는 어머니는 아버지의 존재와 기대를 수시로 확인시키기 위해서 안방에 아버지의 사진을 걸어둔다. 안방에 걸린 사진 속의 아버지는 하나같이 근엄한 표정을 짓고 있기 때문에 자녀들은 아버지의 권위를 실감하기도 한다.

과 교육에 대해 어머니에게 책임을 추궁하고 어머니가 이에 반박하는 사태가 빈번해지며, 일시 방문으로 모처럼 가족이 상봉하게 되는 경우에도 자녀교육에 대한 이견 대립으로 부부싸움이 일어나기도 한다. 심한 경우에는 돌이킬 수 없는 감정싸움으로 격화되기도 한다.

한편, 어머니가 동반한 자녀의 조기유학으로 조부모들의 노후생활이 위기에 처하기도 한다. 전통적 가족 유대가 지속되고 있는 한국사회에서, 조부모들은 아들과 며느리 또는 딸과 사위의 보살핌을 기대하고 있으며 손자와 손녀에 대한 내리사랑을 절제하기 어렵다. 이들은 며느리 또는 딸이 멀리 이국에 거주함에 따라 제대로 보살펴질 수 없을 뿐만 아니라 노후의 즐거움 가운데 가장 중요한 손자·손녀들과의 만남을 포기해야 한다. 그리고 이들은 아들 또는 딸이 자녀들의 조기유학 때문에 경제적으로 어려움을 겪고 있음을 안타깝게 생각하여 경제적 지원을 할 경우에는 생활이 궁핍해지기도 하며 지원이 불가능할 경우 무력감을 느끼게 된다.[39] 노부부들은 홀로 지내야 하는 아들 또는 사위를 오히려 보살펴야 하는 처지에 놓이기도 한다. 손자·손녀의 유학기간이 길어지고 귀국이 불가능해 보이면, 이들은 사후(死後)에는 곧바로 잊히는 존재가 될 수밖에 없음을 예견하고 허망해 하기도 한다.[40]

한국에서 태어나 대학원 석사 학위를 취득한 후 미국으로 유학을 가서 박사학위를 취득한 후 줄곧 미국의 대학에서 교수로 지낸 선배 한 분이 50대 후반에 한국의 대학에 교수직을 얻어 영구 귀국

39) 항간에는 학력과 학벌의 결정 변수로서 부모의 극성과 조부모의 재력을 들고 있다. 조기유학에서 이 두 변수가 실제로 중요하게 작용하고 있다.

40) 공동묘지에는 무연고(無緣故) 묘지들이 아주 많다. 자손들의 이름이 많이 적혀 있는 묘비에 묘지관리비 체납고지서가 덕지덕지 붙어 있는 것을 보면서 인생살이의 무상함을 느끼게 된다.

하였다. 이 분의 이러한 결정은 이례적이어서, 나는 그렇게 결정하게 된 이유를 물은 적이 있다. 이 분은 빙그레 웃으시며 선문답(禪問答)하듯 말하였다. "미국에서는 저녁노을을 볼 때마다 왠지 슬펐어요. 그런데 한국에서 저녁노을을 보니 그렇게 아름다울 수가 없어요." 미국에 있는 한인교회에 참석해 보면 미국사회에서 출세했다고 인정될 만한 한인들을 만날 수 있다. 이들은 미국에서 오랫동안 공부하고 생활했기 때문에 영어도 유창하고 시민권도 갖고 있으며 주중에는 미국 주류사회에서 생업을 하고 있으며 도심 가까이에 있는 한인타운에서 멀리 벗어난 교외에 살고 있다. 그런데 집 주위에 널려 있는 미국교회에 가지 않고 한인타운에 있는 한인교회에 다니고 있다. 이민 1세로 미국에서 완전히 정착하여 미국 로스앤젤레스 한인타운에서 터줏대감처럼 생활하던 한인 한 분이 조용히 살고 싶다며 시애틀로 이사를 갔다가 얼마 지나지 않아서 되돌아 왔다. 이러한 결정에 대해 그는 "재미없는 천국보다 재미있는 지옥이 더 낫다"고 변명하였다. 모국어로 생활하며 익숙한 문화 속에 사는 것이 안녕과 행복(wellbeing)의 중요한 조건이 된다.

출세는 상대적 우위를 인정받는 것이기 때문에 인정해주는 사람들이 있을 때라야 의미가 있다. 한국인으로서 조기유학을 통해 미국에서 학력과 학벌을 쌓고 사회적 지위가 높은 직업을 얻었더라도 인정을 해 주는 사람들이 없으면 출세를 체감하기 어렵다. 이방인의 출세를 지켜보는 현지인들은 그의 출세에 관심이 없거나 경우에 따라서는 적개심을 드러낼 뿐이다. 그의 부모도 한국에서 살든 외국에서 살든 자식의 출세를 체감하기 쉽지 않다. 그 이유는 자녀의 출세를 자랑할 대상을 찾기 어렵기 때문이다. 자식자랑을 늘어놓을 정도로 현지인들과 친밀히 교류하기가 쉽지 않고, 한인들 가운데 자랑을 들어줄 수 있는 사람들은 비슷한 자랑거리를 가지고 있어 부각되지 않으며, 자랑을 듣고 치하하며 부러워할 만한 한인들은 살기가 어려워 들어줄 시간이 없다. 그래서 외국에서 출세한 사람들이나 그 부모들은 비용을 들여가며 한국에서 청중들을 찾기도 한다. 그러나 외국생활이나 외국에서의 출세가 한국사회에서 선망되는 시절은 지나갔다. 예컨대, 외국에 체류하거나 귀화한 한국인이 현지에서 소유하고 있는 외제 자동차를 한국에서도 얼마든지 살 수 있으며, 현지의 부동산은 가격 측면에서 한국에 살고 있는 비슷한 배경이나 지위를 가진 친지나 친구가 소유하고 있는 부동산에 미치지 못할 가능성이 많다.

조기유학 안내서들 중에는 조기유학 상담을 통해 영업 이익을 추구하는 유학원이나 유학관련자문 회사를 경영하는 사람들에 의해서 집필된 책이 많다. 이러한 유형의 안내서들은 조기유학이 미국 명문대학 입학을 보장하는 것처럼 인식할 수 있도록 표제를 달거나 내용을 구성하고 있다.[41] 또한 이 책들은 미국의 학교를 과도하게 미화하거나 극히 일부의 기숙형 사립학교에서나 있을 수 있는 극단적인 사례를 미국의 보통 학교에서도 일상적으로 일어나는 현상처럼 묘사하는 경우가 적지 않다. 예를 한 가지 제시해 보자.

> 미국의 학교에서는 학생 개인이 가지고 있는 재능이나 개성 등을 발견할 수 있도록 다양한 커리큘럼을 제공하여 자기의 관심 분야에서 최고가 될 수 가능성을 열어준다. 단 한 명 학생의 소질 계발을 위해 저명한 인사들을 초빙하여 강연회를 주최하거나, 단 한 명을 위해 커리큘럼을 마련하는 성의를 보여줄 수 있는 곳이 바로 미국이다. 또한 한국 학교와는 달리 미국의 명문 학교에는 하버드나 예일 등의 명문대 출신 전문상담가(advisor)가 따로 있어 학생이 관심 있어 하는 분야에 관한 전문지식을 제공하고, 또한 학업적으

41) 표제의 키워드로 '조기유학'과 함께 '명문대학', '아이비리그', '하버드' 등을 사용한다.

> 로 좀 더 심화된 학습을 할 수 있는 기회가 주어진다. 그러므로 학생은 이러한 상담 선생님의 조언에 귀를 기울여 자신이 진출하고자 하는 분야에 대한 정보를 얻어 최고가 되기 위한 노력을 게을리 하지 않게 된다(고재용, 2006: 19). (밑줄은 부각시키기 위해 추가한 것임)

미국의 학교들 가운데 단 한 명의 학생을 위해 저명한 인사를 초빙하거나 맞춤형 교과과정을 구성하여 제공할 수 있는 학교는 거의 없다. 미국의 도시에 소재한 공립학교들은 교사를 제대로 충원하지 못하고 있으며 만성적인 교사 이직 때문에 수업에 막대한 지장을 받고 있다(Educational Priorities Panel, 1987; Ingersoll, 2004).

조기유학 안내서들은 하나같이 유학시기가 늦지 않도록 또는 가능한 일찍 시작하도록 권고하고 있다. 이는 너무나 당연한데 일찍 시작하거나 최소한 늦지 않게 시작해야만 말 그대로 '조기'(早期) 유학이기 때문이다. 이 안내서들은 대체로 중학교 과정 이전에 유학을 떠나야 성공 확률이 높다고 설명하고 있다. 조기에 떠나 적응에 성공한 사례들을 늦게 떠나 중도 귀국한 사례들과 대비시킴으로써 조기유학의 필연성을 강조하기도 한다(전옥경, 1996: 17-35). 그러나 외국에서 박사학위를 취득하고 한국사회에서 활동하고 있는 사람들은 대부분 한국에서 학부를 마치거나 석사학위를 받은 후에 유학을 떠났다. 조기유학 안내서들이 규정하는 성공은 어디까지나 단기적인 적응 수준을 넘지 못하며 장기적인 성공 여부에 대해서는 언급이 전혀 없다.

조기유학의 성공 여부는 판단하기가 거의 불가능하다. 그 기준이 매우 주관적일 뿐만 아니라 유학 이전의 상태가 다양하고 유학의 목적 역시 모호하기 때문이다. 유학을 위한 출국, 외국 학교에의 적응, 해당 생활외국어 구사, 외국의 초등학교·중학교 또는 고등학교

졸업, 외국의 대학 진학, 외국의 석사 학위 취득, 외국의 박사 학위 취득, 외국에서의 취업, 외국의 시민권 획득 등에 의해서거나 학력 단계, 학교 종류, 취업 여부, 직업 종류, 소득 금액, 거주 지역 등이 성공 여부의 기준이 될 수 있다. 부모 입장에서는 성공일지라도 다른 사람들은 성공으로 인정하지 않을 수 있다. 한국의 학교생활에서 문제아로 낙인이 찍혀 전망이 어두웠던 아들이 미국 학교에서 그럭저럭 적응하고 말썽을 부리지 않으면, 그 부모들은 유학을 성공으로 확신할 수 있다. 반면, 한국에서 모범생으로 공부도 아주 잘하던 자녀가 미국의 학교에서는 평범한 학생으로 생활할 경우, 그 부모들은 유학을 내심 실패로 생각할 수 있다. 유학을 성공으로 확신하고 싶은 부모들에게는 방학을 맞아 귀국한 아들이나 딸이 소위 미국식으로 발음하고 몸짓하는 것만으로도 성공으로 단정할 수 있다.

미국의 초·중·고등학교들은 대부분 공립이며 사립학교는, 최근 급격히 늘어나고 있지만, 일부에 지나지 않는다. 공립학교들 가운데 상당수는 재정 압박을 받고 있다. 가톨릭계 사립학교들 가운데서도 재정 부족으로 어렵게 꾸려가는 학교들이 늘어나고 있다. 유학 안내서에 전형적인 미국의 사립학교처럼 소개된 학교—예컨대, 하버드대학이나 예일대학 출신의 진로상담교사를 둘 수 있는 학교—는 엄청난 비용을 부담해야 하는 극소수의 기숙형 사립고등학교들 가운데서도 몇 학교에 지나지 않는다(Persell and Cookson, 1986: 114-129). 미국 학교들 간의 재정적 불평등은 상상을 초월할 정도이다. 코졸(Kozol, 1991)은 온갖 악조건에 시달리는 학교들과 이와는 첨예하게 대립되는 초호화(超豪華) 사립학교들이 공존하고 있는 미국의 '야만적 불평등'(savage inequalities) 현실을 신랄하게 비난하였다. 그의 증언에 의하면, 뉴욕시에 있는 어떤 학교는 교실이 모자라서 버려진 롤러스케이트장을 이용하고 있으며, 학교재정이 극도로 빈약한 도심의 학교에서는 교사들이 주머니를 털어 비품을 구입하고, 중퇴·낙제(dropout)를 막아야 할 학교가 과밀학급을 해소하기 위해 오히려 반기는 경우도 있다. 한국의 조기유학생들은 어느 국가로 유학을 가든지 그곳에 있는 초호화 사립학교를 지향하고 있기 때문에, 조기유학은 학교가 소재하고 있는 국가가 바뀔—한국에서 미국, 캐나다, 영국 등—뿐만 아니라 학교의 질적 수준이 급격히 상승하는 것임이 명백히 인식되어야 한다.

조기유학을 정당화하는 부모들과 학자들은 한국과 미국, 영국, 캐나다 등 외국의 학교 간 질적 격차를 강조하며 부모의 자녀 학교 선택권을 주장한다. 이들은 외국의 학교에서는 교사들이 학생들을 세심하게 배려하는 점을 특히 부각한다. 그러나 이러한 차이는 학교의 재정적 조건에 의해서 크게 좌우된다. 한국에서도 재정이 상대적으로 나은 사립초등학교가 재정이 불리하거나 열악한 공립초등학교보다 학생들을 더 세심하게 보살핀다.

> 학교의 재정적 조건에 따라 교육내용과 교사-학생 상호교섭 유형이 다를 수 있다. 재정이 부족하면, 학교는 학생들에게 다양하고 깊이 있는 수업을 제공할 수 없고 교사가 책임져야 할 학생 수는 늘어난다. 많은 학생들을 상대해야 하는 교사는 학생들에게 자율성을 허용하기 어려워 직접적인 통제 방법을 사용한다. 한편, 재정적으로 여유가 있는 학교는 학생들에게 다양한 프로그램을 제공할 수 있고 교사는 적은 수의 학생들을 상대하므로 자율성을 허용한다. 학교의 재정 형편에 따라, 어떤 학생들은 통제를 위주로 한 교실에서 복종에 익숙해져 가며 다른 학생들은 자율이 허용된 교실에서 독창성을 발휘하는 방법을 스스로 익힌다(오욱환, 2003: 146).

5
한국적 현상으로서의 조기유학

한국사회에서는 자녀의 양육과 교육을 농사(農事)에 비유해 왔다. 농사만큼 의외(意外)의 사태에 따라 성과가 좌우되는 일도 드물다. 현대과학으로도 단기적인 기상 예측이 어려우며 한 해 또는 그 이상의 기간 동안에 일어날 기상을 예측하는 일은 거의 불가능하다. 그런데 농사는 기상의 변화에 결정적으로 영향을 받는다. 여기에 더하여 농산물의 시장 또한 변화무쌍하다. 풍성하게 수확했음에도 불구하고 농산물 가격의 하락으로 파산에 이르는 농민들도 적지 않다.[1] 농사가 이처럼 어렵지만, 자식농사에 비하면 오히려 쉽다. 그래서인지 한국사회에서는 자식농사를 잘 지은 사람들을 가장 높이 평가하고 부러워한다. 농사가 행운과 불운에 상당히 좌우되듯, 자식농사에도 행운과 불운이 개입되어 있다. 다시 말해서, 완벽해 보이는 부모라도 아무런 대책이 없는 패륜아를 둘 수도 있고, 못난 부모나 보잘것없는 부모 밑에서도 훌륭한 자녀들이 출현할 수 있다. 그

1) 수확기에는 농부들이 논이나 밭에서 결실을 맺은 농산물을 갈아엎는 사태들이 빈번하게 발생한다. 과잉생산으로 인해 수확에 소요되는 경비도 건지지 못할 정도로 가격이 폭락한 농산물들을 농부들이 울분을 삼키며 갈아엎고 있다.

래서 "자식 둔 사람은 남의 자식 흉을 보지 말라"는 속담이 있다.

자녀교육열이 세계 최고 수준일 뿐만 아니라 출세욕 역시 추종을 불허할 정도인 한국사회에서, 모든 부모들이 농사만큼 우연적인 원인들이 무수히 개입되고 있는 자녀들의 교육과 출세를 반드시 성공적으로 완성하기 위해 혼신을 다하고 있다. 한국사회에서 자녀교육은 사회적, 경제적, 정치적, 문화적 변인들이 복합적으로 어우러진 출세와 맞물려 있다. 출세의 여부가 일정 수준에의 도달로 판가름되지 않고 준거집단 내에서의 상대적 우위로만 판정되기 때문에, 출세경쟁은 준거집단의 종류와 범위에 따라 끊임없이 지속될 수밖에 없다. 한 준거집단 내에서는 출세했다고 인정되더라도 그보다 상위의 준거집단에서는 그 출세정도가 형편없이 격하되기도 한다. 다시 말해서, 시골 중학교 동창회에서는 출세한 것으로 인정받는 사람이 도청 소재지 고등학교의 동창회에서는 그저 그런 사람이 되며 서울 소재의 대학동창회에서는 존재조차 없는 사람이 되는 경우가 허다하다.

출세의 이러한 속성 때문에, 부모들은 출세를 좌우한다고 인식된 학력과 학벌에 총력을 기울인다. 심지어 학력과 학벌이 출세를 구성하는 중요 변인일 뿐만 아니라 결정력 있는 예비 척도로 간주됨으로써 자녀들의 학교 종류를 두고 부모들 사이에 경쟁이 일어나고 있다. 출세가 상대적 위치에 의해서 좌우되듯 자녀들의 재학 학교 역시 상대적 위치에 의해 우열이 가름된다.[2] 조기유학을 떠나는 학

2) 이러한 이유 때문에, 평준화가 철회되고 불가피한 결과로서 고등학교의 서열화가 이루어지면 자녀교육을 두고 학부모들이 치열하게 경쟁하게 된다. 소위 일류 고등학교에 다니는 학생들은 교복을 즐겨 입겠지만 삼류 고등학교 학생들은 교복을 기피할 것이다.

생들이 한국사회에서 학군이 가장 좋다는 서울 8학군 출신이 아주 많고 사립초등학교 출신들이 많다는 사실은 부모들의 자녀교육이 출세와 직결되어 있음을 실증한다. 극단적인 경우이긴 하지만, 자녀를 지방에서 서울 강북으로 전학시켰다가, 얼마 지나지 않아서 다시 서울 강남으로 전학시키고, 곧바로 미국 대도시의 공립학교로 유학시키며, 이 또한 미진하여 사립학교로 전학시키는 사례도 있다. 이 부모들은 자녀를 기숙 사립학교로 보내기 위해 조바심을 내고 있을 가능성이 많다.

고학력화와 체제적 실업은 역(逆)삼각형을 조금 좁은 넓이의 삼각형에 맞추는 일만큼 어긋나 있다. 노동시장은 피라미드를 연상시키는 삼각형을 띠고 있는데 학교교육의 구조는 역삼각형으로 치닫고 있다. 역삼각형 학교교육 구조를 삼각형 노동시장에 맞추는 과정에서 체계적인 취업난(就業難)과 구인난(求人難)이 동시에 일어나게 된다. 고학력자들은 더 높은 학력과 학벌을 통해서 차별화를 시도하기 때문에 학력이 높아질수록 고학력화는 더욱 급속하게 진행된다. 학력에서 격차를 만들 수 없을 정도로 고학력화가 진행되면, 학벌경쟁이 치열하게 전개된다. 학력과 학벌이 높아질수록 상대적 우위에 있으려면 더 많은 비용과 노력이 투입되어야 한다. 따라서 학력과 학벌을 위한 경쟁이 가열될수록 사회·경제·문화적으로 불리한 가정이 승리할 수 있는 가능성은 급격히 줄어든다. 소모전의 형태를 띤 학벌경쟁의 경우, 경제적으로 불리한 가정은 버텨내기 어렵다.

한국사회에서 나타나는 유별난 현상들은 외국에서 개발된 개념들과 이론들에 의해서는 제대로 설명될 수 없다. 만일 어떤 현상이 외국의 개념들과 이론들에 의해서 충분히 기술되고 설명된다면, 한국사회의 특이(特異) 현상이 될 수 없다. 외국에서는 볼 수 없는 독특한 현상이 한국사회에서 일어나고 있는데도 불구하고, 이 현상을 외국에서 개발된 이론과 개념으로 설명하려드는 자세는 무모하다. 이골이 난 개념들과 이론들만으로는 익숙한 현상만 볼 수 있다. 어떤 현상이 기존의 개념들과 이론들로 파악되지 않으면, 익숙하지 않은 방법으로 접근하는 것이 현명하다. 그 첫 번째 작업은 현상이 일어나고 있는 현장을 주시하고 그 현장에서 통용되는 용어와 논리를 가지고 상상력을 동원해서 숙고하는 것이다.

세련된 학술 개념으로 인정받지 못하고 고려의 대상조차도 되지 못한 용어들 가운데 한국사회를 이해하는 데 적확(的確)한 것들이 많이 있다. 이 용어들을 가지고 한국인들은 한국사회의 일상과 사건들을 이해하고 의사를 편리하게 소통해 왔다. 예컨대, 출세(出世), 체면(體面), 학벌(學閥) 등은 한국인들의 일상적 생활은 물론이며 한국의 가정, 학교, 사회, 국가 등에서 일어나는 여러 가지 현상들을 파악하는 데 요긴하게 이용되고 있다. 나는 이 용어들을 가지고 최근 한국사회에서 유행 수준을 넘어 하나의 추세처럼 퍼져 나가면서 적지 않은 가정들을 곤경에 빠뜨리고, 학교를 무력화하며, 계층 간 반목질시를 부추기는 등 사회적 쟁점을 불러일으키고 있는 조기유학을 설명해 보려고 한다. 이 작업을 통해서, 조기유학의 표방된, 잠재된, 은폐된 기능과 함께 예기치 못한 역기능을 파악하고 아울러 일상적 용어들의 학술적 개념화 가능성을 타진하려고 한다.

한국사회에서 일어나는 갖가지 현상들은 '출세'라는 개념으로 상당한 부분이 설명된다. 한국사회에서 널리 통용되고 있는 출세는 서구에서 발달된 학문에서는 적합한 상응 개념을 찾을 수 없다. 한국사회에서 출세로 인정받으려면 경제적 자산, 사회문화적 위세, 정치적 권력 등에서 상당히 높은 수준에 도달해야 할 뿐만 아니라 자신이 속해 있는 집단 곧 성원집단(成員集團)의 구성원들 가운데 돋보여야 한다. 출세 여부는 절대적이며 고정된 기준에 의해서 결정되지 않으며 상황에 따라 판정되므로, 출세는 상당히 다면적이고 유동적인 개념이다.

한국사회에서 출세로 인정을 받으려면 재산과 권력뿐만 아니라 명예도 상당히 갖추어야 한다. 그러나 재산, 권력, 명예 등에서 상위에 있는 사람들과 함께 있는 경우에는 웬만한 수준에 이르렀더라도 제대로 출세한 사람으로 인정받기 어렵다. 반대의 경우로, 재산, 권력, 명예 등에서 크게 두드러지지 않는 사람일지라도 함께 있는 사람들 가운데서는 상대적으로 돋보이기만 하면 출세한 사람으로 인정된다. 이처럼 출세는 다양한 변인들에 의해서, 절대적 기준에 의거하지 않고, 상황에 따라 임의적 공감이나 묵인에 의해, 그리고 설정된 성원집단에서의 비교 우위에 의해 그 여부가 좌우되기 때문에, 한국사회에서는 출세경쟁 곧 '출세를 준거로 한 차별적 비교'가 곳곳에서 일어날 뿐만 아니라 논쟁의 소재가 되며 치열할 수밖에 없다. 시골 사랑방에 모여서 객담을 나누는 농부들도 출세를 소재로 하여 입씨름을 벌이며, 더 이상 올라갈 데도 없을 것 같은 사람들이 출세를 위해 사투(死鬪)를 벌이고 있다. 출세한 사람들일수록 출세에 더 집착하는 까닭은 상대적 격차를 만들기가 훨씬 어렵고 올라갈 수 있는 공간이 극도로 제한되기 때문이다.

한국사회에서는 체면이라는 용어가 널리 사용되고 있다. 체면은 재산, 위세, 권력 등 다양한 측면으로 구성되며, 이 가운데 하나라도 미진한 경우에는 체면이 설 수 없다. 여기에 더하여 체면은 본인뿐만 아니라 가족들까지도 어느 정도 출세했을 때라야 지켜질 수 있다. 본인은 상당히 출세했더라도 배우자나 자녀들이 그의 분수나 품위 곧 격(格)에 어울리지 못하면 체면이 손상된다. 예컨대, 자녀들의 학력과 학벌이 신통치 못하면 사회적 명사로 인정을 받는 부모들도 체면이 설 수 없다. 체면이 이처럼 당사자뿐만 아니라 그와 관련된 사람들에게까지 다양한 속성들을 골고루 갖추기를 요구하는 이유는 상대적 우열에 따라 출세 여부가 가려지기 때문이다.

체면에 대해 국어사전에서는 "남을 대하기에 떳떳한 도리"(우리말 큰사전), "남을 대하기에 번듯한 면모"(동아 새국어사전), "남을 대하는 체재와 도리"(그랜드 국어사전) 등으로 풀이하고 있다. 이러한 사전적 풀이가 그 뜻을 이해하는 데 미흡하지만 공통적으로 밝히고 있는 한 가지 분명한 점은 체면이 타인과의 관계에 의해 형성된다는 사실이다. 임태섭(1995)은 미국의 문헌들을 참고하여 체면의 본질을 세 가지로 정리한 후 체면을 "다양한 사회적 부문에서 다른 사람들로부터 바람직하다고 인정을 받고자 내세우는 스스로의 모습"(p. 105)이라고 정의하였다.

> 첫째, 체면은 이미지 또는 상(象)이다. 이미지란 겉으로 드러나는 모습을 의미하는 것으로 반드시 실체, 즉 객관적 본질과 부합하는 것은 아니다. 이를테면 실제로 좋은 사람이기 때문에 그 이미지가 좋을 수도 있지만, 그렇지 못할지라도 이미지 관리에 성공한 경우에는 좋은 사람으로 비칠 수가 있다는 것이다. ……
>
> 둘째, 체면은 사회적으로 바람직하다고 생각하는 가치로 구성된 이미지이다. 바꾸어 말하면, 사회적으로 바람직하지 않게 생각하거나, 자기 혼자만 바람직하게 생각하는 것은 체면을 구성하는 요소에 포함되지 않는다. ……
>
> 마지막으로 체면은 공적인 자기 이미지이다. 자기 이미지, 즉 자신에 대한 이미지는 사적인 이미지와 공적인 이미지로 나누어 볼 수 있다. 사적인 이미지란 남과 무관하게 자신이 바라보는 자신의 모습을 가리키며, 공적인 이미지는 남들이 받아들여주기를 바라고 내세우는 자기의 모습을 말한다. 사적인 자기 이미지가 "누가 뭐래도 나는 나 스스로의 모습을 이렇게 본다"라는

의미를 갖는 것이라면, 공적인 자기 이미지는 "당신들이 알고 인정해 주기를 바라는 나 스스로의 모습은 이렇다"라는 의미를 지닌다. 따라서 체면이 공적인 이미지라는 말은 체면이 남들에 의해 주지되고 수용되어야 할 자기 이미지라는 것이다(임태섭, 1995: 104-105).

자신에 대한 이미지(self-image)라는 점에서는 체면은 자존심과 유사하지만 분명한 차이가 있다. 자존심이 분석적(analytic)이라면 체면은 총체적(holistic)이며, 자존심이 각자가 가지는 마음가짐이라면 체면은 공동체적, 사회적 평가에 대한 개인적 인식이다. 그래서 자존심은 외부의 평가가 어떠하든 그에 대한 내적 판단을 거침으로써 손상, 유지, 고양되지만[3], 체면은 외적 평판만으로도 쉽사리 손상된다. 자존심은 내적 평가와 판단에 의해서 고저(高低)가 결정되는 데 비해서, 체면은 외적 평가나 평판에 의해서 좌우된다. 체면은 총체적이기 때문에 그 구성요소들 가운데 하나라도 다른 요소들 수준에 이르지 못하면 크게 손상된다. 예를 들면, 아주 가난하더라도 시인으로서의 자존심을 지킬 수 있고 경우에 따라서는 가난이 시인으로서의 자존심을 높이기도 하지만, 모든 것을 제대로 그리고 골고루 갖춘 사회지도층 인사(人士)라도 자녀가 공부를 못하면 그것만으로도 체면이 손상된다.

체면은 한 개인에 대한 전면적인 평가이기 때문에 어느 한 측면이라도 전체와 걸맞지 않으면 손상되며, 체면의 손상은 그가 유지하고 있던 사회적 위상(位相)이 허구임이 드러나는 것으로 비쳐질 수 있다. 체면이 손상될 때에는 자신이 위선자로 몰리고 있는 것처럼 인식될 수도 있다. 한국인들은, 외적 평판에 과민하기 때문에, 자

3) 외부에서는 비판하고 악평(惡評)하더라도 스스로 이를 초월할 경우에는 자존심이 오히려 높아지기도 한다.

존심이 상하는 것보다 체면이 손상되는 것을 더 치명적으로 받아들인다. 동일한 상황이 자존심의 상징일 수 있으면서 체면 손상의 요인으로 작용할 수 있다. 대기업 중역이 자존심을 갖고 오래된 자동차를 타고 다니면, 그 회사의 상사, 동료, 부하직원들은 체면을 생각해서 고급 자동차를 장만하라고 간청한다.

한국인들은 타인들과의 위계적 관계 속에서 자신의 존재를 파악하는 성향이 강하기 때문에 차별적 인간관을 갖고 있다. 다시 말해서, 대인관계에서 서열을 정하는 데 민감하다. 이러한 성향과는 상반되게 한국인들은 공격적이라고 말할 수 있을 정도로 평등주의 의식도 강하다. 한국인들은 인간관계에서 서열을 세우는 데 급급하면서도 그 서열에서 우위에 있는 개인들을 인정하거나 수용하는 데 주저한다. 이러한 모순이 나타나는 이유는 한국인들은 서열구조를 받아들이지만 서열상 앞서 있는 사람들에 대해서는 복종하거나 인정하기를 꺼려하기 때문이다. 이러한 모순은 한국인들이 서열구조에서 자신들이 앞서기 위해 혼신을 다하게 만들며 결과적으로 한국사회가 경쟁에 휩싸이게 만든다. 출세라는 개념이 일상생활 깊숙이 파고들며 상대편의 폄하(貶下)를 방어하기 위해 체면유지나 체면치레에 신경을 곤두세운다. 한국사회에서 나타나는 공격적 평등주의는 한국인들이, 소유한 능력이나 성취한 업적에 상관하지 않고, 하나같이 자신들도 "우위에 있지 못할 이유가 없다"는 심정을 표현한 것이다.

한국인들은 자신의 체면이 손상되지 않기 위해 상대편의 체면을 깎아내리는 경향이 있다. 공격적이라고 수식될 정도로 평등주의가 팽배한 한국사회에서는 상대편보다 자신이 열등하다고 느껴질 경우 상대를 폄하하기를 주저하지 않는다. 자신보다 우위에 있는 사람들을 폄하할 때에는 그들의 체면을 손상시키는 방법을 취한다. 어느 누구도 완벽할 수 없기 때문에 체면을 손상시킬 수 있는 방법은 얼마든지 찾을 수 있다. 당사자의 학력과 학벌뿐만 아니라 자녀들의 학력과 학벌도 공격의 표적이 될 수 있다. 이러한 현실을 숙지하고 있는 부모들은 자신들의 사회적 명성이나 위세에 비해 자녀의 학력과 학벌이 신통치 않을 것으로 예견되면 조기유학을 돌파구로 사용할 수 있다.

한국사회에서는 재산이 많더라도, 권력이 세더라도, 학력과 학벌이 높더라도 구비해야 할 조건들을 제대로, 골고루, 그리고 두루두루 갖추지 못하면 여지없이 폄하된다. '졸부', '정치꾼', '먹물' 등은 각각 돈만 많은, 권력만 가진, 학력·학벌만 좋은 사람들을 폄훼할 때 사용되는 명칭들이다. 사회적으로 이름이 알려진 사람일지라도 자녀들이 그 명성을 제대로 받쳐주지 못하면 '자식농사'를 망친 사람으로 부각되면서 체면이 손상되기도 한다. 체면이 손상된다고 느끼면 오기(傲氣)가 발동하고 과잉 방어하게 된다. 그래서 상인들은 고객의 체면을 손상시키고 오기를 발동케 하여 충동구매를 유도하는 전략을 구사하기도 한다(김효창, 2005: 27-30). 체면의 손상을 우려하는 부모들에 의해서 오기의 발현으로 자녀의 조기유학이 단호하게 그리고 모든 것을 투입하여(all-in) 결행되고 있다.[4]

부모의 체면 손상과 오기 발동은 한국사회에서 조기유학이 하나의 추세처럼 확산되는 데 실질적인 기폭제가 되고 있다. 부모들은 자신들보다 사회경제적 계층이 낮은 사람들이 자녀를 조기유학 보내면서 학력과 학벌 경쟁에서 우위를 점유한 듯이 자랑하면 체면이 구겨지고 오기가 발동하여 조기유학을 급속히 계획하고 실행하기도 한다. 부모들은 자신들의 자녀들보다 공부를 못하는 아이들이 외

---

4) "먼저 저지르고 본다"는 말이 한국사회에서 널리 그리고 일상적으로 통용되고 있다는 사실이 한국인들의 오기를 적절하게 설명한다.

국에 나가서 공부를 잘하고 성공가도를 달리고 있다는 소문에 의해서도 체면이 손상되고 오기가 발동하기도 한다. 특히, 가깝게 지내는 사람들이나 경쟁과 비교의 대상이 되는 사람들 – 형제자매, 친구, 동서, 이웃, 동창, 동료 등 – 로부터 듣게 되는 조기유학의 성공담은, 사실 여부와 무관하게, 체면과 오기에 직접적으로 그리고 즉각적으로 영향을 미치며, 선례(先例)의 노하우와 정보 습득의 유리함은 조기유학을 훨씬 쉽게 결정할 수 있도록 만든다. 그래서 조기유학은 형제자매, 동서, 이웃, 동창 등의 집단들 사이에서 좁은 간격의 시차를 두고 연속적으로 이어지며 확산된다. "누구누구도 조기유학을 떠났다"는 소문이 내적 동기보다 더 강렬하게 작용하는 경우가 많다.

조기유학이 유행을 지나 추세처럼 확산될 즈음에는 정보의 왜곡 현상을 피할 수 없다. 조기유학에 관한 정보를 제공하고 자문에 응함으로써 이익을 추구하는 유학원은 고객에게 조기유학을 부정적으로 소개할 리 없기 때문에 그 정보나 자문이 객관적일 수 없음은 당연하다.[5] 그리고 자녀가 이미 조기유학 중인 부모들도 조기유학에 대해 자문을 구하는 부모들에게, 조기유학에 대해 객관적으로 설명함으로써, 조기유학의 부정적 측면이 드러나는 것을 원치 않는다. 자녀를 조기에 유학 보낸 부모들은, '인지부조화이론'(cognitive dissonance theory: 認知不調和理論)(Festinger, [1957] 1987)[6]으로 명쾌하

5) 유학원을 통해서 조기유학을 준비할 경우, 입학에 실패할 가능성은 거의 없다. 왜냐하면 유학원에서는 입학이 될 수 있는 학교만을 소개하기 때문이다. 유학원은 영리추구를 목적으로 하기 때문에 유학이 성사되어야 하므로 유학생의 수학능력(修學能力)과 부모의 경제력에 걸맞은 학교를 찾아준다. 부모도 유학이 성사될 때까지 여러 유학원들로부터 정보를 입수한다. 결과적으로, 질적 수준이나 적합성 정도에서 차이가 있지만, 유학 대상 학교를 선정하게 된다. 유학을 결심하고 떠나지 못하는 경우는 거의 없다.

6) 상호 대립되는 신념들을 동시에 갖거나 신념과 행동이 불일치함에 따라 발생하

게 설명되듯, 조기유학을 이미 결행했기 때문에 자신들의 행동을 정당화하는 쪽으로 인지하게 된다. 더욱이 다른 사람들에게 조기유학에 대해 자문할 경우, 자녀가 조기유학 중인 부모들의 방어기제는 더 강화될 수밖에 없다.

자녀의 조기유학을 위해서 정보와 자문을 구하는 단계에 접어든 부모들은 정보와 자문의 입수(入手)는 물론이며 그에 대한 판단에서도 객관성을 유지하기 어렵다. 이들은 부정적이거나 비판적인 정보나 자문을 수용할 수 있는 여유가 없다. 이들 역시 조기유학을 상당히 진전시켰기 때문에 자신들의 이전 행동을 정당화시키는 데 도움이 되는 정보와 자문을 선별적으로 채택할 가능성이 많다.[7] 조기유학을 선호하는 쪽으로 편중(偏重)되거나 왜곡(歪曲)된 정보는 점차 쌓여가면서 강력한 힘을 발휘한다. 강물이 계곡에 접어들면서 유속(流速)이 빨라져 빠져나올 수 없듯이, 조기유학에 대한 판단도 정보가 축적되고 상담이 늘어나면 거의 예외 없이 결행하는 쪽으로 기울게 된다. 이 단계에 접어들었을 때에는 조기유학은 이미 결정되었으며 구체적인 방안 – 국가, 지역, 학교 종류, 숙식 방법 등 – 에서만 융통성이 남아 있을 뿐이다.

는 갈등 혹은 분노의 상태를 말한다. 인지부조화 상태에 있는 사람들은 새로운 신념을 갖든지 아니면 기존의 신념을 수정함으로써 심리적 안정을 회복한다(Festinger, 1957). 이러한 의미라면, 인지부조화이론이라는 명칭보다는 '인지부조화극복이론'이 더 타당하다. 자녀들의 조기유학을 결정한 후, 부모들은 장점만을 고려하거나 단점을 극소화 또는 무시함으로써 결정의 정당성을 주장한다. 이들은 조기유학의 실패 사례들을 애써 외면하거나 과소평가하며 남의 일로만 생각한다. 인지부조화이론은 '인지불협화이론'(Festinger, 1987)으로 번역되기도 한다.

7) 한국인들은 한번 시도한 일을 끝까지 밀고 나가는 기질이 있다. 오기의 한국인들은 부정적인 결과가 예상될 때에도 "갈 데까지 가보자"며 밀어붙인다. 자녀의 조기유학을 결심한 부모가 상당히 진척된 계획을 철회할 가능성은 아주 적다.

한국사회에서는 모든 개인들의 속성뿐만 아니라 소유물도 우열로 나뉜다. 개인들이 소유한 자동차도 배기량, 기종, 출고연도 등에 의해서 순위가 매겨지고 그 순위는 곧바로 소유주의 사회적 서열이 된다.[8] 취미 생활까지도 각자의 필요나 적합성에 대한 고려 없이 소요되는 비용에 의해 우열이 가려진다. 골프는 테니스보다 비용이 많이 들며 테니스는 탁구보다 비싼 운동이다. 이 때문에 골프, 테니스, 탁구는 개인적 선호도와 무관하게 이 순서대로 사회적 우열이 정해진다. 그래서 적지 않은 사람들이 높은 서열에 들기 위해서 골프를 치려고 꼭두새벽에 일어나 매연을 마셔가며 몇 시간씩 운전하는 번거로움도 마다하지 않는다. 테니스, 탁구, 걷기 등은 '폼이 나지 않기' 때문에 기피되고 있다. 한국사회에서 골프는 스포츠의 의미보다 사회적 위세의 증표로서 더 높은 의미가 있다. 마찬가지로, 성악은 기악에 밀리며 악기의 가격에 따라서도 우열도 가려진다. 북은 드럼에, 퉁소는 플루트에 뒤진다. 이러한 사회적 순위 매김은 매우 단호하기 때문에 개인적 선호는 전혀 고려되지 않는다.

이러한 이유로 한국사회에는 모든 영역에 '고급품'이 있다. 그 가운데 소위 '명문학벌'은 능력과 노력의 소산물로 인정되고 출세를 보장하는 결정적 발판으로 간주되며 항시 소지하고 다닐 수 있고 언제라도 꺼낼 수 있기 때문에 어떤 종류의 명품도 비교의 대상이 되지 못한다. 당연한 결과로서, 학벌을 높이기 위한 경쟁이 가장 치열하다. 해외유학은, 한국의 학교가 상대적으로 뒤떨어져 있었고 외

8) 동기동창회 모임이 있을 때, 회원들은 동기생들의 자동차, 옷, 장신구 등을 유심히 파악함으로써 상대편의 출세 정도를 예측하고 구사할 화법을 결정하기도 한다. 질투와 시기 때문에, 동기동창회 모임이 끝나면 대부분 편치 않은 마음으로 귀가한다.

국 학위가 사회적 자본으로 그리고 외국어 구사능력이 인적 자본처럼 통용되었기 때문에, 명품학벌을 획득하기 위한 전략적 통로로 이용되어 왔다. 통상적으로 해외유학은 외국 대학에서 박사학위를 취득하기 위한 고난의 길로 알려져 왔다. 유학생들은 대부분 장학생이거나 고학생이면서 엘리트였지만, 자비유학생이 점차 늘어나면서 전통적인 엘리트 이미지가 많이 퇴색하고 있다.

그렇지만 해외유학은 여전히 '명문학벌'로서 출세의 지름길로 인식되고 있다. 이 지름길을 일찍 그리고 더 효율적으로 이용하기 위해서 일부 부유층 부모들이 자녀들의 조기유학을 결행하였다. 처음에는 재벌급 최상류층에서 은밀히 시작된 조기유학이 그 수가 점차 늘어나면서 유행처럼 퍼져나갔으며 이제는 시대적 흐름처럼 당당해졌다. 이러한 변화는 마치 사치품 구매가 '명품선호'로 포장되고 과시, 질시, 환상, 동조 등의 유형(김난도, 2007)을 띠면서 확산되고 있는 데 비유될 수 있다. 조기유학이 급증하고 있는 데에는 가계소득의 상승, 소(小)자녀화에 따른 교육비의 집중적 투입, 조(祖)부모의 경제적 지원, 가정 내 모권(母權)의 상승[9] 등 가정적 또는 가족적 변인들이 교육, 사회, 경제 등 가정 외적 변인들보다 더 직접적으로 작용하였다.

조기유학을 감행하거나 지지하는 사람들은 외국 명문대학의 학위 획득, 외국어자본의 축적, 선진 문물의 습득, 세계화의 선도 등을 명분으로 내세운다. 그러나 조기유학에는 이처럼 표방된 기능 이외에도 잠재된 기능, 은폐된 기능이 있을 뿐만 아니라 예기치 못하

9) 가정에서 어머니의 발언권이 강화된 데에는 어머니의 경제력 향상이 결정적으로 작용하고 있다. 취업한 어머니는 소득을 통해서 그리고 미취업 어머니는 자녀교육을 전담함으로써 자녀의 미래를 결정할 수 있는 권리를 갖게 된다.

거나 피할 수 없는 역기능도 적잖게 잠복하고 있다. 조기유학은, 대학교육까지 보편화됨에 따라 학력주의는 무력화되고 학벌주의가 기승을 부리는 한국의 현실에서, 학벌경쟁의 중요한 전략으로뿐만 아니라 경쟁의 소용돌이를 거부하거나 회피하는 수단으로도 이용되고 있다. 조기유학으로 학력·학벌 경쟁의 대열에서 이탈할 수 있으며 경쟁의 결과로 나타나는 사회적 평판으로부터 벗어날 수 있는 현장부재증명(alibi)을 확보할 수 있다.

한국사회에서 외국어 구사는 중요한 자본이 되어 왔다. 대상국가가 변화함에 따라 중국어, 일본어, 영어의 순서로 외국어가 사회적 출세를 위한 도구로 작용하였다. 조선시대의 경우, 잡과(雜科) 가운데서는 역관(譯官)의 서열이 가장 높았다. 미군 점령기에는 영어 구사능력만으로도 상당한 지위에 오를 수 있었으며 실질적인 권력은, 미군정청(美軍政廳)의 미군 관료들에게 접근할 수 있고 자문에 응할 수 있었기 때문에, 그 지위보다 훨씬 강력하였다. 오늘날에는 한국제품도 영어, 불어, 이태리어 등으로 상품이름을 지음으로써 가치를 높이고 있다. 최근에는 기존의 아파트 이름이 한국적이어서 촌스럽다고 이국적으로 개명함으로써 가격을 높이려는 아파트단지도 나타나고 있다. 연예인들은 이미 오래전부터 국적 불명의 이국적 이름을 사용해 왔다. 이러한 사실들에 근거하면, 외국어자본론(外國語資本論)이 제기될 수 있다.

> 한국사회에서는 조선시대부터 지식의 유무와 우열에 의하여 지배-종속의 정통성이 확립되어 왔다. 외국어 구사능력은 지식의 유무와 우열을 가장 가시적, 효율적으로 실증한 준거였다. 한국사회에서 외국어 구사능력은 문화적 자본으로 활용되었고 지배집단이 되는 데 필수적 조건으로 요구되었다. 조선시대 한문을 외국어로 볼 수 있느냐에 대해서는 이견이 있을 수 있지만, 그 지식이 업무의 수행과 무관했으며 중국의 고전에 대한 이해의

깊이에 따라 우열이 정해진 점에서 외국어로 보아도 큰 무리는 없다.

조선시대 양반들은 상민들에게 교육기회를 봉쇄함으로써 지식을 독점하였으며 일상적 상식과 학교지식을 철저히 구별함으로써 신분적 우위를 정당화하였다. 양반 문화와 학교지식은 중국 고전에 기초를 둔 것으로서 한문의 숙달 정도에 따라 우열이 판가름되었다. 이런 까닭에 한문의 구사력은 지적 능력을 결정하는 실제적 도구가 될 수밖에 없었다. 조선시대 한문은 문화적 자본이었으며 이 자본에 의해 신분적 불평등이 재생산되었다.

일제 식민시대에서는 일본어의 구사능력은 급변하는 사회에서 출세하는 데 있어서 필수적이며 결정적인 변수가 되었다. 일제는 조선을 통치하기 위해 한국인들 중에서 일본어를 구사하는 사람이 절대적으로 필요하였기 때문에, 일본어 구사능력이 일제 식민통치 기간 출세의 결정적인 도구로 작용할 수 있었다. 그리고 당시 일본은 한국보다 선진 문물의 도입에서 앞서 있었으며 일본을 통하지 않고 선진 문물에 접근하기가 용이하지 않았으므로, 일본어는 지식과 정보의 획득을 위해서도 실용적인 가치가 매우 높았다. 출세의 도구로 이용하든 선진 문화, 지식, 정보를 획득하기 위한 실용적 필요성 때문이든, 일제 식민시대에서 일본어의 습득은 문화적 자본을 축적하여 활용하는 것과 같았다.

일제 식민지배에서 일본어의 습득이 결정적인 문화적 자본이었듯이, 미군 점령시대 동안 한국인들은 영어를 더욱 절실한 이유로 문화적 자본으로 인식하였다. 미군 점령시대에서는 일제 식민시대와 비교할 때 절대 소수의 미군들에 의해 통치됨으로써 정치적, 경제적, 사회 · 문화적으로 높은 자리들이 한국인들의 차지가 될 수밖에 없어 그만큼 출세의 가능성이 많았다. 그리고 일본과 비교할 때 미국의 국제적 위치가 훨씬 높았으므로 영어를 습득함으로써 얻을 수 있는 이익도 그만큼 많았다. 이 외에도, 영어를 구사함으로써 얻을 수 있는 이익이 극대화될 수 있었던 까닭은 일본어와 비교할 때 언어구조의 차이와 지리적 거리 때문에 영어를 구사할 수 있는 사람이 적었기 때문이었다.

이후, 영어는 한국사회에서 문화적 자본으로서 확고한 위치를 차지하게 되었다. 미군 점령시대가 3년밖에 지속되지 않았지만 그 영향력은 지금까지도 계속되고 있다. 독립국가로 출범한 후에도 한국의 미국 의존도는 약화되지 않았으며, 군사적, 정치적 의존에서 벗어나지 못하고 있으며 경제적으로는 거의 종속되어 있다. 문화적 종속은 이 · 공학의 발달이 국가의 경쟁력을 좌우하는 시대가 되면서 가속되었으며, 인문 · 사회과학 분야의 의존도도 정도에서 차이가 있을 뿐 사정이 비슷하다. 최근 국제화, 세계화, 지구화 등으로 진행되는 시대적 변화는 영어의 자본적 가치를 더 높이고 있다(오욱환, 1997: 20-21).

한국인은 자신들에 대한 타인들의 평가에 대해 과민하게 반응하는 경향이 있다. 민족, 문화, 언어 등의 동질성이 비교를 용이하게 만들고 있으며 전통적 신분제도가 붕괴되고 수차례에 걸친 사회구조의 변화로 비슷한 처지에 놓이게 된 것도 비교에 대해 민감하도록 만들었다. 한국인은 타인들의 시선에 대해 예민하게 반응하며 심지어 '상상적 관객'(imaginary audience)[10]을 과장되게 만들어내기도 한다. 스스로 관객을 상상해 낸 사람들은 자신들이 무대 위에서 조명을 받으면서 일거수일투족이 관객의 주목을 끌고 있는 배우처럼 생각한다. 이러한 생각에 사로잡힌 사람들은 타인들의 시선을 항상 느끼며 타인들로부터 외면을 받지 않기 위해 유행이나 추세를 맹목적으로 추종한다. 조기유학은 상상적 관객을 스스로 만들어내고 이에 민감하게 반응하는 사람들에 의해 유행처럼 번져나가다가 이제는 추세로 변화하였다. 상상적 관객을 만들어내는 사람들은 서로를 격려하고 고무하며 무대 위로 끌어올리는 경향이 있다. 한국사회에서 조기유학은 이러한 유형의 부모들에 의해서도 급속도로 확산되고 있다.

명품 유행이 연예인들에 의해 확산되듯이, 조기유학의 확산에도 연예인들의 역할이 만만치 않다. 원해서든 아니면 피치 못할 사정에 의해서든, 자녀들을 외국으로 유학을 보낸 연예인들이 적지 않다. 상당수의 연예인들이 자녀들을 유학 보내고 있음이 이들의 사생활을 밝힘으로써 판매부수나 시청률을 높이려는 대중전달매체(mass media)를 통해 널리 알려지면서 조기유학이 보편적인 현상처럼 곡해

10) 상상적 관객(청중, 관중)은 많은 사람들이 열정적으로 자신을 주시하고 있다고 생각하는 자아중심적 상태를 일컫는다(Elkind, 1981). 이러한 상태는 청소년기에 집중되지만 성인들에게도 나타날 수 있다. '공주병', '왕자병' 등이 이러한 상태의 극단에 해당된다.

되고 있다. 연예인 '따라하기'가 화장품, 의류, 가방, 구두, 자동차 등 외국 명품 구매에 이어 조기유학에서도 일어나고 있다. 연예인들끼리도 자녀의 조기유학을 두고 경쟁함에 따라 상호 부추기는 현상이 벌어지고 있다. 만일, 연예인들이 자신들의 직업에 대한 사회의 부정적 인식 때문에 자녀를 외국에 보낸다면, 이는 그 직업보다 훨씬 열악한 조건과 사회적으로 기피되는 상황에 처해 있는 직업을 가졌으면서도 자녀들에 정성을 다하고 있는 부모들에 대한 모독이다. 사회적으로 공인되고 허용된 직업이라면, 그 어떤 직업도 자녀들에게 부끄러울 리 없다. 자녀에게 부끄럽다면, 그 직업의 속성 때문이 아니라 그 직업에 임하는 자세나 태도 또는 직업 외 행동 때문이다. 만일 연예인들이 외제(外製)를 선호하듯 조기유학에 기운다면, 스크린쿼터 수호나 블루리본 캠페인과 같은 문화운동이나 시민운동은 정당성을 확보하기 어렵다.

조기유학을 실행하는 사람들은 소수이지만, 그 비용은 해당 가정뿐만 아니라 국가경제에도 부담이 되고 있다. 조기유학은 이를 선망하거나 질시하는 사람들에게 열등감을 안겨주고 있다. 외국으로 떠난 학생들이 남긴 빈 책걸상을 치우면서 버림을 받은 느낌을 지우지 못하는 학생들과 교사들은 조기유학을 쉽게 수긍하지 못하고 이기적 또는 도피적 행동이라고 비판하며 때로는 증오심을 표출하기도 한다. 조기유학을 떠나는 친구들을 때로는 부러움으로, 때로는 비판적으로 바라본 학생들이 마음속에 담아둔 부정적 감정은 조기유학을 떠난 학생들을 세월이 지난 후 만났을 때 거부감이나 적대감으로 표출될 수 있기 때문에 조기유학생들이 귀국을 어렵게 생각하게 된다. 조기유학생들은 유학 중 방학을 이용하여 귀국했을 때 만나게 되는 한국의 친구들이 예전 같지 않게 대하게 됨을 세월이 지나면서 실감하게 된다. 이러한 현상은 너무나 당연한데, 그 이유는 한국의 친구들은 세월이 지나면서 새로운 친구들을 만나게 되고 나이가 들어가면서 교우관(交友觀)이 변화하기 때문이다. 한편, 조기유학을 떠난 학생들은 유학국에서 새로운 교우관계를 형성하면서 교우관이 변화한다.

조기유학은 (1) 유학 국가, 유학 국가 내 지역, 유학 학교의 종류(초·중·고등학교, 공·사립, 통학·기숙학교); (2) 수행 형태(단독·가족동반), (3) 예정 기간(또는 학교 단계), (4) 귀국·체류 지향 등에서 차이가 있을 뿐만 아니라 유학생의 (5) 사회계층, (6) 부모의 학력(특히, 부모의 유학 경험), (7) 국내에서의 학업성적, (8) 교육적 포부, (9) 직업적 포부, (10) 준거집단, (11) 사회적 자본(한국 내 및 유학국 내의 인맥), (12) 의미 있는 타인(모형으로 삼은 인물), (13) 성(性) 등에서도 차이가 발생한다. 따라서 조기유학을 화두로 삼거나 쟁점으로 제기하는 사람들은 이와 같은 변인들에 의한 다양한 유형들을 망라할 수 없기 때문에 자신의 입장이나 주장에 적합한 모형들에 의해 주장을 편다. 물론, 이 글도 이 점에서 예외가 될 수 없다.

한국은 해방과 한국전쟁을 거치면서 거의 초토화되다시피 한 경제 상황에서 이제는 중진국을 넘어서 선진국을 넘보고 있다. 한국 사회에서 교육은 이처럼 경이적인 경제성장의 추진력으로 인정을 받으면서 높은 교육열이 정당화되기도 한다. 그러나 경제성장에 미친 교육의 공헌도는 어디까지나 추측일 뿐이다. 한국의 국토에는 천연자원이 거의 없고 경제적 자본도 열악했기 때문에 인적 자본(human capital)의 공헌이 높이 평가되고 있다. 그러나 학력보다는 노동이 더 직접적이며 실제적으로 공헌하였다고 결론짓는 것이 타당하다. 저임(低賃)의 양질(良質) 노동력에 의한 양산(量産)체제가 한국

경제의 결정적 추진력이었다. 그러나 이러한 유형의 경제체제도 중진국에서 선진국으로 도약하려는 단계에서는 한계에 부닥칠 수밖에 없다. 노동집약적 산업체제로서는 선진국에 진입할 수 없다. 기술집약적 산업체제는 지식정보사회에서나 가능한 일이다. 지식정보사회의 건설은 한국의 교육이 이전의 양적 팽창 모형에서 탈피할 때라야 가능하다. 그런데 오늘날 한국사회에서는 출세지향적 가족이기주의에 의한 학벌경쟁이 국가의 교육체제를 위협하고 있다. 경제, 국방, 스포츠, 연예 등에서는 민족주의와 국가주의가 강조되면서도 교육은 철저하게 개인주의 또는 가족주의에 의해 지배되고 있다. 가족이기주의와 맞부딪치면, 어떠한 교육정책도 제 기능을 발휘할 수 없다.

학력·학벌경쟁에서 유리한 집단은 물론이며 불리한 집단도 교육출세론에 집착한다(오욱환, 2000). 부모들이 자녀들의 학력·학벌경쟁에 몰입하는 데에는 합리적 이유와 함께 감성적 의지가 함께 작용한다. 교환이론을 제창한 호먼스(Homans, 1974: 43)의 합리성 명제에 따르면, 사람들은 여러 가지 대안들 가운데 보상의 가치와 획득의 가능성을 함께 고려하여 최종안을 결정한다. 다시 말해서, 획득가능성이 적을 경우에는 아주 큰 보상일지라도 그 가치가 하락하며, 확실하게 획득할 수 있다고 판단되면 작은 보상일지라도 그 가치가 상승한다. 누구라도 보상의 가치가 높고 획득 가능성이 많은 대안을 가장 적극적으로 추구한다. 이 경우에 그 대안은 소원(wish)에서 기대(expectation)로 변화한다. 한국사회에 만연해 있는 '학교교육을 통한 출세'는 성공확률이 높은 인생목표로 받아들여지고 있다. 지난 1세기 동안 한국사회에서는 구조적 급변에 의해 출세로 인정될 수 있는 일자리들이 빈번하게 창출되었으며, 집권세력은 정통성을 입증하려는 의도 아래 능력과 업적의 증표로 인정될 수 있는 학력·학벌을 공직(公職)에 충원되는 데 필요한 조건으로 이용하였다. 이러한 역사적 변화는 한국인들로 하여금 교육을 통한 출세의 확률을 실제보다 더 높이 추정하는 데 영향을 미쳤으며 한국사회에서 교육출세론이 널리 퍼지고 깊게 뿌리내리도록 만들었다(오욱환, 2000).

부모의 높은 학력은 필연적으로 자녀의 고학력화를 유발한다. 부모는 자신들의 학력보다 자녀들의 학력이 낮아지는 것을 좌시하지 않는다. '세대 제동효과'(generation ratchet effect)는 부모의 학력이 자녀의 학력을 상승 쪽으로만 진행되게 하는 미늘로 작용하고 있음을 의미한다(Roberts, 1995: 42). 예컨대, 45세 아버지의 학력이 11년(전문대학 졸업)이라면 그 아들의 학력은 11년을 훨씬 상회할 것이다. 만일, 45세 어머니의 학력이 11년이라면 그 아들의 학력은 11년을 반드시 넘어설 뿐만 아니라 그 딸의 학력도 11년을 넘어설 것이다. 여성의 학력 상승은 남성의 학력보다 세대 제동효과가 더 클 것으로 예상할 수 있다. 우리들은 아들은 물론이며 딸의 학력이 자신의 학력보다 낮아질 수 있는 상황을 감내할 어머니가 한국사회에는 없을 것이라고 장담할 수 있다.

학력의 세대 제동효과는 아버지와 동일한 학력을 가진 아들이 아버지가 예전에 받았던 소득 수준에 미달하고 아버지와 동일한 계층을 유지하기 어려워지면서 더 강력하게 작용하게 된다. 미국의 경우, 고등학교를 졸업한 아들은 아버지가 예전에 그 학력을 가지고 취업해서 받았던 수준의 소득을 기대하기 어렵다(Murnane and Levy, 1993). 이러한 현상은 제조업이 격감하고 단순 서비스업이 급증했으며 작업장에서의 기술 수준이 아주 높아졌기 때문이다. 한국의 경우, 급격한 경제성장과 학력상승에 의해서 미국이 비교 대상이 될 수 없을 정도로 직업구조와 학력구조가 급속도로 변화해 왔기 때문에, 아버지와 동일한 학력을 가진 아들이 아버지가 받았던 만큼의 실질소득을 획득할 가능성은 거의 없다. 여기에 더하여 기대소비 수준이 지속적으로 상승했기 때문에, 아버지와 동일한 학력을 가진 아들은 소득 감소를 피할 길이 없다. 한국사회에서 학력 인플레이션, 업무의 탈(脫)기술화(deskilling)와 탈(脫)전문화(deprofessionalization)[11], 기대 소비수준의 상승 등은 학력·학벌경쟁을 치열하게 만드는 요인으로 작용하고 있다(오욱환, 2004).

노동자들의 계급의식 약화와 개인주의 또는 사유(私有)존중 의식(privatism)의 강화도 학력·학벌경쟁을 부추기는 데 한몫을 하고 있다. 노동자들도, 비록 상대적 박탈감을 떨쳐 버릴 수는 없지만, 점차 나아지는 소득증대에 힘입어 개인주의 성향을 갖게 된다(Devine, 1992). 절대 빈곤에서 탈피하고 차츰 풍요로워짐에 따라 노동자들은 노동계급으로서의 정체성에 집착하지 않게 되고, 계층상승 욕구를 충족시키기 위해 노력하게 되며, 그 과정의 하나로서 재산의 축적과 자녀의 학력·학벌 상승에 집착하게 된다. 현대사회에서 일어나는 여러 가지 사회현상들은 계급보다 계층에 의해 한결 정확하게 파악될 수 있다. 근래 베버에 대한 재평가가 이루어지고 있고 그가 사용한 다중(多重) 개념인 계층이 더 많이 활용되고 있는 사실(Turner, 1988)도 이 맥락에서 이해될 수 있다.

한국인들은 누구나 할 것 없이 강한 계층상승 욕구를 갖고 있

11) 탈기술화와 탈전문화는 분업, 조립공정화, 표준화, 기계화, 자동화, 전산화 등에 의해서 작업에 요구되는 기술 수준이 하락하는 것을 의미한다. 전기밥솥과 자동변속 자동차가 상대적으로 높은 기술에 의해 생산된 것이지만, 이를 이용하는 작업 곧 밥 짓기와 운전의 기술 수준은 급격히 낮아진다. 전체 공정이 정교해지고 세분됨에 따라 개별 노동자가 담당하는 업무에 요구되는 기술 수준은 하락한다.

다. 다시 말해서, 한국인들은 사회학에서 말하는 중류계층의 속성을 갖고 있다. 지난 1세기 동안에 있었던 사회지배구조의 급격한 변화 — 조선의 몰락, 일제의 식민통치, 미군의 점령, 신생 독립국가로 출범, 한국전쟁, 반복된 쿠데타와 정치적 혼란 — 는 전통적 신분·계급·계층 구조를 붕괴시킴으로써 이전의 중·상류 계층을 몰락시켰다.[12] 한편, 자본주의 경제체제의 도입과 계획경제에 의한 경제성장으로 하류 계층으로 하여금 계층 상승이동의 욕구를 갖게 만들었다. 결과적으로 지난 1세기 동안, 한국인들은 하나같이 비슷한 처지에서 계층상승을 위해 출발하게 되었다. 이러한 시대적 사회적 변화는 한국인들로 하여금 계층이동에 예민한 중류계층의 속성을 갖도록 만들었다. 이런 까닭에, 한국인들은 극소수의 양극단을 제외하면 '중산층'(中産層)이라는 모호한 범주에 거의 모두 포함된다. 더욱이 전통적 신분도 붕괴되고 자본주의 역사도 짧아 계급이 제대로 형성되지 못한 한국사회에서, 중류층 또는 중산층으로 분류되거나 스스로 이 부류에 정체감을 갖는 사람들은 부모세대에서 자신의 세대까지 걸쳐 계층이동을 직접 또는 간접적으로 체험했기 때문에 아주 역동적이다.

한국 근·현대사는 전통적 계급 또는 신분 구조를 송두리째 붕괴시켰다. 이 때문에 한국사회에서는 전통사회에서 보편적으로 나타나는 상류층, 중류층, 하류층의 확연한 구별이 불가능하다. 급격한 권력구조의 변동과 경제성장에 힘입어 재산이나 권력을 가진 사람들이 새로 등장하고 이들이 후손들에게 정치적 또는 경제적 이점

12) 20세기 동안 한국사회에서 일어난 역사적 사건들은 지배집단의 정통성에 대해 거듭 불신하게 만들었다. 이러한 사건들을 겪으면서, 한국인들은 지배계급의 구성과 문화에 대해 강한 거부감을 갖게 되었을 뿐만 아니라 "누구라도 출세할 수 있다"는 생각을 굳히게 되었다.

을 물려주고는 있지만, 이러한 특권의 대물림은 사회적으로 인정받지 못하고 있다. 이 때문에 한국사회에는 부유한 사람들은 있지만 상류층으로 존경을 받거나 인정되는 집단은 없다. 한국인들은, 부유층이 친일(親日) 행위, 적산인수(敵産引受), 정경유착(政經癒着), 매점매석(買占賣惜), 독점(獨占)과 과점(寡占), 탈세(脫稅), 투기(投機) 등으로 치부(致富)했다고 인식하기 때문에, 재산이 많은 사람들을 상류층으로 인정하지 않는다. 다시 말해서, 한국사회에는 '부를 축적한 사람들'은 많지만 '존경 받는 사람들'은 없다. 부유한 사람들은 품위 있는 문화나 생활에 의해서는 사회적 위세를 인정받을 수 없기 때문에 가시적(可視的), 과시적(誇示的) 소비로 차별화를 추구한다.

상류층임을 증명할 수 있는 작위(爵位), 성씨(姓氏), 예절(禮節), 성(城) 등이 없는 한국사회에서 부유층은 "누구나 선망하지만 아무나 할 수 없는 것"을 돈으로 가능케 함으로써 능력을 과시하고 모방이나 추종을 불허함으로써 절대적 우위를 확보하는 전략을 구사한다. 이러한 맥락에서 이들은 자녀들의 학벌을 높이기 위해 엄청난 비용을 투입하고 있다. 한국의 부유층은 존경을 받는 데 소홀하며 경외감을 조성하는 데 몰두하고 있다. 이들은 한국의 교육을 위해서는 물론이며 자신들의 자녀들이 재학하고 있는 학교를 지원하기조차 꺼려하며 오직 그 자녀들에게 직접 투자함으로써 학벌에서 우위를 유지토록 하는 데에만 혼신을 다하고 있다. 이들에 의해서 조기유학이 발단되었으며, 이에 동조한 부모들이 늘어나면서 조기유학이 유행처럼 퍼져나갔다. 그리고 부유층 부모들이 동조하려는 부모들과 구별되기 위해서 자녀들을 사립학교에 입학시키자 이를 추종하는 부모들이 늘어나면서 조기유학의 비용이 급격히 증가하게 되었다.

부유층의 경우, 조기유학은 과시적 소비－평판을 높이기 위한 무용지물에 대한 과도한 지출—를 넘어서는 의미는 별로 없다. 그 이유는 부유층 자녀들이 갖는 외국 학교의 졸업장이나 학위증이 소득 증대에 기여할 가능성이 거의 없기 때문이다. 더욱이 부유층 부모들은 대부분 조기유학을 다녀온 사람들이 아니다. 이들은 부모의 상속만으로도 고소득을 이미 보장받고 있기 때문에 그 졸업장이나 학위증은 체면의 유지 또는 과시를 위한 장식으로 이용된다. 부유층에게 자녀들의 조기유학은 다른 계층과 구별되기 위한 수단이 되고 있다. 이들은 조기유학이 유행처럼 확산되자 동조자들이 추종하기 어려운, 최고급 학교에 자녀들을 보내고 있다. 이들의 이와 같은 과시적 소비 또는 낭비는 선망의 대상이 되어, 이를 모방·동조하려는 부모들에 의해서 가계가 위기·파탄에 이르고 국가경제가 어려워지고 있다. 모방·동조형 부모들의 가정생활은 실질적인 내용에서 초라하기 쉽기 때문에 사생활을 숨기는 습관을 갖게 된다. 한편, 이들의 처지를 충분히 짐작할 수 있는 친지, 친구, 이웃들은 애써 모르는 체 하지만 화제로 삼지 않기는 어렵다.

한국인들의 출세지향성은 태어나면서부터 가정에서 교화(教化)된다. 이러한 교화는 학교교육을 통해 심화(深化)되고 성인으로 직장생활과 사회생활을 거치면서 신념화된다. 그 이유는 한국사회에는 모든 것들이 표준화되고 양적으로 전환되어 비교된 후 우열이나 승패로 가려지기 때문이다. 한국사회에서는 다양성이나 독특함이 인정을 받지 못하며 서열화된 준거에 의해서 상대적으로 우열이 판정된다. 한국사회에서는 성적이나 출신학교는 물론이며 학군, 지역 등도 우열로 나누어져 있다. 대학의 경우에는 전국 모든 대학교, 단과 대학, 학과 및 전공이 일련번호로 순위가 매겨져 있다. 이러한 순위는 입학생들의 수능점수에 의해서 환산되어 판결되듯 정해진다. 졸업 후에는 직장, 직위, 연봉, 근무지역, 업무 종류 등에 의해서 직업적 지위가 결정된다. 한국사회에서는 어떤 유형의 모임이든지 서열에 따라 처신하도록 명시적으로 또는 묵시적으로 요구된다.

모든 것들이 우열로 판가름되는 세상이라면, 최고를 위한 경쟁이 자연스럽게 나타날 수밖에 없다. 문과반 고등학생들은 법관을 지향해야 되고, 이과반 고등학생들은 의사를 희망해야만 세태를 거슬리지 않게 된다. 돈을 벌고 권력을 쥐는 데 불리하거나 무관한 학과를 지망하면, 본인의 선호나 선택 여부를 불문하고 실력의 부족에 따른 필연적인 결과라고 단정된다. 한국사회에서는 개인적 기호(嗜好), 포부(抱負), 소망(素望)에 의해서 선택한 직업일지라도 사회적 평판이 높지 않으면 단번에 격하된다. 한국사회에서는 돈을 많이 벌 수 있고 권력을 행사할 수 있는 직업만이 출세한 직업으로 인정된다. 어릴 때부터 출세하도록 부추겨졌고 출세로 인정될 수 있는 직업은 극히 제한되어 있기 때문에, 한국사회에서 출세를 위한 경쟁은 치열할 수밖에 없다. 출세직(出世職)의 공급은 제한되어 있는데 수요는 무한함에 따라 수요-공급의 불균형이 심각한 데 덧붙여 상대적 격차에 의해서 출세 여부가 다시 가려짐으로써 출세직의 수가 더욱 줄어든다.

출세로 인정을 받을 수 있는 직업의 수는 탈기술화와 탈전문화에 의해 빠른 속도로 감소하고 있는데 출세하기 위한 발판을 마련하기 위해서 대학에 진학하는 사람들은 급속히 증가해 왔다. 학력에 따른 인구구조와 노동시장의 직업구조는 각각 역삼각형과 삼각형을 이룸으로써 실업, 반(半)실업, 잠재실업이 이미 심각한 수준에 도달했으며 앞으로 개선은커녕 점차 악화될 수밖에 없다(오욱환, 2004). 출세에 대한 집착은 점차 강화되고 있으며 이에 따른 준비로서 학력은 물론이며 학벌도 높아지고 있는데 출세할 수 있는 일자리는 점차 줄어들고 있다. 필연적 결과로서 학력과 학벌을 차별화시키기 위한 경쟁이 치열하게 전개되고 있다. 이 과정에서 국내 '명문' 학벌을 제치기 위해서 또는 이에 대한 대안으로 외국 '명문' 학벌을 획득하기 위한 유학이 전략적으로 그리고 점차 이른 나이부터 시도되고 있다. 이 때문에 외국 체류 기간이 늘어나면서 유학비용이 증가하고 영구(永久) 귀국도 어려워지며 정체성 위기를 겪고 있는 국제적 주변인이 늘어나고 있다.

학벌의 위력이 지대한 한국사회에서 조기유학은 여러 가지 목적으로 추진되고 있다. 학력(學力) 상승, 다양한 경험, 기회 확대 등이 조기유학의 목적으로 표방되고 있지만, 이는 진실 또는 현실과 상당한 거리가 있다. 조기유학에도 표방된, 잠재된, 은폐된 목적들이 있다. 부모들과 그 자녀들은 처지에 따라서 한 가지 목적을 추구하기도 하고 두 가지 또는 세 가지를 동시에 추구하기도 한다. 그리고 조기유학에는 의도하지 않았거나 예상하지 못했던 심각한 역기능들도 잠복해 있다. 그 역기능도 부모들과 그 자녀들의 처지에 따라서 상이하게 나타난다.

한국인들이 학력과 학벌을 높이는 데 전력을 다하는 이유도 학력과 학벌이 출세와 밀접히 관련되어 있기 때문이다. 한국사회에서는 학력과 학벌이 좋으면 돈, 명예, 권력까지 확보할 수 있다. 한국사회에서는 고등교육이 보편화 단계를 훨씬 넘어서면서 대학졸업 학력이 내세울 만한 수준이 되지 못한다. 따라서 학력주의가 크게 약화되고 대학의 선호도에 따른 학벌주의가 부상하고 있다. 그렇지만 학력은 출세에 미치는 영향력이 줄어들었지만 체면을 갖추는 데에는 여전히 중요한 변수가 되고 있다. 학력 콤플렉스를 떨쳐버리기 위해 석사과정과 박사과정에 지원하는 사람들이 학위증을 획득하기 위해 대학으로 몰려들고 있다. 학문 탐구보다는 석·박사 학위증을 갖는 데 더 치중하는 사람들을 고객으로 맞이하기 위해서 한국 대학들은 갖가지 유형의 대학원 과정－일반대학원, 특수대학원, 전문대학원, 전시제(full time system), 시간제, 계절제 등－을 판촉상품처럼 마련해 놓고 있다. 학사, 석사 또는 박사와 같은 학위과정은 아니더라도 대학과의 연고(緣故)를 맺기를 원하는 사람들은 대학의 공개강좌(extension courses)를 이용하여 학력 콤플렉스를 덜려고 한다.[13)]

골프를 치는 행위에 비유함으로써 기능과 역기능에 대한 시사점을 얻어 보자. 골프를 치는 목적이 건강증진에만 있지 않다. 품위 또는 영업을 위해서도 골프를 친다. 건강유지만을 골프를 치는 이유로 든다면, 이는 현실을 호도하는 결과를 초래한다. 왜냐하면 골프장에 나가기 위해 건강을 해치는 행동을 마다하지 않으며 비용 때문에 냉가슴도 앓는 사람들도 적지 않기 때문이다. 골프의 잠재적 기능에는 품위 유지가 있다. 그리고 골프를 치러나가는 사람들이 드러나는 것을 꺼려하지만 이익 추구도 우선순위에서 밀리지 않는다. 인맥(人脈) 형성이나 은밀한 작업(lobby)을 통한 이익 추구는 골프의 은폐된 기능에 해당한다.

13) 대학부설 평생교육원, 최고경영자과정 등이 이에 해당된다.

6
조기유학의 표방 기능

유학을 보내거나 떠나는 사람들이 갖고 있는 심각한 오해들 가운데 하나는 "외국에 나가서 지내다 보면 그 국가의 언어를 자연스럽게 습득할 수 있게 된다"고 확신한다는 점이다. 이러한 오해 못지않은 또 하나의 오해는 일상회화가 가능하면 현지 언어를 제대로 구사한다고 생각하는 것이다. 조기유학을 계획하고 현지 언어에 대해 준비하면서도 회화에 너무 치중한 나머지 언어능력이 듣기, 말하기, 읽기, 쓰기 등으로 이루어져 있음을 간과하고 있다.[1)] 미국 유학의 경우를 예로 들어 이 생각이 얼마나 잘못된 것인지를 설명해 보자. 미국의 학교에서 가르치는 것은 언어, 수학, 자연과학, 사회과학, 음악, 체육 등 한국의 교과목과 크게 다르지 않다. 현실이 이러한데도 불구하고 생활영어회화 중심의 영어만을 준비하여 미국의 학교에서 성공하기를 기대하는 것은 무리이다. 수업은 교수-학습 언어(미국

---

1) 한국 사람들은 영어를 영어회화로 동일시하는 경향이 있다. 그러나 영어의 실용적 가치는 회화 못지않게 읽기와 쓰기에 달려 있다. 직업에 따라 차이가 있지만, 대학교수의 경우에는 읽기가 거의 대부분을 차지하며 쓰기가 그 다음으로 중요하며 회화의 가치는 크게 뒤떨어진다. 외국의 지식과 기술을 습득하는 데에는 읽기와 쓰기가 더 절실히 요구된다.

의 경우, 영어)를 매개로 하여 내용(언어와 문학, 수학, 자연과학, 사회과학 등)을 가르치고 배우는 과정이다. 영어는 교수-학습 도구이면서 언어와 문학의 내용도 되지만 그 밖의 과목에서는 도구일 뿐이며 내용은 영어와 무관하다. 다시 말해서 수학 시간에는 영어가 의사소통의 도구가 되며 내용은 대수, 기하 등이다. 인수분해(factorization), 삼각함수(trigonometric function), 미분·적분(differential and integral calculus) 등을 배우는 수업시간에 생활영어가 어떤 소용이 있을지 상상해 보면 된다.

영어에 대해 공포심을 갖고 있으면서도, 한국인들은 영어권 국가에 가기만 하면 영어가 저절로 터득되는 줄로 알고 있다. 그래서인지 한국인들은 영어권 국가에 가는 것을 "영어의 바다에 몸을 던진다"고 비유하고 바닷가에 살면 헤엄을 저절로 치게 되듯이 영어도 배워질 것이라고 생각한다. 비유를 인용하면, 바다에 몸을 던진다고 수영이 저절로 되지는 않는다. 바다에 몸을 던지면 물에 빠져 죽기도 하며, 물에 들어가지 않고도 바닷가에서 일생을 보낼 수 있다. 영어책을 소리 내어 읽기조차 꺼리면서 영어를 모국어로 사용하는 이국인들을 마주보며 영어로 듣고 말하는 것이 저절로 될 것으로 기대하는 것은 가당치 않다.

회화중심의 영어만 준비하고 학과 공부를 소홀히 한 채 유학길에 나서는 행위도 무모하기 짝이 없다. 영어회화만 준비한 채 나머지는 저절로 될 것으로 기대하고 떠난 유학은, 성공을 엄격하게 규정할 때, 실패로 귀결될 가능성이 아주 높다. 미국에서 이러한 사례들을 직접 목격한 송순호(2001)의 충고는 적절하다.

미국 교실에서 가르치는 것은 영어회화가 아니다. 최근 들어 한국에서 유학 오는 학생들의 회화능력은 예전에 비해서 상당히 향상되었지만 학과 공부는 너무 부족한 것 같다. 미국 교실에서 배우는 내용은 언어만 영어일 뿐이지 한국 교실에서 배우는 것과 똑같다고 보면 된다. 지난 15년간 영어회화가 안 돼서 공부를 포기하는 학생은 한 명도 보지 못했지만, 학과실력이 부족해서 고생하는 학생은 정말 부지기수로 보아왔다. 미국 교실에서 성공하려면 한국에서 각 과목을 정말 열심히 공부해야 한다. 너무 평범하고 진부한 이야기로 들리겠지만 이건 틀림없는 사실이다(송순호, 2001: 55).

영어로 작성된 교재나 독서과제(reading assignment)를 읽고 이해한 상태라면, 비록 회화에 능하지 않더라도 수업시간에 토론에 참여할 수 있다. 그러나 영어회화에 능하더라도 교재를 이해하지 못했다면 수업시간에 침묵할 수밖에 없으며 교사로부터 모르는 것으로 간주되어도 어쩔 수 없다.[2] 더욱이 발음은 크게 문제가 되지 않을 뿐만 아니라 미국에서 태어난 교포 2세조차도 완벽하지 않다. 미국에서 표준영어 발음을 구사하는 미국인은 소수에 불과하다. 한국에서 표준말을 사용하는 한국인이 소수인 것보다 비율이 더 낮을 것이다. 미국 50개주 가운데 표준영어 발음으로 대화할 수 있는 미국인이 얼마나 될지 생각해 보면 답이 나온다. 뉴욕에서 영어를 배운 한국인들은 텍사스 주민들의 말을 알아듣는 데 애를 먹는다.[3] 미국 교사들은 한국 유학생이 영어발음을 완벽하게 할 수 없음을 알기 때문에 완벽한 발음을 기대하지도 않는다. 그러나 교사들은 수업내용을 완벽하게

2) 한글로 된 논문이나 보고서를 읽고 토론하는 수업을 연상해 보자. 주어진 글을 읽지 않고서는 토론에 참여할 수 없다. 그러나 열심히 읽고 모르는 점들을 파악하기만 해도 의미 있는 질문을 던질 수 있다.

3) 일리노이대학교에서 박사과정에 재학하던 때 나는 테네시 주(州)로 여행하면서 그곳 주민들의 노래(country song)하듯 말하는 그들의 말을 알아듣는 데 애를 먹은 적이 있다. 일리노이 주에서 테네시 주는 거의 붙어 있다시피 가깝지만 발음은 아주 달랐다.

이해하기를 요구한다. 미국의 수학 교사는 유학생이든 현지 학생이든 교과과정에 포함된 수학문제를 제대로 풀기를 기대하며, 영어 교사도 각 학교단계에 걸맞은 문학작품을 이해하고 논평하기를 요구한다. 미국 뉴저지 주(州) 교외(suburban)의 공립초등학교 5학년으로 전학한 한국 조기유학생의 읽기(reading) 숙제에 대해 동반한 어머니(한국 명문 대학에서 학·석사 학위를 취득함)가 적은 글을 소개한다.

> 책 열 장 분량의 이야기를 읽고 문제를 풀어야 하는 Reading 숙제가 나오는 날이면 앞이 캄캄했다. 한 페이지에 모르는 단어만 해도 수십 개인데 그 단어를 찾아가며 읽은 후 등장인물에 대해서 쓰고 주제를 몇 줄로 요약해서 쓰기까지, 아이 혼자서 밤을 새워도 모자랄 판이었다. 내가 풀기도 쉽지 않은 수준이었으니 아이 혼자 하는 것은 불가능했다(김희경, 2004: 93).

한국에서도 서울 사람들은 부산 사람들의 발음을 이해하지 못하는 경우가 많다. 광주(光州) 사람들끼리 모여 허물없이 쏟아내는 말을 서울 사람이 알아듣기는 쉽지 않다. 그렇지만 서울 소재 대학으로 유학(遊學)온 경상도, 전라도, 충청도, 강원도, 제주도 출신 학생들이 수업시간에 거리낌 없이 토론할 수 있다. 마찬가지로 미국의 대학원 수업시간에 한국, 일본, 중국, 인도, 아르헨티나, 멕시코 등에서 유학(留學)온 학생들이 자국(自國)의 발음을 사용해도 영어로 토론할 수 있다. 그 이유는 자신의 의사를 상대편에 정확하게 알리고자 상대편이 알아들을 수 있도록 발음하고 공유한 용어나 개념을 사용하기 때문이다. 토론에서는 적절한 개념의 사용과 논리가 중요하며, 발음은 한국인들이 걱정하는 것처럼 결정적 역할을 하지 않는다.[4]

---

4) 그러나 천천히, 또박또박, 그리고 크게 발음해야 한다. 외국인의 우물거리는 영어를 알아들을 수 있는 사람은 거의 없다. 단어에는 강음(强音: accent)을 그리고 문장에는 억양(抑揚: intonation)을 살려서 발음해야 한다.

지방에 따라서 사투리와 억양이 독특한 미국의 각 주에서 한국 유학생들이 공부할 수 있는 이유는 학교에서는 언어의 기능적 효율성을 높이기 위해 사투리와 독특한 억양을 자제하기 때문이다. 그리고 국제화가 가속되면서 수사학적 표현이 최소화된 기능적인 영어가 사용되고 있다. 영국식 영어의 변화가 좋은 사례가 될 수 있다. 1970년대 이전에 영국 학자들이 쓴 사회과학 문헌들은 난해한 수사학 때문에 읽고 이해하기에 어려움이 많았다. 그러나 이들이 거대한 미국 시장을 의식하게 되고 국제적 판로까지 고려하면서 수사학적 우아함보다 기능적 독해를 고려하여 집필함으로써 영국 문헌들을 읽기가 훨씬 쉬워졌다. 국제화는 세계 공용어로서 영어의 기능적 효율화를 요구하고 있으며 발음의 정확성으로 우쭐거리는 경우는 줄어들고 있다.

자녀들의 조기유학을 결행했거나 시도하려는 부모들은 적극적 이유(선택하는 이유)와 소극적 이유(선택하지 않을 수 없는 이유)를 내세우며 조기유학의 필요성을 역설하거나 정당화한다. 적극적 이유는 '선진국의 고급 학교교육을 받기 위해', '국제적 공인언어(주로 영어)를 체득(體得)하기 위해', '세계화와 국제화에 대비하기 위해', '재능을 극대화하기 위해' 등으로 표현된다. 한편, 소극적 또는 회피적 이유는 '한국 학교에 만족할 수 없어서', '한국의 학벌주의 압력에서 벗어나기 위해서', '입시 위주의 강압적 교육을 피하기 위해서', '과다한 사교육비를 감당할 수 없어서' 등으로 제시된다.

자녀들이 처한 현실과 유학이 가져올 부담의 정도에 따라 두 가지 이유들 가운데 어느 한쪽으로 더 기울게 된다. 자녀들이 한국의 학벌경쟁에서 살아남기 어렵거나 부모가 기대하는 수준에 이르지 못할 것으로 예상되는 경우, 유학비용이 실제적 가계 부담으로 작용할 경우에는 한국의 교육, 사회, 국가 등에 대해 강한 불만을 표시하며 조기유학을 불가피한 결정으로 표방한다.

> 이즈음에 와서는 '교육이민', '원정출산', '기러기 아빠' 등의 신조어에서 보듯, 한국에서 도저히 학교를 다닐 수 없어 더러는 아예 외국으로 이민을 떠나기도 하고, 그것이 여의치 않으면 일찌감치 아이들과 아내를 외국 학교에 보내고 남편이 홀로 남아 유학비용을 버는 기이한 이산가족이 생기기도 하며, 아예 아이를 처음부터 미국 땅에서 출산하여 날 때부터 아이를 미국인으로 만들어 필요한 경우에는 언제라도 미국 학교에 입학시키려는 사람들까지 생겨난 실정이다. 오늘날 우리가 목격하는 이 모든 현상들은 한국의 공교육이 얼마나 심각한 위기상황에 처해 있는지를 보여주는 징후들이다(김상봉, 2004: 220).

한국사회의 부모들이 경제성장과 사회발전에 힘입어 교육을 통한 사회계층 상승이동을 경험했다면, 그 자녀들은 과잉(過剩)교육과 이에 조응(調應)하지 못하는 노동시장의 구조 때문에 계층 하강이동을 직면할 수밖에 없다. 부모들은 자녀들의 세대에서는 교육출세론이 제대로 먹혀들지 않는 데 당황하고 이 현실을 극복하기 위해서 자녀들에게 더 높은 학력을 강요하게 된다. 세대간 상승이동(intergenerational upward mobility)을 실현한 부모들은 자녀들이 하강이동(downward mobility) 될지도 모른다는 현실에 매우 당혹감을 느낀다. 그 극단적인 사례가 자수성가(自手成家)한 부모들[5]이며 한국의 부모들은 대부분 이 사례에 가깝다.

한국사회에서 부모와 자녀들은 각각 산업사회와 탈산업사회에 살고 있으며 30년 정도의 시차(時差) 때문에 상대의 처지에 대해 이

---

5) 조선사회의 몰락, 미군 점령기, 한국전쟁 등을 거치면서 초토화된 한국사회에서 태어나 성장한 기성세대들은 이후 급격한 경제성장에 힘입어 대부분 자수성가한 사람들이며 "개천에서 태어나 용이 된" 사람들이다. 이들은 자수성가의 신화를 간직하고 있으며 노력에 의해 운명이 바뀔 수 있다고 확신하고 있다.

해하기 어렵다. 한국사회에는 각각 절대빈곤의 농업사회, 경제가 급속히 성장한 산업사회, 생산보다 소비에 치중하고 있는 탈산업사회를 대표하는 70대, 40대, 10대 등 상호 이질적인 세 세대가 공존하고 있다. 앞의 두 시대를 살아온 세대는 교육기회를 잡기 위해 고군분투했지만 세 번째 세대는 공교육과 사교육의 과잉 기회 때문에 지쳐 있다. 세 번째 세대에서는 자수성가나 개천의 용과 같은 신화는 말끔히 사라지고 각 가정이 모든 가정을 상대로 한 무한의 소모전과 같은 경쟁만이 남아 있다.

학력이 출세를 보장하지는 않지만 학력과 사회경제적 지위 사이에는 밀접한 관계가 있다. 사회적 지위를 측정하는 도구들에는, 타인들의 평가를 이용하여 상대적 우위를 판단하든[6], 정부의 공식적 직업분류표[7]에 의해서든, 이론에 의하여 객관적으로 산출하든[8] 교육이 중요한 변수로 작용하고 있다. 상당히 널리 이용되고 있는 지표들 가운데 하나인 던컨(Otis Dudley Duncan)의 '사회경제 지수'(socioeconomic index: SEI)[9]는 교육과 수입에 의해 산출된 지표이다. 이 지표에서 교육은 사회경제적 지위를 좌우하는 결정적 변수일 수밖에 없는데, 그 이유는 교육이 독립변수이면서 종속변수의 일부 요인으로도 작용하기 때문이다(오욱환, 1989: 97-98).

---

6) 지역사회에서 작용하는 사회적 위세를 연구할 때에는 지역주민들의 평판에 의해 위세의 순위를 가늠하였다.

7) 직업표준분류(http://www.nso.go.kr/std2006/k07b_0000/k07bb_0000/k07bb_0000.html 1/7/2007) 참조.

8) 던컨에 의하여 주도적으로 개발되었다(참조: Duncan, 1984). 직업 지위 척도는 던컨이 블라우와 공동으로 저술한 *The American occupational structure*(Blau and Duncan, 1967)에 적극적으로 활용되었다. 이 책은 교육사회학의 필독서 가운데 하나이다.

9) 사회경제적 계층(socio-economic status: SES)으로 더 많이 알려져 있다.

학력이 상승하면, 사회적 네트워크를 효율적으로 활용할 수 있게 됨으로써, 노동시장이 넓혀지고 취업에 유리한 정보를 획득할 수 있어 취업 가능성이 높아진다(Granovetter, 1995; 장원섭, 1997). 더욱이 경쟁력 있는 상급학교에 입학함으로써 경쟁력 있는 다음 단계의 상급학교로 입학할 가능성이 높아지는 승자진출전(tournament)식으로 진학할 경우, 학력과 학벌에 따라 정보의 양과 질 그리고 취업 전략의 구체성에서 격차가 누적되어 사회계층의 궤도화(軌道化)가 형성된다. 승자진출전식 선발에서는 성취결과(merit)와 특권(privilege)이 복합적으로 상호작용하기 때문에 모든 사람들이 동등한 기회를 가질 수 없다(Rosenbaum, 1976). 선발과정이 거듭될수록 성취결과의 격차가 점차 줄어들면서 특권의 영향력이 상대적으로 더 높아진다. 학력이 높고 학벌이 좋은 사람은 사회에 진출하면서 갖게 된 '첫 번째 직종(職種)'부터 유리한 조건을 갖게 된다. 첫 직종은 추후의 취업에 결정적인 영향을 미치므로(Blau and Duncan, 1967), 결과적으로, 생애 동안의 경력이 학력·학벌에서 첫 직종을 거쳐 추후 직종으로의 흐름으로 나타나게 된다. 사회적으로 선호되고 업무의 전문성이 높은 직업군(職業群)－의사, 변호사 등－은 배타성이 많기 때문에 하나의 궤도처럼 인식되고 있다.

7 조기유학의 잠재 · 은폐된 기능

외제 명품을 선호하는 사람들에게 국산품 애용을 요구하거나 강요하는 일은 무의미하다. 왜냐하면 이들은 민주주의 국가에서 자유를 누릴 수 있는 권리가 있음을 내세우고 자신들은 단지 좋은 제품 곧 명품을 원할 뿐이지 외제를 좋아하는 것은 아니라고 주장하기 때문이다. 그러나 국산품의 품질을 획기적으로 개선하더라도 이들의 외제 명품 기호를 누그러뜨릴 수는 없다. 그 이유는 이들이 명품에 매료되는 이유는 실용성에 있지 않고 희귀성이나 대중과의 차별성에 절대적인 의미를 두기 때문이다. 그리고 그 명품들이 생활필수품일 경우에는 국산화나 품질개선을 시도해 볼 수 있지만, 기호품이거나 사치품일 경우에는 수지타산이 맞지 않기 때문에 시도조차 불가능하다. 명품 애호가들은, 상품의 실용적 가치보다 차별화를 더 중요하게 생각하기 때문에, 아무리 널리 알려진 외국의 명품들일지라도 너무 보편화되어 희소성이 떨어지면 싫증을 내고 새로운 제품을 찾아 나선다.[1)]

---

1) 명품은 실용성에 무게를 두지 않는다. 특히, 과시용 명품일 경우에는 실용성이 없어야 한다. 명품 핸드백을 소지한 사람은 비가 올 때 비닐로 싸서 들고 다니며,

한국에서는 대학 진학이 어렵다고 판단하여 미국이나 캐나다에 유학한 학생들은 거의 대부분 대학에 진학한다. 이러한 사실을 가지고 한국의 학교교육에 문제가 많다고 지적하는 것은 적합하지 않다. 한국에서도 대학 진학이 어렵지 않다. 최근 적지 않은 대학들이 학생들을 유치하지 못해 위기에 처해 있다. 대학 진학이 어렵지는 않으며 지망한 대학이나 학과에 합격하기가 어려울 뿐이다. 고등학생 가운데 대학에 진학하는 비율이 미국은 한국의 상대가 되지 않으며, 미국 고등교육기관의 학생 수용능력은 한국보다 훨씬 높다. 여기에 더하여 미국인 부모들이 상대가 될 수 없을 정도로 높은 한국인 부모들의 자녀교육열도 한 몫을 한다.

미국의 경우, 아시아계 민족들은 백인에 비해서 학업성취도가 뒤지지 않는다. 그래서 미국학계에서는 교육을 연구할 때 아시아계 민족을 따로 분류하여 백인, 흑인, 중남미계, 그리고 아시아계로 나눈다. 아시아계 가운데서도 한국, 일본, 대만, 중국, 베트남 등이 특히 두드러진다. 학계에서는 아시아계 학생들의 높은 학업성취를 부모들의 자녀교육열에 원인이 있다고 해석하고 있다. 아시아계 부모들은 타고난 재능보다 노력에 의해서 학업의 성공여부가 더 많이 좌우된다고 확신하므로 자녀들이 학업성취가 낮으면 환경을 바꾸는 데 적극성을 띤다. 그래서 자녀들이 공부하는 데 지장이 없도록 가정환경을 자녀의 학습중심으로 구성한다. 예컨대, 가구들 가운데 자녀의 책상과 의자가 높은 비중을 차지하며 자녀에게 배정된 공간도 상대적으로 넓다. 주어진 환경은 같더라도 그 환경에 적응하는 방식에 따라서 전혀 다른 결과가 초래된다. 미국의 교육

밍크코트를 입고 다니는 사람들은 추위에 노출되는 경우가 거의 없으며 아무리 추워도 눈이 내리면 체온보다 코트를 보호한다.

환경을 주어진 것으로 본다면, 이에 대처하는 방식에서 백인, 흑인, 중남미계, 아시아계 등이 다르기 때문에 인종별 학업성취 격차가 발생하게 된다.

이러한 사실은 한국학생들이 미국에 갔기 때문에 학업성취가 월등히 상승하는 것이 아님을 의미한다. 물론, 이 사실로 한국의 교육문제에 대한 한국 학교의 무관함이 증명되는 것도 아니다. 미국에 유학 중인 한국 학생들이 거의 대부분 소속 학교에서 두각을 나타낸다면, 그 이유는 비교되는 집단들의 특성에 일차적인 원인이 있는 것이다. 다시 말해서, 미국사회에서는 학력경쟁을 거부하거나 학력경쟁에 의미를 부여하지 않는 학생들이 상당히 많기 때문에, 한국에서 유학 간 학생들이 한국에서처럼 경쟁심을 발휘하면 생각보다는 쉽게 상위권을 유지할 수 있다.[2] 미국의 경우, 소수민족들은 대부분 열악한 학교환경에 처해 있고 학력이 상당히 낮기 때문에 교육을 통한 계층이동의 가능성에 대한 확신이 약하다. 노동계급의 청소년들은 '교육을 통한 성취' 정서를 거부하기도 한다. 이 청소년들은 자신들이 처한 경제적 사회적 환경의 불리함 때문에 기득권을 확보하고 있는 지배집단과의 교육경쟁에서는 승산이 없다고 미리 예단하고 거친 문화, 육체노동, 숙명론 등을 받아들인다(MacLeod, 1995).[3] 이러한 하위문화 속에서 성장하는 청소년들은 소속된 문화와 집단에서

2) 한국의 조기유학생들은 한국사회에서도 유별난 경쟁심과 질투심을 가진 부모들에 의해서 양육되었기 때문에 세계 어느 국가에서도 경쟁심에서 뒤떨어질 리 없다. 더욱이 그 부모들이 온갖 방법을 동원하여 치밀하게 통제하고 있기 때문에 조기유학생들의 경쟁심이 유학 중에도 느슨해질 수 없다.

3) 영국의 경우도 마찬가지다(Willis, 1977). 윌리스는 노동계급의 남자 청소년들이 노동계급 문화를 고수하기 위해 학교문화에 저항하지만 결과적으로는 낮은 학력 때문에 노동계급 일자리에 머물게 됨을 '저항'이라는 개념을 사용하여 설명하였다.

이탈하거나 배척 받지 않기 위해서 학업을 거부하기도 한다. 이러한 상황이기 때문에 미국에서 한국, 일본, 중국 등 아시아권 학생들이 학업성취에서 두드러져 보이기도 한다.

한국 유학생들이 처음에는 영어도 서툴고 문화충격으로 힘들어 하지만 이러한 불리함을 차츰 극복하면서 학습에 적극성을 보이고 학업성취가 급격히 상승하면, 미국 교사들은 이를 경이롭게 받아들이고 기대수준을 높일 가능성이 많다. 한편, 미국 교사로부터 긍정적으로 평가되고 기대를 많이 받고 있음을 감지한 한국 학생들은 자신감을 갖게 되고 학습에 적극성을 띠면서 높은 학업성취를 이루게 된다. 성공적인 학업성취에는 학생에 대한 교사의 기대(expectation)와 학생 스스로 갖게 되는 자성예언(self-fulfilling prophecy)이 상호작용하면서 상승효과를 만들어 낸다(Rosenthal and Jacobson, 1968; Brophy and Good, 1970; Rothbart, Dalfen and Barret, 1971; Rist, 1977; Good and Brophy, 1997).

고액의 조기유학은 투입과 산출을 고려하면 합리적 선택으로 인정받기 어렵다. 고등교육까지 보편화되었고 대학진학이 특출해 보이지 않게 되었으며 명문대학의 인기학과에 합격하는 것만이 상대적 우위에 설 수 있게 된 한국의 현실에서, 조기유학은 자녀들이 부모의 사회적 체면에 걸맞은 대학이나 학과에 진학하기 어려울 때 그 부모들이 비교 대상에서 빠져나올 수 있는 방법으로 선택되기도 한다. 한국에서는 모든 대학의 모든 학과들이 서열화되어 있기 때문에 대학 진학 단계에서 모든 학생들은 상대적 우열이 판가름된다. 이러한 맥락에서 조기유학을 결정하는 부모들은 자녀들이 진학 가능한 대학과 학과를 예측해보고 기대한 수준에 이르기 어렵다고 판단되면 한국의 학력·학벌경쟁 무대에서 벗어나는 방법을 택하게 된다. 이러한 이유로 부모들의 설득 또는 강제에 의해 떠난 조기유학은 전통사회에서의 유배(流配)와 유사한 측면도 있다. 그 이유는 조기유학이 자녀들로서는 선택의 여지가 전혀 없고 부모의 입장에서는 자녀의 낮은 학업성적 때문에 체면이 손상되는 것을 막기 위해 '한국으로부터 격리', '주목(注目)으로부터 이탈' 또는 '가시(可視)거리 밖으로의 탈출'을 위한 수단으로 이용되기 때문이다.

조기유학이 확산되는 현상은 합리적 선택에 의한 결정으로만 볼 수 없다. 오히려 비합리적 요소들이 부모들로 하여금 자녀들의 조기유학을 결행케 한다. 값비싼 명품은 가격에 비해 실용성은 상당히 떨어진다. 심지어 실용성이 낮기 때문에 명품이 되기도 하며 실용성을 낮추어 명품으로 부각시키기도 한다. 실용성이 탁월하여 명품이 된 자동차를 구입한 사람이 험한 길을 가야 하거나 눈비가 오는 날처럼 그 자동차의 잘 알려진 실용성이 절실히 요구될 때 오히려 사용하지 않는 경우도 발생한다.[4] 명품의 소지 여부가 소지자들의 경제적 부와 사회적 위세를 돋보이게 해 준다고 판단되면, 해당 명품의 구입 여부는 합리적 판단의 범위를 넘어서 압력이 된다. 다시 말해서, 사지 않고는 못 배기는 단계에 이르게 된다. 이 지경에 이르면 명품 구입은 피할 수 없게 된다. 최근 이러한 분위기에 휩싸여 조기유학이 유행(fashion)처럼 확산되고 있다. 한국사회에서도 사치를 즐길 수 있는 '재산이 넉넉하여 일하지 아니하고 한가로이 놀면서 지내는 계급' 곧 유한계급(有閑階級: leisure class)이 늘어나고 있다.

---

4) 예컨대, 탁월한 미끄럼(skidding) 방지 기능에 매료되어 고액을 지불하여 구입한 자동차를 막상 비오는 날에는 이용하지 않는 경우이다.

> 유한계급은 명성의 관점에서 보면 사회구조의 최상부에 위치한다. 또한 유한계급의 생활예절과 가치기준들은 사회적 명성의 규준을 제공한다. 되도록 이들 기준을 최대한 따르는 것이 기준에 못 미치는 모든 하류계급의 의무가 된다. …… 상류계급이 강요한 명성의 규준은 그에 대한 약간의 저항을 제외하면 사회구조의 최하층까지 그 강압적인 영향력을 거침없이 확장한다. 그 결과 각 계급의 구성원들은 자신들보다 한 단계 높은 계급에서 유행하는 생활양식을 자신들이 추구해야 할 이상적인 생활양식으로 인정하고 그러한 이상을 추구하는 데 자신들의 에너지를 쏟아 붓는다(Veblen, [1899] 2005: 102).

한국사회의 조기유학 열풍은 사치가 확산되는 과정과 아주 흡사하다. 김난도(2007)는 한국사회의 사치성향을 과시(誇示)형, 질시(嫉視)형, 환상(幻想)형, 동조(同調)형으로 분류하였다. 이 분류는 조기유학 성향을 분류하는 데 그대로 적용될 수 있다. 엄청난 비용이 소요되고 가정생활을 위기로 몰아갈 수 있음에도 불구하고 유행이나 추세처럼 확산되는 조기유학 현상을 공교육의 부실[5], 좋은 교육 찾기[6], 넓은 세계의 경험, 선진 지식의 습득, 국력의 신장, 세계화 등으로 설명할 수 없다. 이는 '명품'[7]으로 명명된 사치품의 구매행위

---

5) 자녀들을 어릴 때부터 외국으로 유학을 보내는 부모들은 한국 공교육의 부실을 지적하며 자신들의 결정을 정당화하지만, 이들이 선택하는 학교들은 사립학교들이거나 지배집단이 집중적으로 거주하는 교외의 공립학교들이다. 이들의 조기유학은 결과적으로 지배집단의 기득권을 유지하기 위해 해외로 이주한 것과 다름이 없다. 미국의 백인들은 도심(都心)의 공립학교들이 흑인 자녀들을 비롯한 소수민족의 자녀들이 대거 입학하자, 이를 기피하기 위해 교외로 탈출(white flight)하여 백인들만의 공립학교를 만들거나 흑인들과 소수민족들이 엄두조차 낼 수 없는 값비싼 사립학교로 떠났다. 한국에서 자녀들을 조기에 유학을 보내는 부모들이 선택하는 학교들은 바로 이러한 공립학교들이거나 사립학교들이다. 한국의 사립중고등학교는 설립단계에서는 사립일지라도 운영상으로는 공립과 차이가 거의 없다.

6) 2007년 4월 12일자 조선일보 A3면 시론에서 발췌.

7) "명품(名品)이라는 단어는 원래 '훌륭하기 때문에 이름이 난 물건'이라는 의미이다. 예술품에 주로 사용하며, 상품에 대해 사용할 때에는 만든 이의 장인정신이 살아 있어 예술작품으로 대접을 받을 만한 경우에 붙인다. 그러나 한국에서는 명

가 부유층으로부터 중산층으로 그리고 저소득층에까지 확산되는 현상을 실용성, 품질의 우수성, 장기적 이익 등으로 설명하는 것만큼이나 어색하다.

조기유학의 정당성을 강변하는 사람들이 가장 빈번하게 동원하는 논리는 한국 공교육의 부실에 의한 '불가피한 선택론'이다. 이들은 한국의 학교교육이 너무나 부실하기 때문에 조기유학을 선택하지 않을 수 없다고 주장하며 자신들이 조기유학으로 내몰렸다고 설명한다. 그러나 조기유학 불가피론은 한국 학교교육의 부실을 원인으로 지목하지만, 내부적으로는 전혀 이질적인 논리가 공존하고 있다. 그 차이는 '교육출세론과 학벌주의에 대한 인식'에 따라 확연하게 드러난다. 조기유학 불가피론을 펴며 한국을 떠나더라도, 한편에서는 한국의 출세지향 교육, 학벌만능주의, 경쟁위주의 교수-학습 풍토, 성적·석차에 의한 차별 등에 불만을 토로하며 인본주의 교육을 위한 돌파구로서 조기유학을 선택한다. 다른 한편에서는 한국의 학교와 사회에 확산되어 있는 출세지향, 학벌위주, 경쟁위주 풍토를 수용하고 현실적으로 더 나은 조건을 구비하기 위한 전략으로 조기유학을 결행한다. 한 쪽은 자유롭기 위해서라면, 다른 쪽은 전략적으로 유리한 고지를 확보하기 위해서 조기유학을 선택한다.

한국의 학교교육을 비판하고 인본주의 교육을 추구하기 위해 떠나는 조기유학은 한국 학교에서 외국 학교로 전학하는 모양을 취하지만 실제로 또는 결과적으로는 한국사회를 떠날 수밖에 없는데, 그 이유는 한국의 학교풍토가 한국의 사회적 요구나 필요의 산물이

품을 고가(高價)의 해외 유명 패션의류잡화 브랜드를 지칭하는 말로 사용되고 있다"(김난도, 2007: 21-22).

기 때문이다. 이들은 유학한 외국의 학교에서 인본주의 교육을 받을 수 없을 때 그리고 외국에서도 인본주의를 기대할 수 없을 때 딜레마에 빠지게 된다. 사실, 이들이 딜레마에서 벗어날 수 있는 가능성은 거의 없다. 왜냐하면 이들이 선택한 국가들에서도 인본주의 교육이 실시되지 않고 있으며(Holt, 1964; Kohl, 1967; Illich, 1970; Reimer, 1970; Silberman, 1970; Freire, 1970; Herndon, 1971; Kozol, 1991), 더욱이 선호도가 높을수록 그리고 상급학교로 갈수록 경쟁이 치열해지고 서열화가 불가피해지기 때문이다. 이들의 한국 학교교육에 대한 불만이 한국사회에 대한 불만과 얽혀 있으므로, 유학은 장기화되고 영구 귀국의 가능성도 희박해진다.

한편, 한국사회의 학벌주의, 출세지향주의를 수용하고 전략적 도구로서 외국 학벌을 추구하는 사람들은 한국의 학교교육을 신랄하게 비판하지만 실제로는 학벌주의를 철저히 이용한다. 이들은 조기유학을 결행할 정도로 경제적 자본(유학에 요구되는 비용), 문화적 자본(유학에 관한 정보와 판단), 사회적 자본(유학을 지원하는 데 동원될 수 있는 인맥) 등을 가졌기 때문에 한국사회에서 지배집단에 속한다. 그렇지만 이들은 피지배집단의 불리함에 대해서는 외면하고 자신들의 이점(利點)을 강화하는 데에만 집중한다. 이들은 지배집단일 뿐만 아니라 사회적으로 영향력을 행사할 수 있지만 '자신들이 그렇게 비판하는 한국의 학교'를 개선하거나 개혁하는 데에는 전혀 관심을 기울이지 않으며 자신들이 가진 기득권을 최대한 활용하여 외국 학벌을 취득하고 출세의 도구로 삼는 데에만 몰두한다. 이들의 이러한 행위는 자신들의 자녀들을 '그렇게 비판되는 한국 학교'에 선택의 여지없이 그리고 개선의 대책도 없이 보낼 수밖에 없는 피지배집단에게는 '가족이기주의'로 비쳐지기 마련이다.[8)]

소비사회에서 학력과 학벌은 하나의 상품처럼 취급된다. 소비 대상이 되는 품목은 필수품과 기호품, 실용품과 사치품, 생산품과 소모품 등으로 대비적 분류가 가능하다(김난도, 2007). 학력과 학벌은 필수품, 실용품, 생산품으로 인식되어 왔지만 필요 이상, 쓸데없는, 분수에 넘치게 높은 학력과 명문 학벌은 기호품, 사치품, 소모품으로 이용되고 있다. 최근 한국사회에서 나타나고 있는 학력·학벌 경쟁은 학교교육뿐만 아니라 학원수강까지도 기호, 사치, 소모적 성격을 띠고 있다. 일부 부모들에 의해서 자녀교육이 사치품 구매 욕구를 충족시키는 수단이 되고 있다. 한국사회의 높은 교육열은 세계 어느 국가도 비교될 수 없을 정도로 유별난데, 그 유형이 자신들의 현실을 고려하지 않고 명품 구매에 경쟁적으로 뛰어드는 사치욕구의 충족이나 명품열기와 점차 비슷해지고 있다.

사치에 몰두하는 성향을 김난도(2007)의 분류대로 과시형, 질시형, 환상형, 동조형으로 나눌 수 있다면, 한국사회에서 나타나는 학력·학벌경쟁 역시 과시, 질시, 환상, 동조 등 네 가지로 분류되는 부모들에 의해 촉발된 후 그 자녀들이 점차 편승함으로써 걷잡을 수 없는 상태로까지 가열되고 있다. 전통사회가 몰락하고 여러 가지 유형의 지배구조가 등장하고 사라짐에 따라 전통적 신분이나 계층이 구조화될 수 없었기 때문에, 한국사회에서는 공감과 동의에 기초한 사회적 위계구조가 성립할 수 없었다. 다시 말해서, 한국사회에서는 전통성(tradition)과 정통성(legitimacy)을 가진 상류층이 없으며 어느 누구도 스스로 하류층으로 자인하려 하지 않는다. 한국사회에는 소비 능력이 많은 부자들과 이들로부터 자존심을 상하지 않으려고 공

8) 피지배집단은 '해외 원정출산', '조기유학', '습관적 해외여행', '외제 명품의 몰입적 구매' 등에 대해 계급적 적대감을 표현하기도 한다.

격적으로 평등의식을 드러내는 사람들만 있다. 따라서 부자들에 의해서 행해지는 사치성 학력·학벌 추구 행위는 상대적으로 불리한 사람들에 의해서 쉽게 모방된다.

학력·학벌경쟁에서 과시형 소비자들은 국내 교육소비 시장에서는 두드러져 보일 수 없을 경우, 과시형 사치소비자들이 해외에 나가서 외제 명품들을 구입하듯이, 외국에 소재한 학교들 가운데 소위 명문학교를 물색한다. 이들이 유학을 선호하는 이유는 국내 교육소비 시장에서는 비교우위가 분명히 드러나지만 외국 학교들은 비교의 대상이 되지 않으면서도 희소성과 차별성을 보장받기 때문이다. 많은 비용이 소요되고 아무나 시도할 수 없다는 점 때문에 조기유학은 과시적 효과를 얻는 데 매우 유리하다. 외국의 학교들은 국내 학교들과 비교되지 않으면서도 특출해 보이기 때문에, 자녀들이 한국 내에서 비교우위에 있지 못하는 부모들, 자녀교육을 과시하려는 부모들, 별스러움이 독창적이거나 선도적이라고 생각하는 부모들에 의해서 거침없이 추진된다.

한국사회에서 여성들은 남성들 못지않게 경우에 따라서는 더 심하게 출세를 갈구한다. 한국여성들은 본인과 남편의 출세를 가지고 자존심 경쟁을 벌이고 있다. 이들은 다른 모든 경쟁에서는 뒤처지더라도 감수하지만 자녀를 두고 벌이는 경쟁에서는 결단코 포기하지 않는다. 이들의 모임에서는 종류에 상관없이 자녀들이 화제에서 빠지지 않는다. 한국의 어머니들은, 조선 시대 안방마님처럼, 자녀들의 출세 여부에 따라 가정에서의 그리고 가문에서의 입지가 결정된다. 그 이유는 자녀들의 출세는 어머니의 업적으로 인정되기 때문이다. 본인이나 남편의 출세보다 자녀들의 출세에 더 집착하는 한국 어머니들은 자녀교육에 대한 독자적 원칙 없이 다양한 정보를 무한히 입수하기 때문에 유행이나 추세에 쉽게 휘말린다. 이러한 맥락에서 이들은 명품구매 열풍에 호응하듯 조기유학 흐름에 휩싸인다. 자녀들을 유학시키고 있거나 시도하려는 어머니들이 자신들의 결정에 대한 두려움을 덜기 위해 동조집단을 만들고 각색된 곧 긍정적인 유학정보를 편파적으로 제공한다. 한편, 자녀들의 조기유학을 결행하는 부모들은 자신들의 의사를 지지하는 사람들로부터 정보를 수집하며 반대 의견을 제시할 가능성이 있는 사람들을 기피한다.[9)]

교제의 범위가 넓고 다양한 유한계급에 속한 어머니일수록, 경쟁의식이 높고 경제력도 있어 집단의 역동성에 더 많이 영향을 받기 때문에, 자녀들의 조기유학을 더 쉽게 결정한다. 조기유학이 급속도로 확산되는 데에는 유한계급 어머니들[10)]의 역할이 크게 작용하고 있다. 이들은, 높은 계층, 학력, 직업, 소득 등을 배경으로 하여, 유행과 추세를 선도하고 있다. 이러한 과정을 거치면서 조기유학이 각 가정의 독자적 결행에서 어머니들에 의해 집단적 추세로 변화한다. 이들에 의해서 조기유학생들의 사회적 연결망이 형성될 수 있으며 현지에서 그리고 추후 한국에 귀국한 후 하나의 이익집단으로 작용할 수도 있다.

이러한 유형의 부모들은 조기유학이 널리 확산되면 유학국 내에서 더 '명품' 학교를 찾아 나서게 된다. 미국에 자녀들을 조기에 유학 보낸 부모들의 경우, 초기에는 학군이 좋은 공립학교가 선호

---

9) 김홍원(2005: 39)의 연구에 의하면, 자녀를 조기 유학시킨 경험이 있는 학부모들 가운데 83.5퍼센트는 '조기유학은 매우 신중하게 판단해서 결정하는 것이 좋다'고 응답했으며 15퍼센트만이 적극 권유하였다.

10) 이들 가운데에는 직업을 가진 사람도 있지만, 그 직업은 생업(生業)이 아니며 품위 또는 자아실현을 위한 것이다.

되었지만[11] 점차 사립학교로 바뀌었으며 이제는 엄청난 교육비와 생활비를 부담해야 하는 기숙사립학교로 몰리고 있다. 한국 부모들이 선호하는 학교들에는 한국에서 유학을 온 한국 학생들이 국적(國籍)으로는 소수이겠지만 종족(種族)으로는 결코 소수가 아닌 경우도 많다. 비용이 많이 요구되는 조기유학이 유행처럼 퍼져나가는 데에는 가격과 품질을 인과적으로 연결시키는 '가격-품질 연상'(price-quality association) 심리와 다른 사람들이 섣불리 추종할 수 없도록 격차를 확실하게 벌이려는 배제 심리가 동시에 작용하고 있다. 이러한 유형의 부모들은 자녀들이 상대적으로 차별화되는 데에 관심을 집중하므로 자녀들의 미래에 대해서는 현실적인 판단을 유보한다.

조기유학은 유형에 따라서 위계적 순위가 매겨지기도 한다. 유학 대상 국가에 따라서 영국, 미국, 캐나다, 호주, 뉴질랜드, 싱가포르, 남아프리카공화국, 필리핀 등으로 순위가 매겨져 있다. 유학 유형에 따라서 사립 기숙학교, 사립학교, 학군이 좋은 공립학교의 순서로 나열될 수 있다. 유학 방법에 따라서는 부모가 직접 유학 학교를 모색하는 유형은 유학 국가와 학교에 대한 정보를 입수할 수 있고 해당 국가의 언어를 구사할 수 있는 경우로서 유학 알선 업체를 이용하는 경우보다 앞선다. 부모들이 유학 중인 자녀들을 수시로 만날 수 있고 필요에 따라서 다양한 조치들을 거리낌 없이 취할 수 있는 유형, 기숙학교 이용, 부모들 가운데 한 명이 상주, 친인척에게 자녀를 위탁, 홈스테이 이용 등으로 순위가 매겨진다.

체면은 자신뿐만 아니라 가족들에 의해서도 세워지거나 구겨

---

11) 초부유층들은 조기유학이 세인(世人)의 관심을 끌지 못한 초창기부터 사립학교에 입학시켰다.

질 수 있다. 자신은 비록 출세하지 못했더라도 자녀들이 출세하면 체면이 다소 살아난다. 반대의 경우로, 자신은 상당히 출세했더라도 자녀들이 출세하지 못했거나 못할 것 같으면 체면이 구겨진다. 한국의 부모들이 자녀들의 학력·학벌경쟁에 자신들의 운명이 달려있듯이 혼신을 다하고 희생을 마다하지 않는 데에는 자녀들의 출세 못지 않게 자신들의 체면이 이에 달려 있기 때문이다. 한국사회에서 상당히 출세한 사람들의 자녀들은 부모들의 후광과 지원을 받을 수 있기 때문에 비록 학벌이 뒤떨어지더라도 한국사회에서 살아가는 데 큰 지장이 없다. 그럼에도 불구하고 이 자녀들이 경제적 부담과 실패의 위험을 감수하면서 조기에 유학을 떠나는 이유는 기회의 확대만으로는 설명될 수 없다. 우리는 장소만 바뀐다고 기회가 확대되는 것이 아님을 주지할 필요가 있다. 그리고 하나의 기회를 더하면 지금까지 갖고 있던 기회가 상실될 수 있음도 간과하지 말아야 한다.

학력주의는 절대다수의 학생들이 대학에 진학함에 따라 무기력해졌다. 이 때문에 학벌주의가 전면(前面)으로 부각하였다. 자녀들이 대학에 진학하는 것만으로 부모의 체면이 서는 시절이 지나갔다. 대학 학벌이 비교준거로 부각됨에 따라, 체면이나 자존심을 무엇보다도 더 중요하게 생각하는 부모들은 자녀들이 일류대학에 진학할 수 없다고 판단될 경우 한국의 학벌경쟁에서 벗어나는 전략으로서 조기유학 방법을 구사하고 있다. 이 경우에는 조기유학의 은폐된 기능이 표방된 기능보다 더 강력한 추진동력으로 작용한다. 조기유학을 추진하는 부모들의 학력과 학벌이 아주 높은 까닭도 이와 무관하지 않다. 부모의 학력과 학벌이 최상급인 데 비해서 자녀의 학업성적이 신통치 않을 경우에는 은폐된 기능 곧 부모의 체면 유지를 위해서 조기유학이 추진된다.

최근 쟁점으로 떠오르고 있는 기여(寄與)입학제 역시 부모들의 체면과 직결되어 있다. 입학시험은 지원자들의 수학(受學) 능력을 검증하는 과정이다. 부모의 체면과 무관하다면, 자녀의 수학 능력을 부인(否認)하는 대학에 엄청난 기부금을 지불하면서까지 자녀를 입학시킬 이유가 없기 때문이다. 기여입학제는 국립국어원에 의해서 "유·무형으로 특정 대학의 발전에 기여한 사람의 자녀에게 특별히 그 대학에 입학할 수 있는 자격을 주는 제도"로 정의되고 있다. 기여입학을 기대하는 대학들은 우아한 표현을 사용하여 정당화하고 있지만, 기여입학제는 부모들의 기부금(寄附金) 액수에 따라 입학이 결정되기 마련이다.[12] 다시 말해서, 조부모나 부모의 장기적인 기여에 사례하기 위해 그 후손들에게 입학 기회를 부여하는 방식보다는 부모가 제시하는 기부금 액수에 따라 합격 여부가 결정되는 방식에 가까울 수밖에 없다. 다시 말해서, 기여보다는 흥정에 의해서 입학 여부가 가려질 것이다. 학생의 수학능력이 낮을수록, 지망하는 대학교, 대학, 학과의 선호도가 높을수록 기부금 액수는 높아질 것이다.[13] 더욱이 입학으로 졸업이 보장되지 않기 때문에 수학능력이 낮은 자녀를 둔 부모들은 체면을 유지하기 위해서 졸업 때까지 수시로 기부금을 납부해야 할 가능성도 높다.

기여입학이 허용될 경우에는 모든 거래에서처럼 가격과 고객

12) 이러한 추정은 아무리 대단한 예술작품이나 명품이라 할지라도 거래를 결정하는 변수는 가격이 될 수밖에 없다는 데 근거하고 있다. 그리고 부모의 기여 시기와 그 자녀들의 입학 시기 사이에 시차(時差)가 클 수 없기 때문에 기여-보답보다는 거래(去來)의 유형으로 드러나기 쉽다.

13) 기여입학은 정원(定員) 외로 허용될 것이며 이 때문에 선호도가 낮은 대학들은 정원을 채우기도 어려워질 수 있다. 당연한 결과로서 대학사회에서도 양극화 현상이 불가피해진다.

곧 기부금의 규모와 지원자의 수가 문제로 떠오르게 된다. 기여입학제를 주장하는 사람들은 조기유학생들을 중요한 고객으로 간주함으로써 이 문제가 쉽게 풀릴 수 있다고 확신하고 있다. 이들은 조기유학 중에 있거나 계획하고 있는 학생들이 상당히 많이 있고 그 비용이 적지 않음을 이유로 내세우며 기여입학제를 판로가 확보된 상품처럼 생각한다. 그러나 이 논리에는 시간이라는 변수가 고려되지 않았다는 허점이 있다. 최근 한국에서 시대적 풍조처럼 펴져있는 조기유학은 초등학교 고학년들이나 중학교 저학년들이 주류를 이루고 있다. 이 학생들이 대학에 입학하기까지에는 대략 6년의 시차가 있다. 다시 말해서 기여입학을 고려하는 부모와 조기유학을 구상·실행하는 부모는 동일한 처지에 있는 사람들이 아니다. 다시 말해서, 기여입학제가 조기유학생들의 발길을 붙들 수 없다. 그러나 장기 체류하는 조기유학생들 가운데 일부를 귀국시킬 수 있는 장치가 될 수는 있다.

자녀들은 한국의 학교생활에 잘 적응하고 있는데도 불구하고 부모가 그 학교, 한국 학교, 한국의 교육제도 등에 불만을 터뜨리는 경우도 적지 않다. 이 부모들은 자녀의 학업성적이 자신들의 기대에 미치지 못한 데 대한 불만을 달리 표출하고 있을 뿐이다. 이 부모들은 현실을 직시하고 자녀에게 가장 적합한 대안을 모색하기보다는 자신들의 소망이 이루어질 것 같은 환상적 상황을 설정한 후 자녀를 여기에 투입시키려 한다. 이 부모들은 자녀에게 도전을 강요하면서도 정작 자신들이 감당해야 할 책임 또는 도전은 기피한다. 이러한 맥락에서 부모들이 자녀의 조기유학을 추진하기 때문에, 자녀가 다니게 될 학교와 자녀의 유학생활은 현실이나 실제와 무관하게 부모의 가상세계 또는 가상현실을 반영하게 된다.

부모들은 자녀의 지적 능력, 의지력, 감성, 생활습관 등을 객관적으로 그리고 냉정하게 분석·판단한 후 그 결과에 맞는 학교와 지역을 선택하기보다는 부모 자신들의 희망이나 소망에 부합하는 학교와 지역을 결정한다. 결과적으로, 그 곳은 상상이나 소망 속에서만 그려진 그러나 현실세계에서는 없는 유토피아(Utopia)[14]일 뿐이다. 부모들은 자녀들이 새로운 환경에 접하면서 지금까지와는 전혀 다르게 처신할 것이라고 생각한다. 그러나 자신의 의지와는 무관하게 부모에 의해 결정되어 생소한 외국 환경에 처하게 된 자녀는 두려움과 무력감에서 벗어나기 어렵다. 어느 누구도 스스로 선택하지 않은 일에 흥미를 갖기 어려우며 강요된 일을 주체적으로, 도전적으로 수행하기는 더욱 어렵다. 그리고 주체적이며 도전적으로 수행하지 않은 일이 성공할 가능성은 극히 희박하다.

부모들은 자녀의 조기유학이 강요에 의한 것이 아님을 자신들도 확신하고 자녀들도 인정하게 하기 위해서 여러 가지 방법을 동원한다. 부모들은 조기유학이 자녀에게 최선의 선택임을 스스로 확인받기 위해서 조기유학을 권유하거나 부추기는 정보들을 편파적으로 수집하며 조기유학에 대해 부정적인 정보들을 애써 외면한다. 이들이 조기유학의 장점을 최대한 확대하고 단점을 최소화시키며 성공의 범위를 극대화시킴으로써 실패의 가능성을 극소화시킨다. 자녀를 조기유학 보내면서 "외국어 하나라도 제대로 배울 수 있다"고 말하는 것은 성공의 극대화와 실패의 극소화의 적절한 사례가 된다. 더 극단적으로는 "외국 생활을 하다보면 한국에서는 배

14) 유토피아(Utopia)는 토머스 모어가 쓴 소설의 제목으로 사용될 때에는 이상향(理想鄕)을 뜻하지만 그리스어 어원으로는 없는 곳(ou + topos = not + a place)을 의미한다.

울 수 없는 뭔가를 배우게 된다"고 강변하기도 한다. 한편, 자녀가 조기유학에 동의하도록 유도하기 위해서 부모들은, (1) 자녀가 거부하기 어려울 정도의 매력적인 조건들을 제시하거나, (2) 조기유학을 수용하지 않았을 때에는 마땅히 져야 할 책임의 강도를 높이고 강조하거나, (3) 유학 대상 국가와 지역에 호감을 갖도록 선별·계획적으로 답사(踏査)[15]하거나, (4) 유학 중의 난제(難題)들을 은폐하거나 약화시키고 성공적 유학으로 얻게 될 사회경제적 보상을 부풀린다.

한국의 어머니들은 가정에서 자녀교육을 전담하고 있다. 이들은 자녀들에 관한 정보를 거의 독점하다시피 하며 자녀교육에 관한 결정을 주도하고 있다. 한국의 아버지들은 자녀교육에 의도적으로 회피하려 하거나, 직무 부담 때문에 현실적으로 개입하기 어려우며, 정보의 부족으로 효율적인 결정을 내리기도 쉽지 않다. 그래서 한국 아버지들은 자녀교육에 대해서 상당히 즉흥적이거나 감정적인 결정을 내리곤 한다. 한편, 한국의 어머니들은 자녀 양육과 교육을 통해서 가정 내에서 자신의 입지를 확보하려고 애쓴다. 결과적으로, 자녀교육을 책임지게 된 어머니들은 자녀들이 공부를 잘할 경우 입지를 굳히고 가정 내에서 권력을 높이기 위해 조기유학을 시도하며, 자녀들의 학업성적이 낮아 상급학교 진학 과정에서 부모들의 체면이 손상될 가능성이 높을 경우에는 선수를 경기장에서 빼어내듯 조기유학을 강행한다. 흔히 '도피성 유학'으로 일컬어지는

15) 미국을 조기유학 대상국으로 선정했을 경우, 부모들은 자녀들과 현지를 답사할 때 미국의 유명 관광지를 일정에 반드시 포함시킨다. 일정에 디즈니랜드, 라스베이거스, 그랜드 캐니언, 나이아가라 폭포 등이 포함되며 쇼핑의 기회도 제공한다. 그러나 이 부모들은 자녀들에게 대도시 빈민가를 구경시키지는 않는다.

사례들은 자녀들에게 환경을 바꾸어줌으로써 재기할 수 있는 기회로 이용되기도 한다.

베블렌(Veblen, [1899] 1983)은 부인들이 사치를 함으로써 남편의 지위를 과시하는 현상이 유한계급에 확산되어 있음을 주목하였다. 이러한 사례에 해당될 수 있는 유형의 조기유학이 한국사회에서 늘어나고 있다. 오늘날 한국사회에서 상식적으로는 이해되지 않을 정도의 엄청난 비용을 투입하여 자녀들을 조기에 외국으로 유학을 보내는 사례가 급증하고 있다. 조기유학 비용이 가정경제를 파탄으로 몰 수 있음은, 유학비용을 송금하고 있는 세 아버지들의 고백이나 미국 뉴저지 교외의 작은 도시에서 아들 둘을 공립초등학교에 보내고 자신은 인근 대학의 학생으로 등록하여 생활한 어머니의 기록에서 분명하게 드러난다.

> 그게(송금한 돈) 모래에 물 스며들어 빠지듯이 깨끗하게 사라진 돈이죠. 월급 거의 다 보내는 거죠. ……
>
> 우리나라 사람처럼 돈 벌어 전부 자식한테 갖다 바치는 …… 우리들이 불편할 정도로 돈을 아끼지는 않지만 사실 벌어서 거의 다 애들한테 준다고 봐야죠. ……
>
> 오만 생각이 다 들더라고요. 차라리 유학비 그 돈을 모아서 아파트 한 채를 사주는 게 낫지 않았을까. ……
>
> 제가 직장 부근 작은 방으로 옮기고 나머지는 다 보냈죠. 집을 팔았죠(이상 최양숙, 2005: 81-82에서 인용).

미국도 지역에 따라 생활비가 차이가 크므로, 물가가 비싼 동북부 지역을 예로 들어보면 세 식구가 허름한 2 Bedroom에서 살면서 아이들을 공립학교에 보낸다면 월평균 7,000달러(약 840만원)는 든다고 예상해야 한다. 게다가 처음 미국에 도착하면 자동차와 살림살이도 사야 하고 집세도 최소 석 달 반치를 입주할 때 준비해야 하므로(집세 한달치에 해당하는 복덕방비 포함) 초기 정착비도 엄청나게 필요하다. 가정마다 쓰는 곳이 다르겠지만 대략 생활비를 항목별로 보면 집세 2,000달러, 아이들 사교육비 1,000달러, 공과금 300달러, 그리고 슈퍼나 한국 식료품 가게에서 물건 사는 비용과 외식비 2,000달러, 기타 잡비(예, 의복비, 운동화 구입비, 선물비, 여행비 등) 1,200달러 그리고 엄마 교육비 500달러 등이다(김희경, 2004: 228-229).

이처럼 한 가정의 경제를 파탄 지경까지 몰고 가면서 조기유학을 양질(良質)의 교육을 위한 '합리적' 선택이라고 강변하는 것은 억지일 뿐이다.[16] 왜냐하면 이러한 결정에는 가계 부담, 가족의 이산(離散), 국고의 유실 등의 문제 이외에도 자녀들이 피할 수 없는 문화충격, 상급학교 진학, 병역, 국적과 시민권, 결혼 등 삶의 유형과 행복을 좌우하는 심각한 문제와 결정이 산재해 있기 때문이다. 그리고 외국에 유학할 경우에는 한국에서 학교에 다니면서 학습하고 터득할 수 있는 것들을 배우거나 깨달을 수 있는 기회를 잃게 된다. 한국 어린이라 할지라도 어릴 때부터 외국에서 살다 보면 한국의 언어, 정서, 문화를 습득할 수 없으며 이로 인해 한국인들과의 유대감을 형성하기가 어렵다.[17] 한국인들이 강조하는 친밀감과 유대감은 정(情)에 의해서 생성되고 돈독해진다. 정은 한국인으로부터 떼어놓을 수 없는 정서(情緒)로서 서양인은 물론이며 중국인이나 일본인도 이해하기 어렵다(김영룡, 1995). 정은 학술적 개념으로 정리되어 있지 않지만, 한국사회에서 일어나는 수많은 현상들을 설명하는 데 필수적인 개념이며, 한국사회에서 함께 어울려 살아가면서 경험을 공유하고 느낌을 교류함으로써만 형성된다.

---

16) 기러기 아빠들 가운데는 조기유학을 "저질렀다"거나 "무작정 시작했다"고 말하는 사람도 적지 않으며 "대책이 없어 지속하고 있다"고 고백하는 사람도 많다.

17) 한국 대학에는 고등학교 또는 대학부터 외국에서 공부한 한민족(韓民族) 교수들이 있다. 이들은 일상적 한국어를 능통하게 구사하지만, 이들을 가까이서 접해본 동료 교수들은 하나같이 "어딘가 좀 이상하다"거나 "한국적이 아니다"고 말한다. 그 이유는 그들이 청소년기를 한국에서 보내지 못한 데 있는 듯하다.

조기유학을 결정한 부모들은 한국에서 통용되는 학력·학벌 비교준거를 거부할 수 있을 뿐만 아니라 높은 비용 때문에 보통 사람들은 엄두도 낼 수 없는 점을 근거로 하여 엘리트과정처럼 인식한다. 그리고 이들은 유학 대상 국가들이 영어권의 선진국인 점을 근거로 삼아 자녀들의 유학을 명문 학교에 입학한 것으로 그리고 한국사회에서 유용한 자본으로 이용되는 영어에 통달할 것으로 확신한다. 이들은 소원을 기대처럼 오해하고 있으며 학업성취가 교사의 가르침보다는 학생의 배움에 의해 더 많이 결정된다는 사실을 직시하지 못하고 있다. 학생들은 가르치는 대로 배우지 않는다. 좋은 학교나 교사가 대상 학생들의 학업성취를 결정하지는 못한다. 그럼에도 불구하고 조기유학을 결정한 후에는 한국부모들은 하나같이 자녀들의 수학(修學)능력을 헤아리지 않고 '명문 학교'만 추구한다. 그 배경에는 "입학만 하면 따라갈 수 있다"는 무모한 확신이 깔려 있다.

한국사회에서 자녀들의 학력과 학벌은 부모들의 사회적 위세와 자존심과 밀접히 관련되어 있다. 사치는 금전적, 시간적 여유를 가진 사람들만이 할 수 있는 기호(嗜好)이기 때문에, 여유를 가진 계급 곧, 유한계급의 부인들은 사치를 통해서 남편의 부와 지위를 과시한다. 비슷한 맥락에서, 한국의 부모들은 자녀들의 유명 학벌을 통해서 부와 위세를 과시하려는 경향이 있다. 한국의 어머니들에게 자녀들의 유명 학벌은 유한계급 부인들의 사치보다 부와 위세를 과시하는 데 있어 더 강력한 효과를 갖고 있다. 그 이유는 유한계급 부인들의 사치는 부와 위세를 가진 남자를 배우자로 선택했음을 의미할 뿐이지만 자녀들이 명문 학교에 다닌다는 사실은 그 어머니들의 선천적 우수성과 후천적 능력이 결합된 성공적 업적으로 인정되기 때문이다.

한편, 자녀들의 학력·학벌이 시원치 않을 경우, 어머니들은 자존심이 상할 뿐만 아니라 남편에게도 면목이 없게 된다. 이때 하나의 돌파구로서 비교를 불가능하게 만드는 조기유학을 구상하게 된다. 이 경우의 조기유학은 '한국의 학교교육 맥락으로부터 도피' 또는 '한국의 학력·학벌 비교준거의 거부'로 표현될 수 있다. 이러한 유형의 조기유학은 부모들에게 한국사회에서의 사회적 평판과 외부의 시선으로부터 일시적으로 벗어날 수 있는 기회를 제공한다. 그러나 이 조치가 그 부모들의 자녀교육관이 획기적 변화에 기인한 것이 아니기 때문에, 그 부모들이 유학국의 국민들, 유학국에 체류 중인 한국인들, 한국에 살고 있는 한국인들 등 갖가지 유형의 비교집단들을 의식하면서 이전에 못지않게 자녀교육에 몰입하게 된다.

부모들은 자녀들을 조기에 유학하게 함으로써 비교대상에서 제외되는 부재증명 효과뿐만 아니라 신비화[18] 효과까지 얻을 수 있다. 장기 유학이 학교 간 지명도(知名度)의 격차가 발생하는 고등학교로의 진학을 앞두고 시작되고 있음이 이를 증명한다. 자녀들이 소위 명문 또는 특수목적 고등학교에 진학하기 어렵거나 추후 명문 대학 또는 상위권 대학의 합격을 기대할 수 없을 때 또는 부모의 체면을 지켜줄 수 있는 수준의 상급학교에 진학이 어려울 경우, 부유층은 물론이며 중산층 이상의 가정에서도 조기유학을 고려하게 된다. 조기유학을 결정하더라도 그 효과에 대해 확신하기는 어

18) 한국사회에서 외국 유학은 박사학위를 취득하여 엘리트가 되는 첩경으로 인식되어 왔다. 이러한 인식이 아주 뿌리 깊기 때문에 모든 유형의 외국 유학, 심지어 외국어 연수까지도 이러한 맥락에서 이해되기도 한다. 영어를 배우기 위한 연수조차도 어학연수로 지칭되고 유학으로 분류되고 있을 정도이다.

렵다. 다시 말해서, 조기유학에 대한 위험 부담을 떨쳐버리기는 쉽지 않다. 이 때문에 조기유학을 결정한 후에도 불안감을 지울 수 없다. 조기유학을 결정한 부모들은 불안감을 덜기 위한 하나의 방편으로 비슷한 조건에 처한 주변의 사람들에게 조기유학을 강력하게 권장하게 된다.

부모들은 자녀들의 조기유학을 결정한 후에는 장점만을 고려하게 되며 단점이나 문제점은 애써 외면하게 된다. 부모들의 이러한 행동은 합리화 과정이며 '인지부조화이론'으로 정확하게 설명될 수 있다. 자녀들이 조기유학 중인 부모들은 그 장점에 대해서 확신하는 경향이 있으며, 비판을 받거나 문제점을 지적받을 때 강력하게 반박한다. 반박이 궁해지면, 사생활임을 내세워서 "간섭하지 말라"고 요구한다. 이 부모들은 자신들의 결정이 정당하며 합리적임을 주장하기 위해 동조하거나 공감하는 사람들을 찾아 나선다. 그래서 이들은 비슷한 처지에 있는 동료들, 친구들, 친척들에게도 권장하고 필요한 정보를 제공하며 지원한다. 자녀들을 외국 학교에 보낸 부모들로부터 선별되고 각색된 정보를 제공받은 동료들, 친구들, 친척들은 학벌경쟁에서 뒤처졌다는 생각을 갖기 쉽다.

한국사회에서 외국 유학은 엘리트가 되는 첩경으로 인정되어 왔고 외국에서 취득한 박사학위가 출세의 중요한 도구였기 때문에, 어린 자녀들을 둔 부모들이 "더 빨리 시작하면 더 유리한 위치를 차지할 수 있다"는 결론을 내리고 조기유학 대열에 동참한다. 이러한 과정을 거침으로써 조기유학에 동조하는 부모들이 기하급수적으로 확대되고 있으며, 외국의 학교에 재학하는 자녀를 둔 점이 타의 추종을 불허하는 '명품'을 구입한 것처럼 인식되고 있다. 명품을 구입하는 사람들의 유형 – 과시형, 질시형, 환상형, 동조형 – 이 조기유학을 결정하는 부모들에게서도 비슷하게 나타나고 있다.

조기유학은 외제 승용차 구매에 비유되고 무역자유화처럼 정당화되기도 한다. 그러나 조기유학은 외제 상품의 구매가 아니다. 조기유학은 한국의 어린이들과 청소년들이 외국의 문물, 지식, 그리고 이데올로기를 흡수하는 대신 한국인으로서의 정체성을 잃어가는 과정이기도 하다. 일찍부터 외국에 나가 언어와 문화가 한국과는 상이한 유학국에 적응함에 따라 그 국가에서 살 수 있는 능력은 신장되지만 한국에서 살 수 없는 가능성 또한 높아지게 된다. 유학생들이 그 사회에 적응하는 데 힘쓰듯이 한국에서 초·중·고등학교에 다니는 학생들 역시 한국사회에 적응하기 위해 힘쓰고 있다. 조기유학생들이 재학하는 학교들은 그 국가의 의무교육 또는 공교육 기간에 해당하기 때문에 공식적 교과과정, 잠재적 교과과정, 각종 행사, 그리고 일상적 학교생활을 통해서 시민교육(citizenship education)[19]을 적극적으로 실시하고 있다. 시민교육은 모든 국가에서 예외 없이 실시하고 있는데, 그 이유는 시민교육이 교육의 국가적 목적들 가운데 가장 중요하기 때문이다. 따라서 어릴 때부터 외국의 학교에 그리고 장기적으로 다니게 되면, 비록 국적은 한국일지라도 해당 유학국의 시민으로서 정체성도 갖게 되어 정체성 혼란 또는 갈등을 겪게 된다.

조기유학으로 남겨진 빈 책상은 교사들과 교우들에게 섭섭함과 배신감에 젖어들게 만들고 있다. 그리고 엄청난 외화가 자신들의 노동력을 직접 투입하지 않은 사람들에 의해 너무 많이 그리고 회수될 가능성이 희박한 채 송금되고 있다. 한국은행 경제통계시스

19) 시민교육은 애국심과 충성심을 배양하고 고취시키는 데 목적을 두고 있다.

템(http://ecos.bok.or.kr)에서 발간하는 '보도자료 국제수지 동향'에 의하면, 해외 유학·연수 경비는 2003년에는 18억 5,470만 달러였으며 이를 기준연도로 할 경우, 2004년에는 1.3배인 24억 9,380만 달러, 2005년에는 1.8배인 33억 7,130만 달러에 이르렀으며 2006년에는 2.4배인 44억 5,790만 달러(약 4조 700억 원)에 이르고 있다. 2007년의 경우에는 상반기에만 23억 9,350만 달러로서 상반기 기준으로는 역대 최고를 기록하고 있다. 유학 및 연수를 위해 한국으로 입국하는 외국인들이 극히 제한되어 있고 그들이 지불하는 비용이 턱없이 적기 때문에 수지적자 규모가 급격히 증가하고 있다(<표 3>과 <그림 3>을 참조).

조기유학은 국가·사회적 측면에서 기회의 불평등을 심화시키며 기득권을 상속하기 위한 전략의 범위에서 크게 벗어나지 않는다. 더욱이 자녀들에게 조기유학의 기회를 제공할 수 있는 부모들이 한국사회에서 사회·경제·문화적으로 우위에 있는 직업을 가지고 있기 때문에 가족이기주의적 결정이 국가·사회적으로 비판과 비난의 대상이 되고 있다. 조기유학을 감행하는 부모들은 자유주의를 내세우며 정당화하지만, 조기유학의 기회는커녕 학교교육조차도 제대로 시킬 수 없는 부모들은 평등과 사회정의를 강조하며 조기유학 집단들의 이기주의적 행동을 비난한다. 부유층과 기득권층은 조기유학에 대한 비판과 비난에 대해 무능력한 자들의 시기와 질투라고 반박하며, 빈곤층과 소외계층은 조기유학을 의무는 다하지 않고 권리만 챙기는 기회주의적 발상이며 국가와 민족에 대한 배신적 행위라고 몰아친다.

표 3. 유학 및 연수를 위한 국내수입과 해외지급 금액

(단위 : 백만 달러)

연도	국내수입액(A)	해외지급액(B)	유학수지(A-B)
2000	23.0	957.9	−934.9
2001	10.8	1,070.0	−1,059.2
2002	16.9	1,456.6	−1,409.7
2003	14.8	1,854.7	−1,839.9
2004	15.9	2,493.8	−2,477.9
2005	10.2	3,371.4	−3,361.2
2006	28.0	4,457.9	−4,429.9

출처 : 한국은행 경제통계시스템(http://ecos.bok.or.kr)

그림 3. 해외 유학 · 연수 경비

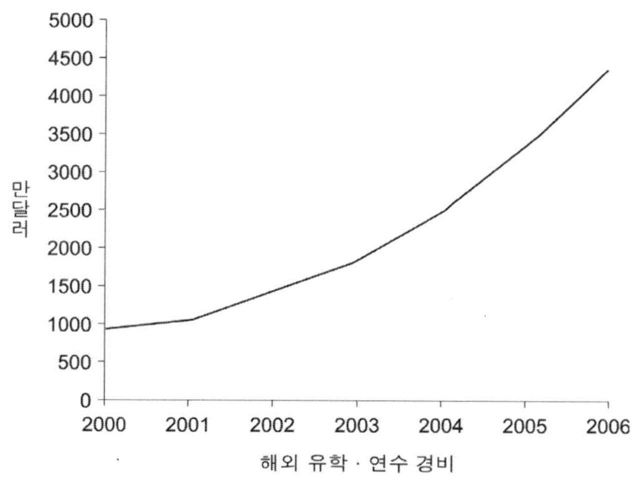

8
조기유학의 복합적 역기능

외국에서의 유학이 어떤 것인지 잘 모르는 부모들이 그 느낌을 알고 싶다면 외국 여행 때 그 지역에 있는 교회, 성당 등의 예배에 참석해 보면 된다. 교육은 종교와 밀접하게 관련되어 왔기 때문에 비슷한 점이 아주 많다. 좀 더 구체적으로 말하면, 미국에 자녀를 유학시키려고 계획하는 부모들은 미국에서 공부하는 것이 궁금하면 미국 여행 때 미국인 교회에 출석해보면 된다. 외형상으로는 한국의 교회와 다를 게 별로 없다. 교회 입구에는 안내하는 교인이 미소로 반기면서 교회주보를 나눠주고, 본당에 들어가면 자리가 마련되어 있으며, 예배는 기도, 설교, 찬양, 헌금 등이 절차에 따라 진행된다. 그러나 예배가 시작되면, 한국에서 교회에 다녔던 사람들도 한국 교회와 너무나 비슷한 미국 교회에서 당혹감과 긴장을 느낄 수밖에 없다. 그 이유는 사용되는 언어, 분위기를 결정하는 문화, 인종 등이 다르기 때문이다. 미국으로 유학 간 한국학생들은 바로 그러한 환경에서 공부해야 한다.[1] 이런 경험조차도 한국 부모들이 자녀들의 유

1) 우리는 어른들과는 다르게 아이들은 다른 문화에 쉽게 적응한다고 단정하고 있다. 이러한 단정은 사실과 크게 다르다. 포리스트 카터(Forrest Carter)는 자전적 소

학생활을 충분히 이해하는 데 아주 부족하다. 그 부모들은 미국 교회에 한번만 참석하면 되지만, 그 자녀들은 미국 학교에 매주 5일 출석해서 하루 중 상당한 시간(6시간 정도) 동안 배워야 하고 수시로 시험을 쳐야 하며[2], 반드시 성공해야 한다는 압박에도 시달리고 있다. 우리는 자녀를 동반한 어머니들 가운데 미국 교회에 출석하는 사람이 거의 없으며 미국 시민권을 가진 한인들조차 극소수를 제외하고는 한인교회에 다닌다는 사실을 음미해 볼 필요가 있다.

미국의 학교에 다니는 것은 미국 교회에 출석하여 예배를 보는 것과 비슷하며 쇼핑센터에서 물건을 사거나 디즈니랜드, 그랜드 캐니언, 나이아가라 폭포, 뉴욕 맨해튼 등을 관광하는 것과 다르다. 미국에서 생업을 해보지 않은 한국 부모들이 가진 미국에 대한 경험은 여행객의 수준을 넘을 수 없다. 다시 말해서 이들은 고객의 입장에서만 미국인들을 상대했을 뿐이다. 따라서 이들은 제한된 재화(財貨)를 두고 미국인들과 경쟁하거나 갈등한 경험이 없으며 다만 상품이나 서비스를 판매하려는 미국인들을 주로 대면하였다. 한편, 미국의 학교에 다니는 한국학생들은 고객의 특권을 요구할 수 없다. 다시 말해서, 미국 교사의 수업을 알아들을 수 없다고 교실에서 나올 수 없으며 관광객처럼 도우미를 동원할 수도 없다.

설, 『내 영혼이 따뜻했던 날들』(*The education of Little Tree*)에서 인디언 소년을 통해서 인디언 문화 속의 포근함과 타문화로 인한 충격을 가슴 저리게 전해준다.

2) 한국의 학교교육을 비판하거나 비난하는 사람들은 시험의 빈도와 강도를 증거로 제시한다. 그러나 미국의 경우, 한국보다 시험 횟수가 결코 적지 않다. 미국 학교는 수시로 시험을 본다. 그럼에도 불구하고 시험으로 인한 스트레스가 크지 않은 것처럼 알려진 이유는 시험 점수에 대해 집착하지 않고 다른 학생들의 성적과 비교하지 않기 때문인 듯하다. 한국의 학교에서 학생들이 시험에 대해 심각할 정도로 스트레스를 받는 데에는 시험의 빈도나 강도에 원인이 있기보다는 점수와 석차에 학생들과 부모들이 집착하기 때문이다.

한국인들은 선진국 국민들이 친절하다고 근거 없이 확신하고 있다. 자녀의 조기유학을 준비하면서, 그 부모들은 불안과 두려움을 떨쳐버리기 위해 이 확신을 스스로 강화하기도 한다. 그러나 그 국민들은 한국인들이 기대하는 것만큼 친절하지 않으며, 그 친절도 상황에 따라 급변한다. 대개의 경우, 자신들에게 이익이 될 때에는 아주 친절하고, 이익과 무관할 때에도 대체로 친절하지만, 자신의 이익과 상충할 때에는 결코 친절하지 않다. 심지어 자신의 잘못을 상대편에게 전가하는 염치없는 행동도 서슴지 않는다.[3] 재미 한국교포들은 새로 이민 온 새내기에게 차량접촉사고가 났을 때에는 상대편에게 먼저 "미안하다"라고 말하지 말라고 신신당부한다. 이러한 상황을 경험한 한국인들은 매우 황당하게 생각하는데, 이러한 사태가 발생한 원인은 한국인들의 근거 없는 기대에 있을 뿐이므로 그들의 속성이 비판될 수 없다. 한국인들도 외국인에게 친절하지만 피해나 손해를 보아가면서까지 친절을 베풀지는 않는다.

> (미국) 일반인들의 친절에도 공식이 있다. 잘 살펴보면, 상대방 처지가 자기보다 못하다고 판단될 때, 또 특별한 이해관계가 없을 때에만 친절하다. 물론 모든 사람이 다 그렇지는 않지만 백인이 아닌 유색인이 자기보다 잘 살거나 자신과 이해관계가 얽히게 되면 안면을 확 바꾸어 난감하게 만드는 일이 종종 있다. 미국인들이 친절하고 상냥하다고 해서 그들의 권리마저 양보할 것이라고 생각하면 오산이다. 그들은 절대로 자기 권리를 포기하지 않는다는 것을 명심해야 한다. 평소에는 내가 "나 영어 잘 못해"라고 하면, "너 그 정도면 훌륭하다(excellent!!!)"를 연발하다가도, 잘못된 일에 항의라도 하려들면 언제 그랬냐는 듯이 "나 니 발음 못 알아듣겠다, 무슨 소리하는지 모르겠다"며 얼굴색을 바꾸는 경우가 비일비재하다(김희경, 2004: 197).

---

3) 미국 대학에서 시간강사로 학부 수업을 담당해 본 한국의 박사과정 유학생들은 미국 학생들이 기대한 점수가 나오지 않을 때 한국인 강사의 영어를 알아들을 수 없었음을 근거로 제시하며 고소하거나 항의하는 사태를 경험하기도 한다.

조기유학에는 표방된 기능, 잠재적 기능, 은폐된 기능이 있을 뿐만 아니라 이러한 순기능 못지않게 역기능도 일어나고 있으며 잠복되어 있다. 조기유학이 현실적으로 무리함을 감수하면서 이루어지고 있기 때문에, 이러한 무리함이 시일을 두고 개인적, 가정적, 사회적, 그리고 국가적 문제들로 부상할 수 있다. 조기유학이 유행 단계를 거쳐 추세 단계로 진입한 지가 오래되지 않았기 때문에 심각한 역기능들이 소수 개인들이나 가정들에 일어나는 예외적 사건처럼 알려지고 있지만 조만간 거의 모든 가정들이 심각한 위기 장면을 맞게 될 수 있으며, 이로 인해 사회와 국가가 어려운 사태를 수습해야 할 과제를 떠안게 될 것이다.

한국사회에서 고학력과 명문 학벌의 출세한 자녀들이 부모와 심각하게 갈등하거나 부모를 외면하는 경우를 주변에서 쉽게 볼 수 있다. 출세한 자식으로부터 외면당한 늙은 부모는 상대적으로 덜 출세한 자식들에 의해서 보살핌을 받을 가능성이 더 많다. 한국사회에는 "병신 자식이 효도한다"는 속담이 있다. 이 속담은 "대수롭지 않던 사람이 뜻밖에도 믿던 사람보다 오히려 더 나은 구실을 한다"는 의미이지만, 오늘날에는 형제자매 가운데 상대적으로 불리한 사람이 어려운 조건에서도 부모에게 효도하거나 수발든다는 의미로도 사용된다. 예컨대, 부모로부터 경제적으로 그리고 심리적으로 더 많은 혜택과 지원을 받은 아들보다 상대적으로 불이익을 감수해야 했던 딸이 늙은 부모를 더 보살핀다.[4] 그리고 똑똑한 자녀들은 자신들

---

4) 한국사회의 남아선호사상(男兒選好思想)은 뿌리가 깊어 오늘날에도 여전히 강력하게 작용하고 있다. 심지어 교육받은 여성들도 아들을 더 각별하게 보살핀다. 그 각별함은 자녀수가 격감하면서 더 심해져 오늘날 젊은 남자들 가운데 마마보이(mama's boy)가 아주 많다. 마마보이는 젊은 부부의 이혼율을 높이는 원인이 되고 있다.

의 출세를 위해 부모를 가까이하지 않지만, 형제자매들 가운데 순진한 사람이 부모를 걱정하고 돌본다.

가정 경제가 위기에 몰리면서도 자녀들을 조기유학 보내는 부모들은 경제적으로 여유가 없어서도 노(老)부모에게 효도하기 어렵다. 늙고 병들고 무력해진 부모에게 효도하기 위해서는, 생활비를 보조하고 의료비를 지불해야 하기 때문에, 경제적 부담을 감수할 수밖에 없다. 경제적 부담을 회피하면서 효도하기는 쉽지 않다. 더욱이 자녀의 조기유학을 위해 어머니가 동반했을 경우에는 경제 이외의 효도조차도 쉽지 않으며 오히려 노(老)부모로부터 경제적 그리고/또는 정신적 도움을 받기도 한다. 기러기 아빠들은 친가 부모에게 걱정거리가 될 수밖에 없다. 처가 부모들은 자신들의 딸(곧, 기러기 엄마)이 외국에서 고생하고 있다는 생각에만 사로잡혀 사위(곧, 기러기 아빠)에 대해서는 크게 신경을 쓰지 않는다(이두휴, 2007: 12). 이 때문에 기러기 아빠는 처가와 섭섭한 감정을 쌓기 쉬우며 양가 부모들 사이에는 감정의 골이 깊어지기도 한다. 이러한 것들이 겹쳐지면 부부 사이에도 갈등이 발생하고 심화되기도 한다.

한국은행이 발표하는 국제수지동향에 의하면 유학과 연수로 인한 국제수지에서 적자 폭이 2000년 이후 급격히 늘어나 2000년에는 10억 달러에 육박(934.9백만 달러)하였다. 2000년을 기준연도로 삼을 경우, 2년 후인 2002년에는 1.5배 정도 증가했고(1,409.7백만 달러), 3년 후인 2003년에는 2배에 이르렀으며(1,839.9백만 달러), 4년 후인 2004년에는 2.5배를 넘었으며(2,477.9백만 달러), 2005년에는 3.5배(3,361.2백만 달러), 2006년에는 4.5배(4,429.9백만 달러)를 훌쩍 넘어섰다. 이 적자는 고스란히 한국경제의 부담으로 작용하고 있다. 이 금액이 한국에서 사용된다면 고용을 크게 창출할 수 있으며, 학교나 교육기관에 투입된다면 교육의 발전에 엄청난 도움이 될 수 있다. 유학비용이 학생 1인당 연간 적게는 3,000만 원, 평균 5,000만 원 정도, 많게는 1억 원 이상이 소요[5]되는데도 초·중·고등학생들의 조기유학이 급격히 증가하고 있다. 조기유학은 이제 일부 부유층의 전유물이 아니며 중산층에까지 확산되었다. 이로 인한 별거가족이 사회적 문제로 부상하고 있을 뿐만 아니라 유학비용을 감당할 수 없는 가정들이 파산하는 사례가 속출하고 있다. 그럼에도 불구하고 조기유학은 수그러들 기미를 보이지 않고 있다.

조기유학을 실행하는 부모들은 한국에서 지불되는 사교육비만으로도 조기유학이 가능하다고 주장한다.[6] 그러나 이러한 주장은 자녀의 조기유학 기간이 길어지면서 가계 저축이 고갈되고 소유했던 주택을 팔고 전세로 전전하는 가정이 늘어나면서 억지임이 드러나고 있다. 물론, 한국에서도 자녀들의 사교육비 부담으로부터 자유로운 부모들은 많지 않으며 대부분의 부모들은 가계 지출 가운데 상

---

5) 미국의 최상급 기숙사립학교에 다니려면 연간 1억 원 정도는 지불할 준비가 되어 있어야 한다.

6) 조기유학을 정당화하기 위해서 부모들은 한국에서의 사교육비 부담이 과중하다고 주장한다. 여기서 분명히 짚고 넘어가야 할 점은, 사교육비 지출의 최종 결정자는 부모들이라는 사실이다. 사교육을 시킬 것인지, 얼마짜리를 시킬지, 몇 과목이나 시킬지 등은 그 누구도 아닌 바로 부모들에 의해서 결정된다. 한국 부모들은 자신들이 결정할 수 있는 일까지 다른 사람들이나 사회 분위기를 거론하며 선택의 여지를 극도로 줄인다. 사교육비만으로 유학이 가능하다고 주장하는 부모들은, 자신들이 사교육비 지출을 엄청나게 늘렸으면서도, 필수적으로 지불되어야 하는 교육비로 간주한다. 미국이나 캐나다에서 사교육이 보편화되어 있지 않고 그 비용도 과하지 않은 까닭은 미국인 부모들과 캐나다인 부모들이 자녀들에게 사교육을 시키지 않기 때문이다. 사교육의 보편화와 비용의 증가는 사교육의 수요와 공급의 관계에 의해서 결정된다. "내 아이에게는 더 많은, 더 고급의 사교육을 시키겠다"는 부모들에 의해서 사교육은 전형적인 시장경제 논리에 의해 지배된다.

당 부분을 차지하는 사교육비 때문에 힘겨워하고 있다. 그렇지만 이들은 재산을 늘리지는 못하더라도 재산을 무모하게 투입하고 있지는 않는데, 그 이유는 한국에서 소요되는 사교육비는 선택의 여지가 있으며 대안 마련과 조절이 어느 정도는 가능하기 때문이다.

한편, 조기유학의 경우에는 안전과 교육여건을 최우선적으로 고려해야 하기 때문에 필수 경비는 선택의 여지없이 지불할 수밖에 없고 조절의 가능성도 적어 경비를 줄이기도 쉽지 않다. 유학의 성공을 위해 유학 기간을 늘리다 보면 예상했던 것보다 훨씬 초과하게 된다. 조기유학생들의 부모들은 조기유학을 일종의 비상사태처럼 인식할 수밖에 없어 경비 지출에 절제력을 발휘하기가 어렵다. 유학 중인 자녀가 절박하게 간청할 때는 말할 것도 없고 평상적으로 요구하는 것들도 거절하거나 규제하기가 거의 불가능하다. 자녀의 유학을 비상사태로 간주하는 부모들은 이보다 덜 시급한 사안들에 소요되는 비용은 제쳐두기 마련이다. 이들은 자신들의 노후 대책을 외면하고, 노부모들을 경제적으로 지원하는 데 소홀하며, 심지어 노부모로부터 경제적 지원을 받기도 한다.[7] 이들은 자녀의 유학비용을 마련하느라고 경제적 여유가 없기 때문에 비용이 소요되는 대인관계를 최소화함으로써 삶의 질도 저하될 수 있다. 그 결과, 사회생활에 지장이 초래되기도 한다.

조기유학이 사회적 추세처럼 확산됨에 따라 경제력이 미치지 못하는 가정에서도 엄청난 무리를 감수하며 자녀들을 외국학교에

7) 자녀를 유학 보낸 부모들 가운데 유학비용을 감당하기 위해서 자신들의 부모들로부터 경제적 지원을 호소하거나 강요하는 경우도 늘어나고 있다. 자신의 집이나 아파트를 팔거나 세를 놓고 친부모 슬하로 들어가는 기러기 아빠들도 있다. 이러한 경우, 그 친부모들은 장년의 기혼 유자녀 아들을 부양해야 하며 경제적으로는 물론이며 심리적으로도 어려움을 맞게 된다.

보내고 있다. 가계소득의 절반 이상을 투입하는 가정의 경우에는 일상생활이 정상적으로 유지되기 어렵다. 이러한 가정의 부모들은 자신들의 노후를 위해 저축할 여력이 없기 때문에, 위기를 이미 안고 살 수밖에 없다. 한편 부모들이 희생을 치르면서 자녀들을 뒷바라지 했더라도 자녀들은 이를 추후에 걸맞게 보상할 가능성은 높지 않다. 한국사회의 높은 교육열은 부모들의 헌신이나 희생에 상당히 의존하고 있다. 농업인구가 절대 다수일 때 한국에서는 대학이 우골탑(牛骨塔)으로 비유되었다. 이 비유는, 유럽에서 대학이 현실 도피적이거나 고고함을 내세우는 점을 부각하여 상아탑(象牙塔: ivory tower)으로 불리었던 사실을 빌려서, 농가의 최고 재산이었던 소를 팔아 대학교육비를 힘겹게 부담했음을 냉소적으로 표현한 것이다. 자녀의 조기유학을 감행하는 부모들 가운데 무시할 수 없을 정도의 부모들이 이러한 비유가 무색할 만큼 희생적이거나 무모하게 교육비를 지출하고 있다. 자녀의 조기유학 비용이 가계소득을 넘어서는 가정이 속출하고 있으며 노후대책을 포기하는 사태는 물론이며 일상적인 생활까지도 위협을 받는 경우도 있다.

부모들의 이러한 희생에 대해 자녀들이 제대로 보상하기는 쉽지 않다. 그 이유는 자녀들이 학업을 마치고 취업했을 때 부모들의 희생을 보상해 줄 수 있는 정도의 소득을 얻기가 쉽지 않기 때문이다. 이 자녀들이 학업을 마친 후 한국에서 취업하여 획득할 수 있는 연간 소득은 자신들이 외국에서 유학할 때 소요된 연간 경비에 미달할 가능성이 많다. 이들이 유학한 국가에서 취업할 경우에도 정착금과 필수 생활비를 제외하면 경제적 여유를 갖기 어렵다. 여유가 있더라도 한국에 있는 부모에게 일정 금액을 정기적으로 송금할 가능성은 높지 않다. 왜냐하면 그러한 행위는 한국식이며 조기에 그리고 장기적으로 유학한 자녀들로서는 한국적 문화나 관습을 익힐 수 있는 기회를 갖지 못하기 때문이다. 그리고 자녀들이 부모의 정신적 열의와 경제적 부담을 인식하기도 어려우며[8] 금전적으로 상환(償還)하기는 더더욱 어렵기 때문이다.[9] 다시 말해서, 자녀들이 보상하려해도 소득이 낮아 여의치 못할 수도 있으며 타지에 거주함에 따라 부모의 처지를 제대로 파악할 수 없을 가능성도 아주 높다. 최근 한국사회에서도 젊은 세대들이 부모의 노후를 책임지려고 하지 않으려는 경향이 급격하게 확산되고 있다. 하물며 개인주의가 발달한 서구 사회에서 오랫동안 생활한 조기유학 자녀들이 성장한 후 부모의 노후를 책임질 가능성은 상당히 낮다.

해외 유학의 비용을 해당 가정의 문제로만 파악하는 경향이 있다. 대부분의 경우, 자녀유학비가 가계에 과중한 부담이 되어 가정이 파탄 지경에 이르기도 한다는 데 관심이 집중되고 있다. 그러나 해외 유학이 극소수 부유층의 관심사를 넘어 봉급생활자나 중산층에까지 확산되고 유학과 연수에 따른 국외 송금액이 엄청난 규모에 도달했을 때에는 국가적 쟁점이 될 수밖에 없다. 해외 유학의 비용은 가정의 수준에서는, 국내에서든 외국에서든, 지출된다는 점에서 차이가 없다. 그러나 국가적 수준에서는 해외 송금은 국가재산의 해외 이전이 된다. 자녀교육비가 국내에서 소요될 경우에는 한국의

---

8) 한국 부모들은 자녀들의 학업에 지장이 있을까 걱정하여 "아무 걱정하지 말고 공부만 열심히 하라"고 말한다. 심지어 부모들은 가계소득을 부풀려 말함으로써 자녀들이 가정의 경제적 현실을 알지 못할 뿐만 아니라 부모의 경제력을 과대평가하는 경우도 많다.

9) 출가한 자녀들이 노부모를 금전적으로 보상하기는 쉽지 않다. 심지어 아버지가 은퇴할 때 일시에 받은 퇴직금을 사업밑천으로 차용한 아들조차도 아버지에게 연금에 해당하는 금액을 지급하지 않는다. 그래서 "연금만한 효자 없다"는 말이 금언처럼 확산되고 있다.

경제에 도움이 되지만 국외로 송금될 경우에는 한국 경제에는 아무런 보탬이 되지 않음은 물론이며 손해를 끼치게 된다.[10] 다시 말해서 한국의 대학에 재학하면 등록금을 지불하고 생활하는 가운데 한국의 대학, 하숙집, 출판사·서점, 운수회사 등을 지원하게 된다. 그러나 해외 송금은 한국의 대학, 하숙집, 출판사 등에 아무런 도움을 주지 못하며 송금업무를 맡은 은행, 유학알선 업체, 항공사, 통신회사 등이 약간의 이익을 얻을 수 있을 뿐이다. 이러한 사실 때문에 해외 유학의 과열화로 인한 문제가 해당 가정의 곤경(trouble)이 될 뿐만 아니라 국가적 쟁점(issue)이 되었다.[11] 해외 유학과 그에 따른 비용은 "내 자식과 내 돈이므로 내 마음대로 하겠다"며 배타적 권리나 사생활의 권리를 강변할 수 있는 수준을 이미 넘어섰다. 그 이유는 조기유학으로 인해 한국의 학교교육과 국가경제가 심각한 피해를 입고 있다. 사태의 심각성은 이러한 유형의 사고(思考)가 사회·경제·문화적으로 유리한 위치에 있는 집단들에 의해서 주도되고 있다는 데 있다.

조기유학을 통해 얻고자 하는 것이 무엇인지 분명히 규명할 필

---

10) 온 가족이 서울에 거주하면서 소득원인 가장(家長)만 지방에서 근무할 경우, 그 지방의 경제가 활성화되기 어렵다. 포항, 울산 등 지방산업도시가 이에 해당한다. 포항이나 울산의 주민들로서는 산업 폐기물로 피해만 고스란히 입고 있는 처지에 있다. 가장뿐만 아니라 그 가족들이 해당 지방에 거주할 경우에는 지방경제는 크게 신장될 것이다.

11) 밀스(Mills, [1959] 1975)는 곤경(困境: trouble)과 쟁점(爭點: issue)의 차이를 분명히 밝혔다. 그는 곤경이 사적(私的) 처지인 데 비해서 쟁점은 공적 속성을 갖는 점을 부각하였다. 실업을 예로 든 그의 설명에 따르면(Mills, 1975: 15), 인구 10만의 도시에서 한 명의 실업자는 개인적 곤경에 빠져 있기 때문에 그의 성격, 기술, 취업기회의 즉각적 변화가 해결책이 될 수 있지만, 5,000만의 피고용자를 가진 국가에서 1,500만 명이 실업자라면 쟁점이 된다. 이 경우에는 어떤 한 사람에게 취업 기회를 제공하는 방법이 해결책이 될 수 없다.

요가 있다. 조기유학을 통해 얻고자 하는 것이 외국 명문대학의 박사학위라면, 그것을 위해 투입된 비용이 너무 많다. 위법행위를 하지 않고 학교를 단계적으로 밟아 나간다면, 조기유학생은 고등학교 단계까지는 반드시 사립학교만을 거쳐야 하고, 최고 명문 여부에 집착한다면, 사립대학교를 고수해야 한다. 이 경우, 등록금만 하더라도 엄청난 금액이 되며 그 밖의 비용까지 추가하면 상상을 초월할 정도가 된다. 이 엄청난 비용은 그 부모에게는 부담으로서 끝날 수 있겠지만 그 비용의 재원이 되는 한국사회로서는 상당한 손실일 수밖에 없다. 예컨대, 미국 하버드대학교의 박사학위를 취득하기 위해 초등학교 6학년부터 유학을 시작한 경우와 한국에서 석사학위까지 취득한 후에 하버드대학교의 박사과정에 유학하여 학위를 취득한 경우에 소요된 경비를 비교해 보면 국가적 손실을 따지는 이유가 분명해진다. 더욱이 조기유학의 경우는 귀국의 가능성이 상당히 줄어든다는 사실 또한 주목해야 한다. 이러한 경우는 외화유출에 두뇌유출까지 더하게 되어 한국사회의 손실은 막대하다.

조기유학에 소요되는 경비를 국내 학교에 투입할 수만 있다면, 한국의 학교는 크게 개선될 수 있을 것이다. 그러나 이러한 가정(假定) 또는 소원(所願)은 매우 비현실적이다. 그 이유는 자녀들을 외국의 학교에 입학시킨 부모들의 관심사는 좋은 학교를 만드는 데 있지 않으며 유명하거나 고액의 기부금이나 입학금을 요구하는 학교에 재학하고 있음을 과시하는 데 더 쏠려 있기 때문이다. 조기유학은 부모의 입장에서는 지극한 자식사랑으로 비쳐지고 때로는 헌신과 희생을 동반하기 때문에 도덕적으로 정당하고 명분도 있다. 그러나 자녀들은 부모들이 자신들의 행복은 물론이며 일상생활까지 포기하고 쏟아내는 교육열을 거부하거나 감당할 수 없어 '부모가 구상하고 강요한' 학력과 학벌의 외길을 수동적으로 밟아가야 한다. 이 외길은 화려할수록 선택의 여지(餘地)를 좁힌다. 선택의 폭이 좁아지면, 자신의 의지에 따라 배우고 익히는 '교육'은 사라지고 남의 기대와 요구에 맞추어야 하는 '훈련'만이 남게 된다.

자녀가 조기유학을 요구하더라도 부모는 거부할 수 있다. 특히 어머니는 강력한 거부권을 갖고 있다. 그러나 어머니가 조기유학을 구상하고 구체적 방안을 마련한 후 자녀와 아버지에게 의견을 물을 때, 자녀와 아버지는 대안을 제시하기가 어렵다. 어머니가 조기유학을 결심했을 경우에는 자녀와 아버지가 반대하거나 이견(異見)을 내면 그에 대해 전적으로 책임지도록 요구한다. 이러한 설명법과 설득법은 의논이라기보다는 최후통첩(最後通牒)에 가까우며 반론을 제시하기가 매우 어렵다. 이두휴(2007)의 연구에서 소개된 가족과 이별한 지 6개월째인 한 기러기 아빠의 고백은 이러한 상황을 이해하는 데 도움이 된다.

> 애들과 아내가 가겠다고 졸라대는데, 이것 저것 이유를 대보기도 했지만 …… 안먹히더라구요 …… 돈도 그렇고 …… 괜히 애들 앞길 막는 것 같기도 하고 …… 며칠 고민한 끝에 결정해 버렸어요 …… 내가 사는 이유가 뭐냐? 애들 잘되는 거 아닌가? 내가 어떻게 살 것인가는 당시에는 고려의 대상이 아니었어요. …… 살아보니까 이렇게 힘든 것을 ……(6개월째)

조기유학생들은 다양한 경험을 할 수 있는 기회를 더 많이 가질 수 있다. 그러나 그들은 그러한 경험을 스스로 선택할 수 있는 기회는 갖기 어렵다. 안전과 비용 때문에, 그들은 한국에 거주하는 아버지 또는 아버지와 어머니에 의해서 원격 조종[12]될 수밖에 없다.

---

12) 조기유학 중인 자녀들을 한국에서 원격 조종하는 부모들도 적지 않다, 이들은 매일 아침에 '호텔에서 전화로 손님을 깨우듯이'(morning call) 잠을 깨우고 학교

한국에 거주하는 부(모)들은 자녀들의 학교와 주위 환경을 파악하는 데 한계가 있기 때문에 불안을 떨쳐버리지 못한다. 그래서 이 부모들은 수시로 그리고 다양한 매체와 통로를 이용하여 원격 통제하게 된다. 이 부모들은 위험이 적은 방향으로 자녀들의 학교생활과 일상생활을 조종한다. 이 부모들은 전화, 전자우편, 메신저, 화상전화 등 다양한 방법으로 자녀들과 대화하지만 자녀들의 안전에 대한 걱정이 앞서기 때문에 다짐을 받거나 심문하듯 질문하는 어법을 취하기 쉽다. 이러한 유형의 대화는 자녀들에게 스트레스가 될 수 있으며 거부감을 유발할 수 있다. 한국에 있는 부모들은 외국에 유학하는 자녀들을 통제하기 어렵기 때문에 더 많이 통제하려든다. 그 결과로 자녀들은 너무 많이 통제를 받거나 통제를 무시하게 된다. 그리고 분거가족들은 떨어져 살고 있음을 인식하지 않기 위해 너무 빈번하게, 시간을 정해놓고, 그리고 의무적으로 교류함에 따라 심리적 거부감을 느끼기도 한다.

자녀들을 조기에 유학시킨 부모들은 자녀들의 유학 중 학업성취에 아주 민감하게 반응한다. 자녀가 국내에서 성적이 우수하여 유학을 선택했던 부모들은 자녀들이 유학한 학교에서도 탁월한 성적을 낼 것으로 확신한다. 이 부모들은 대부분 유학국 내에서도 최상위에 속하는 학교들을 선택했음에도 불구하고 자녀들이 유학한 학교에서도 당연히 최우수 집단에 속할 것으로 기대한다. 그러나 그 자녀들은 모국어로 학습하는 유학국의 우수한 현지 학생들과 경쟁

에서 요구하는 과제를 직접 또는 위탁하여 작성한 뒤 전자우편(e-mail)으로 보내기도 한다. 부모가 교대로 한 달에 한 번 이상 유학 중인 자녀를 방문하는가 하면, 방학 때마다 자녀를 귀국시킴에 따라 1년 중 4개월 정도를 한국에서 생활하는 유학생도 있다.

해야 할 뿐만 아니라 문화적, 인종적 차이를 극복해야 하며 경우에 따라서는 경제적 격차를 감수해야 한다. 이러한 불리함은 인종적 차별이나 멸시로 느껴지기 쉽다.

집단따돌림(bullying)은 '왕따'라는 신종어가 보통명사처럼 사용되고 있는 한국이나 '이지메'(いじめ: izime)라는 용어가 보편화되어 있는 일본에서만 일어나는 현상이 아니다. 인종구성이 단순한 한국과 일본에서도 보편화되었다면 인종, 종족, 문화, 언어 등이 이질적인 미국, 영국, 프랑스, 캐나다 등에서도 일어나고 있는 것이 당연하다. 미국에서도 집단따돌림이 심각한 문제로 다루어지고 있다. 미국의 경우, 13세에서 19세의 학생들(teens) 가운데 30퍼센트(570만명)가 집단따돌림의 가해자, 피해자, 가해자이면서 피해자로 추정되고 있다.[13] 캐나다의 경우도 이와 비슷하다.[14] 외국 학교와 교실에서 한국 유학생들은 현지 학생들로부터의 따돌림을 피하기 어렵다. 학교 단계(초, 중, 고, 대)나 유형(공립, 사립)에서 예외가 없으며 학교 단계와 학교의 수준에 따라 거칠거나 교묘하게 나타난다.

> 미국 교실에는 '왕따가 없겠지'라고 생각했다면 큰 오산! 최근의 조사에 의하면 "미국 학생의 30% 이상이 왕따를 경험하고 있다"고 한다. 조기유학생을 대상으로 한 통계치는 없지만 조기유학생들이 미국 학생들 이상으로 고생할 것은 뻔하다. 미국 학생들이 왕따를 시키는 주된 이유가 '외모'와 '말투'에 있기 때문이다(송순호, 2001: 35-36).

---

13) 미국 국립 청소년범죄예방자료센터(National Youth Violence Prevention Resource Center)의 홈페이지를 참조(http://www.safeyouth.org/scripts/teens/bullying.asp 2007-08-24)할 것.

14) Canada Public Safety의 웹사이트에 소개된 자료(1997년 연구 결과)에 의하면, 6주를 단위로 했을 때 6퍼센트의 어린이들이 다른 어린이들을 한두 차례 이상 따돌렸으며 15퍼센트의 어린이들이 따돌림을 당하였다 (http://ww4.ps-sp.gc.ca/en/library/publications/fact_sheets/bullying/index.html#2 2007-08-24).

학교와 교실에서 차별, 멸시, 따돌림 등의 느낌을 가진 한국 유학생들은 소외, 분노, 열등감 등을 마음에 담은 채 학업에 공격적으로 매진하거나, 주위의 시선과 분위기를 감안하고 어울리기 위해 '튀지 않는 수준'으로 성적을 유지하거나, 아니면 학업에 흥미를 잃고 포기하는 지경에 이르기도 한다. 자녀들의 현지 실정에 대해 둔감한 부모들은 자녀들이 한국에서처럼 미국에서도 '슈퍼베이비'(super baby)로서 모든 난관을 헤치고 반드시 두각을 나타낼 것이라고 확신한다.

한편, 자녀들이 한국에서도 성적이 신통치 않아서 상당히 고심했던 부모들도 자녀들이 유학국에서는 좋은 성적을 거둘 것을 기원한다. 이러한 기원은 매우 감성적일 수밖에 없는데, 그 이유는 부모들이 자녀들을 장래를 위해 더 이상 물러설 수 없는 상황 곧 배수진(背水陣)을 쳤다고 생각하고 이를 위해 엄청난 비용을 투입하기 때문이다. 이러한 상황에 처한 부모들은 자녀들에게 좋은 교육환경을 제공하기 위해 상당한 수준에 이른 학교를 선정하기 때문에, 자녀들이 그러한 학교에서 기대한 성취를 이루어내기가 쉽지 않다. 다시 말해서, 자녀들이 입학한 유학국의 학교들에 재학하는 현지 학생들도 자신들의 부모들로부터 높은 교육적 성취를 독려 받고 있다. 이 부모들은 자녀들이 교육적 포부와 직업적 포부를 높이도록 일상적으로 다그치고 있다.

결과적으로 조기 유학한 한국학생들은, 한국에서의 학업성취 수준이 높든 낮든, 유학국에서 학업성적에 역시 민감한 현지 학생들을 상대로 하여 언어, 문화, 인종 등의 약점을 가진 채 두드러지거나 반드시 성공해야 하는 처지에 있다. 한국 유학생들이 경쟁해야 하는 상대는 자국(自國)에서 모국어로 공부해 온 우수한 학생들이며 그 가운데 상당수는 중류계층 이상인 부모들로부터 적지 않은 압력을 받고 있다(Elkind, 2001). 조기 유학한 한국학생들은 자신들이 처한 상황에 따라 지속적으로 비범함을 기대하는 부모 또는 더 이상의 실패를 용납하지 않는 부모로부터 유학국에서의 성공적 학업성취를 강요받고 있다. 이 때문에 이 학생들은 배움의 즐거움을 느낄 수 있는 여유가 없으며 학문에 대한 부정적 시각을 갖기 쉽다. 그래서 이들은 박사과정까지 추진하거나 학문을 직업으로 선택하기를 거리끼는 경향이 있다. 상식적으로는 조기유학으로 외국어 열등감을 극복하고 유학국의 교육풍토에 익숙한 이 학생들이 박사학위를 획득하여 대학교나 연구소로 진출하는 진로가 당연해 보이지만, 실제로는 그 비율이 높지 않다.

조기유학을 떠난 자녀들은 성장하면서 유학 국가의 사회와 문화에 적응하고 동화하면서 한국에 거주하는 부모들의 문화로부터 점차 멀어진다. 이 자녀들은 현지에 적합한 가치관과 인생관을 가져야만 제대로 적응할 수 있기 때문에, 부모들은 자녀들의 생각과 행동을 이해하기 어렵게 된다. 그 어려움은 자녀들이 배우자를 선택할 때쯤이면 최고점에 이르게 된다. 외국에서 청소년기를 보낸 자녀들은 소수 민족·인종이라는 불리함을 극복하기 어려우며 동성(同性) 교제와 이성(異性) 교제에서 민족·인종적 한계를 실감할 가능성이 많다. 이 자녀들이 현지에서 오래 생활할수록 동족(同族) 배우자를 만날 가능성은 극도로 제한된다. 그뿐만 아니라 주류를 이루고 있는 민족·인종의 배우자를 만날 가능성도 높지 않은데 그 이유는 학력과 학벌이 높아갈수록 이들이 우월적 배타성을 표출하기 때문이다.

한편, 조기유학을 떠나 외국에 체류한 기간이 늘어날수록 한국으로의 영구(永久) 귀국도 점차 어려워진다. 아동기나 청소년기에 한국을 떠나 성인으로 성장한 후 한국에서 직장을 구하고 영구 귀국을 결심해도 한국에서의 적응이 쉽지 않다. 한국에서의 적응이 유학한 국가에서의 적응보다 훨씬 어려울 수도 있다. 유학 국가에 적응하려는 사람은 문화 차이를 인정하고 난관을 각오하기 때문에 차별을 당할 때에도 예견된 절차로 생각하고 극복할 수 있다. 그렇지만 오랜 유학을 끝마치고 고국으로 귀국할 때에는 고향으로 돌아간다고 생각할 뿐 재(再)적응의 어려움을 예견하지도 각오하지도 않는다. 그러나 그가 직면하게 되는 한국은 유학을 떠날 때의 그 상태로 머물러 있지 않다.

또래집단은 사회화에서 매우 중요한 역할을 담당한다. 놀이터 친구에서부터 10대의 단짝에 이르기까지, 또래집단은 아동들과 청소년들에게 매우 의미 있는 학습경험들을 제공한다. 또래들과 어울림으로써, 아동들과 청소년들은 타인과 의사소통하는 방법, 타인들로부터 인정을 받는 방법, 양보하거나 협상하는 방법, 경험을 공유하는 방법 등을 배운다. 또래집단은 공식적인 관계도 아니며 권위와 무관하기 때문에 다양한 대인관계가 편리하게 실험될 수 있으므로 아동기와 청소년기의 정서 발달과 사회성 발달에 중요한 역할을 하고 있다. 조기 유학한 학생들은 한국에서의 또래집단 경험이 짧을 수밖에 없으며 외국에 체류하는 기간이 늘어날수록 그 경험은 상대적으로 더 짧아지며 더 희미해지게 된다. 이 때문에 유학 기간이 늘어날수록 한국으로의 영구 귀국과 한국에서의 영구 취업이 더 어려워진다. 최근에는 중·고교 때 유학을 떠나 해외 현지에서 대학을 졸업한 조기유학생들이 현지에서는 물론이며 귀국하더라도 직업을 얻는 데 어려움을 겪고 있음이 사실로 확인되고 있다.

> 중 · 고교 때 미국 등으로 떠나 대학을 마친 후 해외 현지는 물론 한국에 돌아와서도 취직을 못해 오갈 데 없는 '인공위성' 신세가 된 조기 유학생들이 늘고 있다. …… 10대 그룹에 속하는 A기업(서비스업종)은 최근 몇 년간 대졸 공채 때 해외파끼리의 경쟁률이 90~110대 1에 달한다. 이 회사 관계자는 "한자, 언어추리, IQ 등을 평가하는 직무적성검사에서 해외파들이 대거 탈락한다"면서 "매년 100명 넘게 신입사원을 선발하지만 그중 해외파가 5명 이상 뽑힌 적이 없다"고 말했다. …… 이처럼 유학생들의 취업이 어려워지고 있는 가운데 외국으로 떠나는 조기 유학생은 꾸준히 늘고 있다. 해외 대학 학부과정에 다니는 한국인 유학생은 2005년 6만 5,524명에서 지난해 7만 7,515명으로 1년 사이 1만 2,000명가량 늘었다. 올해는 8만 명을 넘을 것으로 추정되고 있다. 한국에서 입시경쟁을 피해 일찍이 유학을 떠났다가 졸업 후 '백수'가 될 가능성이 높은 '조기 유학파 예비 실업자군(群)'이 대거 양산되고 있는 셈이다. ……
>
> 미국 이민통계국에 따르면 지난해 유학이나 연수 명목의 비자를 받아 미국에 머무른 한국인은 13만 5,265명으로 일본(9만 490명), 중국(7만 503명)을 누르고 전 세계에서 가장 많았다. 하지만 미국의 전문직 취업비자(H-1B)를 발급받은 한국인은 1만 1,370명에 불과해 9위에 그쳤다. 미국에서 열심히 공부해 대학 졸업장을 받아도 현지의 높은 취업 장벽을 넘지 못하는 경우가 많은 것이다. …… 유학파들이 한국에서 국내파에게 밀려 고전하는 이유에 대해 기업 인사담당자들은 "한국식 조직문화에 적응하지 못하는 데다 이직률이 높기 때문"이라고 입을 모은다. 또 교환학생, 어학연수 등을 거친 국내 대학 출신들도 영어를 잘하는 경우가 많아 유학파의 장점이 부각되지 못하는 점도 원인으로 꼽힌다. 또한 학연(學緣)·지연(地緣)이 부족해 '인적(人的) 네트워크'가 약하다는 것도 유학파의 결점으로 지적된다.(조선일보, 2007년 9월 29일자)[15]

이러한 현상은 '사회적 자본론'으로도 설명이 가능하다. 학교교육은 학생들에게 사회적 자본을 축적할 수 있는 기회를 제공한다. 사회적 자본은 인적 자본(human capital)과 문화적 자본(cultural capital)에 이어 나온 개념으로 사회학계에서 중요한 개념으로 이용되고 있다. 콜먼(Coleman, 1990)에 의하면, 사회적 자본은 "활동 또는 실행을

---

15) http;//news.chosun.com/site/data/html_dir/2007/09/28/2007092801214.html

촉진시키는 상관적 유대의 망(a set of relational ties)"으로 정의될 수 있으며 한국사회에서는 '인맥'(人脈)이라는 용어로 대체될 수 있다. 한국사회에서 학력과 학벌은 지식, 정보, 경험, 기술, 요령 등을 의미하는 인적 자본을 축적하는 수단이 될 뿐만 아니라 '학맥'(學脈)이라는 사회적 연결망(social network)을 견실하게 형성하는 결정적 과정으로 작용하고 있다. 조기유학은 한국에서 사회적 자본을 획득하기를 포기하고 외국에서 추구하는 결과를 가져올 수밖에 없다. 유학기간이 길어질수록 한국사회에 활용될 수 있는 사회적 자본은 줄어들고 유학국에서 통용될 수 있는 사회적 자본은 늘어난다. 결국, 유학이 장기화될수록 한국에서 살아가는 데 유용한 한국적인 사회적 자본이 빈약해지게 된다.

한국적 사회적 자본이 적으면, 한국에서 출세하는 데 어려움이 있을 뿐만 아니라 일상생활도 불편하게 된다.[16] 그렇지만 조기유학 학생들이 급증하고 유학 후 귀국하여 한국에서 기반을 마련하는 사례가 증가하게 되면, 새로운 유형의 사회적 연결망이 형성되고 공고해질 수도 있다. 다시 말해서, 한국사회에 또 다른 학벌집단이 생성되고 구조적 불평등을 심화시키는 새로운 요소로 작용할 수 있다. 조기유학원에서는 조기유학으로 한국 연고(緣故)와 동창(同窓) 부재를 우려하는 부모들에게 이러한 점을 강조함으로써 유학을 권고하고 있다.

조기 유학한 학생들은 추후 귀국한 고국에서 이질감을 피할 수 없는 문화와 변해버린 사람들을 만날 수밖에 없다. 한국 사람들도 그를 '이해할 수 없는 한국인'으로 생각하며 거부감을 갖게 된다. 이

16) 사회적 자본이 적으면, (1) 금전적 자본이 충분하더라도 사업을 시작하기 어렵고, (2) 인적 자본을 갖추고 있더라도 취업하거나 승진하는 데 불리하며, (3) 문화적 자본이 배경으로 받쳐 주더라도 주류집단에 진입하기 어렵다.

러한 이질감은, 처음에는 호기심에 의해서 상호 관심을 갖게 되는 요인으로 작용하지만, 세월이 지나면서 그리고 업무가 수행되어야 하고 교감이 요구될 때에는 불편함이나 거북함으로 변질된다. 조기 유학이 장기화되면 한국사회에서의 경험이 줄어들 수밖에 없다. 이는 추후 한국사회에서 살아가야 할 때 결정적인 장애가 될 수 있다. 더욱이 한국에서의 학창시절은 군복무시절만큼이나 한국인들이 공유하고 있는 경험이다. 한국인들은 학창시절 이야기로 대화의 물꼬를 트기도 한다. 한국인들이 경험하는 학교는 세대별로 약간의 차이가 있지만 동일 세대에서는 하나같이 똑같아서 교사, 교실, 교무실, 복도, 운동장, 화장실 등을 소재로 삼아 얘기를 나눌 수 있다.

유학기간이 길어질 경우에는 유학 프리미엄이 오히려 줄어들 수 있다. 그 이유는 유학 기간이 너무 짧으면 외국의 지식과 기술의 습득 그리고 외국어 구사능력에서 한계가 있듯이 너무 길면 한국 문화, 언어, 인간관계 등에서 불리하기 때문이다. 한국 고용주들은 유학 기간이 너무 길어 한국적 정서가 결여되고 사회문화적 감각이나 태도가 별스러운 장기 외국 체류 한국인을 채용하기를 꺼린다. 고용주는 개인이 소지한 능력도 중요하게 고려하지만 조직을 더 소중하게 생각한다. 외국어 구사능력이 필요한 경우, 고용주는 현지인을 직접 고용하는 것이 나을 수 있으므로 구태여 한국적 정서가 부족한 장기 외국 체류 한국인을 채용할 이유가 없다. 예컨대, 한 대학에서 영문학 교수를 채용해야 할 경우 한국적 정서가 필요하지 않다면 구태여 외국에서 오랫동안 유학생활을 한 한국인보다 미국인이나 영국인을 채용할 가능성이 많다. 학생들도 전형적인 미국인이나 영국인으로부터 영문학을 배우기를 더 선호한다.[17] 더욱이 최근에 일고 있는 대학의 국제화 바람은 대학으로 하여금 외국인 교수 비율을 높이도록 강요하다시피 하므로 외국인을 선호할 것이다. 아래의 인용문은 한국적 정서가 한국사회에서 살아가는 데 얼마나 절실히 요구되는지를 파악하는 데 도움이 된다.

> 어린 시절 외국으로 이민을 가서 그곳에서 생활하다 성인이 되어 한국으로 돌아온 김교수가 겪었던 에피소드는 의례적 표현에 대한 문화적 혼란을 단적으로 보여준다.
>
> 김교수는 연구실을 나서다 동료교수를 만났다.
> 동료교수: 식사는 하셨어요?
> 김교수: (수첩을 꺼내들며 스케줄을 확인한다) 오늘은 제가 식사 약속이 있어서 곤란하구요. 모레 오후쯤에는 괜찮은데, 그때 식사를 하는 것은 어떨까요?
> 동료교수: ……
>
> "식사는 하셨어요"라는 동료교수의 질문은 지극히 의례적인 표현에 불과하다. 김교수가 실제로 식사를 했는지의 여부는 중요하지 않다(김효창, 2005: 239).

우리는 공유한 경험을 통해서 공동체를 만들 수 있다. 업무는 계약에 의한 사회에서 일어나지만, 일상의 행복은 분명히 공동체를 통해 느낄 수 있다. 우리는 계약에 의한 조직사회에서도 공동체를 구성함으로써 인간적인 교류를 가지며 이를 통해 이익사회의 냉엄함을 극복할 수 있다. 성장기의 상당 부분을 외국에서 보내고 한국으로 귀국한 한국인들은 조직사회 내부의 인간적인 공동체에 소속되기 어렵다.[18] 그 이유는 문화나 언어의 차이보다는 가치관과 태

---

17) 영어회화 학원에서도 미국이나 캐나다에 거주하는 한국계 2세보다 앵글로색슨계 백인을 더 선호한다. 회화를 배우려는 사람들도 한국계 2세들보다 백인들과 영어로 대화할 때 현장감이 더 있다고 생각한다.

도에 일관성을 유지하기가 어렵기 때문이다. 한국에서 성장한 한국인들은 장기 해외체류 한국인들의 행동을 예측할 수 없다고 말한다. 한국적 정서를 중시하는 한국인들은 귀국 한국인들이 한국-외국의 이중 준거기준(double frame of reference)을 가지고 상황에 따라 자신들에게 이익이 되는 준거에 의해 처신한다고 비판한다. 이들은 자신들도 모르게 어떤 때는 한국적 감성을 따르고 다른 때는 서구적 합리성에 집착한다. 상황에 따른 이들의 행동이 한국 전통적 감성에 맞지 않을 경우에는 이기주의나 기회주의로 매도되기도 한다. 이들의 행동에 대한 비판의 강도가 상당히 높은데, 그 이유는 이들이 토착 한국인들과 외형적으로는 아무런 차이가 없기 때문이다.

조기유학은 현지 생활에의 적응, 교수-학습 과정에의 참여, 기대한 학업의 성취, 학위 취득 등으로 목표가 수정되기 십상이고 귀국하여 한국 학제와 연계시키기도 쉽지 않기 때문에 대학과정까지 연속될 가능성이 아주 높다. 또한 학업을 마친 후에는 한국사회에의 재(再)적응이라는 난관(難關)까지 도사리고 있어 장기화될 소지도 많다. 이로 인해 조기유학생들에게 한국적 경험과 정서의 부족이 초래될 수 있으며, 그 결과로 이들의 영구(永久) 귀국이 불가능할 수 있다. 세월이 갈수록, 고국으로의 귀국은 자연스럽지 않게 되며 당연한 일에서 선택 사항으로 변모하고 결심을 요구하며 때로는 희생을 치러야만 결행될 수 있는 사안으로 변질된다. 변화의 전환점에는 순차적으로 취업, 결혼, 자녀 출산, 육아 등 난제들이 등장한다. 자녀

---

18) 모든 조직에는 공식집단과 비공식집단이 있다. 조직의 구성원들은 비공식적 모임을 통해서 공식적 통로의 각박함을 극복한다. 한국사회에서는 퇴근 후 동료들과의 편안한 만남을 통해서 업무가 순조롭게 진행되기도 하며 일상의 즐거움을 찾기도 한다. 비공식적 모임에서는 정서가 맞지 않는 사람을 기피한다.

의 출생과 성장은 귀국을 어렵게 만드는 결정적 변수로 작용하며, 국제결혼은 귀국의 가능성을 대폭 축소시키는 요인이 된다.

조기유학에는 엄청난 비용이 소요됨으로써 그에 걸맞은 성과가 기대되기 마련이다. 부모들은 자녀들의 학습을 독려하여 성공을 이끌어내기 위해서 투입된 비용의 규모를, 비록 구체적이지는 않더라도, 알려준다. 심지어 금액뿐만 아니라 부모의 인생까지 투입하고 있음을 주지시킨다. 이러한 메시지를 전달받은 자녀들은 자신들의 학업성취가 가정경제는 물론이며 부모의 인생까지 투자되어 있음을 알게 된다. 자신들의 학업성취에 자신의 미래는 물론이며 부모의 인생까지 모든 것이 달려 있음을 인식하고 있는 학생이 학교생활에서 여유를 가질 수 없으며 배움에 즐거움을 느끼기 어렵다. 왜냐하면 여유는 성공에 안달하지 않을 때라야 부릴 수 있으며, 즐거움은 자발적 동인에 의해서만 느낄 수 있기 때문이다. 이 학생들에게 유학은 반드시 성공적으로 끝마쳐야 하는 특수훈련 과정에 지나지 않는다. 성공에 집착하는 학생들은 학교생활은 물론이며 일상생활까지 성적 올리기에만 투입한다. 이 정도의 스트레스를 안고 학교생활을 즐길 수 있는 학생은 없으며 창의적 업적을 이루어낼 수도 없다. 이러한 스트레스는 청소년기 학생들에게 너무 위험하다. 유학 중인 한국 학생들이 청소년 범죄뿐만 아니라 마약과 알코올의 중독에도 상당히 노출되어 있다. 쫓기는 사람들에게 도덕적이거나 합리적인 행동을 기대하는 것은 무리이다.

외국 학교에서 기대한 성적을 얻지 못했을 때, 조기유학 학생들이 위로와 격려를 받을 수 있는 방법은 거의 없다. 조기유학이 많은 것들을 희생하여 결행된 것임을 알게 된 유학생들은, 학업성적이 신통치 않을 때에는, 부모들의 위로와 격려를 그대로 받아들이기 어려우며 오히려 압박으로 느끼게 된다. 부모 역시 위로나 격려보다는 현실적 절박함을 강조하면서 성적 향상을 간곡하게 요구하는 유형을 벗어나기 어렵다. 다시 말해서, 기대한 학업성취를 이루지 못했을 때 조기유학생들은 학급과 학교 내에서뿐만 아니라 학교 밖에서도 심각한 스트레스를 받게 되며 극복할 방법을 찾지 못한다. 이러한 상황에 처한 유학생들에게 자포자기는 생존을 위한 유일한 돌파구처럼 인식되고 술과 마약은 매우 유혹적일 뿐만 아니라 손만 내밀면 쥘 수 있을 정도로 아주 가깝게 다가와 있다. 이들은 자살, 10대 임신, 비행, 폭력 등 청소년 문제들에도 노출되어 있다. 이러한 유혹에 빠지게 되면, 이로 인해 학업성적이 더욱 떨어지게 되고, 성적의 하락은 다시 더 깊은 수렁으로 빠져들게 되는 악순환에 휘말리게 된다.

자녀들의 조기유학을 결행하는 부모들은 자녀들이 유학국의 학생들과 어울려 그들의 언어를 쉽게 배우고 좋은 대학에 입학할 것이라고 기대한다. 그러나 현실은 부모들의 기대와 거리가 멀다. 영어권 국가로 조기에 유학한 경우, 한국 학생들이 가장 먼저 통과해야 하는 과정은 '외국어로서 영어'(English as second language: ESL)이다. 이 과정에는 한국 유학생들이 많다. 이들은 영어 학습으로 받은 스트레스를 모국어로 맘껏 얘기함으로써 풀기도 한다. 따라서 영어 구사가 생각처럼 쉽지 않다. 더욱이 이들은 생활영어뿐만 아니라 상급학교 진학을 위해 고급영어를 구사해야 하는 부담을 안고 있다. 이러한 부담 때문에 이 학생들이 높은 성적을 받기가 쉽지 않다. 결과적으로, 이 학생들이 유학국의 명문대학에 진학하기가 어렵다. 영어권 국가에서도 대학 서열은 엄연히 존재하며 그 순위를 공표하는 신문도 있다.

외국어가 중요한 자본으로 인정되어 온 한국사회에서 외국어를 자유롭게 구사할 수 있는 능력은 취업과 출세에 결정적인 장점이 된다. 이 사실 때문에, 한국의 부모들은 자녀들이 외국어 가운데 보상가치가 가장 높은 영어를 효율적으로 습득할 수 있는 기회를 제공하기 위해 모든 수단을 강구한다. 조기유학은 여러 가지 방안들 가운데 가장 선호되고 있다. 조기유학을 선택하는 부모들 가운데 적지 않은 부모들이 공식어가 영어인 국가에 가서 생활하고 학교도 다니다 보면 영어가 자연스럽게 습득될 것이라고 확신하고 있다. 이들은 한국에서 태어나 한국학교를 다닌 한국인들 가운데 한국어를 능숙하게 말하고 읽고 쓰는 사람들이 있는 반면에 한국어를 제대로 말하지도 읽지도 쓰지도 못하는 사람들이 있다는 사실은 잊고 있다. 외국어가 자본으로써 가치를 가지려면 생활언어 구사 수준을 넘어서야 한다. 이는 생활영어를 자연스럽게 구사하는 영어권 국민들 가운데 읽기, 쓰기, 말하기 등의 영어능력이 부족하여 취업하지 못하는 사람들이 적지 않다는 사실로 증명된다. 그리고 영어권 국가에서 산다고 해서 영어가 저절로 습득되는 것도 아니다. 이 국가들에서 개설되는 교과목들을 제대로 따라가지 못하면 영어를 잘 배울 수 있는 기회를 갖지 못하며, 영어를 제대로 구사하지 못하면 그 교과목들을 학습하기 어렵다. 그 이유는 영어가 교과목이면서 교수와 학습에 사용되는 언어이기 때문이다.

한국학교에서의 학업성적이 시원치 않아서 강행된 조기유학은 '도피성 유학'으로 불리고 있다. 자녀들에게 도피성 조기유학의 기회를 제공한 부모들은 최대한으로는 자녀들이 완전히 다른 환경에서 크게 각성하여 학업에 전념함으로써 성공적인 학업성취를 이루기를 소원(所願)하고, 최소한으로는 유용한 외국어라도 구사할 수 있기를 기대(期待)한다. 부모들의 이러한 소원과 기대는 진퇴양난의 난감한 현실을 직면할 수밖에 없는 자녀들에게는 엄청난 스트레스가 된다. 예컨대, 미국으로 조기 유학한 한국학생들의 처지는 디즈니랜드, 그랜드 캐니언, 라스베이거스, 나이아가라 폭포 등을 여행하는 한국관광객에 비유될 수 없으며 짧은 영어로 중요한 계약을 성사시켜야 하는 한국 무역상사에서 파견된 직원에 더 가깝다.

한국의 어른들은 "아이들은 외국어를 쉽게 배운다"고 생각한다. 이러한 생각은 현실과 거리가 멀다. 외국어의 학습은 아이들에게도 벅차고 불편한 난제(難題)이다. 조기유학은 "어릴수록 외국어를 쉽게 배운다"는 상식에 의해서 더욱 조기화되고 있다. 그러나 "이는 주로 장기간 영어 사용국에 체류했을 때의 경우이다. 한 연구에 따르면, 10개월 정도의 단기 체류에서는 중학생이 초등학생보다 영어 능력 향상에 훨씬 우수한 결과를 나타냈다"(한학성 2000: 61). 아이들이 외국어를 쉽게 배우는 것같이 보이는 이유는, 어른들에 비해서 아이들이 틀리는 것에 대해서 개의치 않는 데 있다. 외국어로 생활해야 하는 것만으로도 엄청난 스트레스를 받게 되는데, 외국어로 학습해야 하는 경우, 그리고 더 나아가 외국어로 외국의 교과과정을 성공적으로 학습하여 높은 성적을 거두는 일은 상상을 초월할 정도로 스트레스를 받게 된다. 조기유학생들 가운데 학교공포증(school phobia)을 겪는 학생들이 적지 않다.

조기유학생들은 특이하거나 별스러운 경험을 할 수 있는 기회를 가질 수 있지만, 한국에서 학교에 다니면서 하게 되는 일상적, 보편적, 공통적 경험들을 할 수 있는 기회를 갖지 못한다. 일상적, 보편적, 공통적 경험들은 한국에서 생활하는 데 필수적인 화제(話題)들을 제공한다. 한국인들은 공유(共有)된 화제들을 가지고 친구를 만나고 사업을 하고 가정을 꾸려나간다. 조기유학생들은 한국인들이라면 누구나 공유하고 있는 이 화제들을 가질 수 없으며 이해할 수도 없다. 그래서 조기유학생들은 귀국을 점차 어렵게 생각하게 되고 거부하게 되며 불가능한 것으로 단정하게 된다. 이들에게 한국 거주는, 언제든지 가능하기 때문에, 기회로조차 간주되지 않았지만 점차 힘든 선택 대상으로 바뀌고 나중에는 희생을 각오한 결심에 의해서만 결행될 수 있는 일이 된다. 그리고 이들은 나이가 들어가면서 외국 유학, 거주, 시민권 등에 대해서 자신들이 기대한 만큼 한국인들이 인정하지 않는다는 사실도 알게 된다.

조기유학은, 선택에 의한 기회의 확대로 인식되고 있지만, 유학 시기가 이를수록 그리고 기간이 늘어날수록 한국으로 돌아올 수 있는 가능성은 점차 줄어든다. 어린이들이나 청소년들은 어느 사회에서나 쉽게 적응한다는 상식은 사실과 매우 다르다. 이들도 새로운 사회에 적응할 때에는 어른들과 마찬가지로 심한 스트레스를 받는다. 그리고 아이들은 적응이 빠르기 때문에 그만큼 새로운 환경에 더 깊숙이 진입하게 된다. 이는 곧 이전의 경험과 기억을 그만큼 쉽게 잊어버린다는 뜻이 된다. 한국 초·중·고등학교의 학습량은 엄청나므로 1년의 공백도 만회하기 어렵다. 외국 유학 기간이 2년을 넘으면 귀국 후 한국 학교에의 적응이 상당히 어려워진다. 자녀들의 조기유학을 결행하는 부모들은 그 자녀들이 원하는 대로 유학 대상국가에서도 거주할 수 있고 귀국해서 한국에서 생활할 수도 있기 때문에 기회가 확대된다고 생각한다. 그러나 귀국 후 정착은 쉽지 않다, 한국에서의 취업은 물론이고 일상생활도 만만치 않다. 유학 기간 동안 외국에 체류함으로써, 한국에서 익혀야 하는 것들 – 한국 문화[19], 한국의 가치관, 한국 습관 등 – 을 학습하고 습득할 수 있는 기회를 잃었기 때문이다.[20] 자녀들의 유학을 결정한 부모들도 자녀들이 나이가 들어가면 이전과 같은 영향력을 행사할 수 없다.

어린 자녀를 유학시킬 때 부모들은 새로운 사회에의 도전을 강조한다. 언어가 다르고 문화가 다르며 인종이 다른 외국으로 어린 자녀들을 보내는 것은 그 자녀들 못지않게 부모들에게도 새로운 도전이 된다. 다시 말해서, 부모들도 도전하듯 자녀들을 미지의 세계로 내보내고 있다. 이러한 결행이 쉽지 않음을 강조하면서, 부모들은 조기유학의 정당함을 주장하기도 한다. 그렇지만 그 자녀들이 한국에서의 재적응을 두려워하거나 꺼려할 경우, 그 부모들은 자녀들의 조기유학을 결행할 때 자녀들에게 용기를 불어넣었던 것처럼 귀국을 종용하지 못하고 있다. 병역의무를 마쳐야 하는 아들을 둔 부모들 가운데에는 그의 귀국을 미루게 하는 경우도 있다. 조기유학을 미지의 세계나 난관에 대한 도전으로 강변하는 부모들 가운데에는 아들의 병역의무 이행에 대해서는 소극적이거나 심지어 기피적인 부모들도 있다. 조기유학에 대해 부정적인 사람들은 이들의 행동을 부각하여 조기유학을 이기적 도피행동이라고 비판하기도 한다. 병역을 기피하기 위해서 유학기간을 늘릴 경우에는 한국으로의 영구 귀국은 더욱 어려워진다. 그 이유는 이러한 행위가 스스로에게 정당하지 않을 뿐만 아니라 병역기피에 대해서 한국인들이 결코 관대하지 않기 때문이다.

---

19) 모랭의 문화에 대한 설명은 여기에서 매우 적절하다. 그의 설명에 의하면 "개념적으로 카멜레온과 같은 속성을 지닌 '문화'라는 단어는 천부적으로 인지되는 것이 아니라, 학습과 습득을 통해서 인지되어야 하는 것을 의미할 수 있다"(Morin, 2001: 167). 한국 문화의 학습과 습득은 한민족(韓民族), 한국 국적 소유자, 한국에서 출생 등에 의해서 보장되지 않는다. 한국 문화는 한국에서 한국인들과 일상적으로 상호작용함으로써 체득(體得)된다.

20) "미국에 살고 있는 한국부모 중에 자녀가 미국 명문대학에 진학했다고 자랑하는 사람은 많지만, 자식 직업을 자랑하는 사람은 드물다"(정미선의 미국 초등학교 이야기, 조선일보 2007/5/14, D5). 그 이유는 사회성이 부족하기 때문이다. 미국에서 성장기 동안 생활하면, 비록 한국인이라 할지라도 한국사회에 적응하기가 쉽지 않다.

유학은 기대나 상식과는 반대로 선택과 기회의 폭을 오히려 좁힐 수도 있다. 더욱이 어느 국가에서와 마찬가지로 유학 대상 국가에서도 인종차별, 문화격차, 언어장벽 등이 작용하기 때문에, 일자리의 범위는 좁을 수밖에 없고 유리천장에 막혀 출세의 높이도 제한받게 된다. 유학을 통해서 학력을 높이고 학벌을 명문화하면 할수록 출세의 가능성이 높아지며, 출세에 집착할수록 주류집단 가운데서도 학력·학벌이 좋은 사람들과 치열하게 경쟁할 수밖에 없다. 미국, 영국, 호주, 뉴질랜드에서도 업적주의가 크게 후퇴하고 부모주의가 부상하고 있으며(Brown, 1990) 주류집단으로 진입할수록 부모주의의 영향력은 더 높아지므로 차별을 피하기 어렵다. 주류집단과 경쟁하게 되는 상황에서는 이들로부터 인종차별을 받을 가능성은 급격하게 높아진다. 그 이유는 구조적 차별은 제한된 이익을 두고 경쟁하거나 갈등할 때 나타나기 마련이며[21] 학력·학벌이 좋은 사람들일수록 급격하게 공급은 줄어들고 수요는 늘어나는 상황을 직면해야 하기 때문이다. 영합(零合: zero sum)관계[22]에서는 인종차별이 작용하게 된다. 인종차별은 어느 민족에게나, 정도의 차이가 있을 뿐이지, 나타나는 현상이다.

21) 외국을 여행하는 사람들은 외국에 대해 좋은 인상을 갖기 쉽다. 여행비용을 많이 쓴 사람들일수록 방문한 국가에 대해 호의를 갖기 쉽다. 그 이유는 이들이 그 국가에서 돈을 씀으로써 고객의 대우를 받았기 때문이다. 그러나 외국에서 돈을 벌어야 할 때에는 상황은 전혀 다르게 전개된다. 외국에서 박사학위를 마친 남자들은 귀국을 원하는 경향이 있지만, 그 아내들은, 현지에서 직장생활을 하지 않았을 경우, 체류를 희망하는 경향이 높다. 이 경우, 남편과 아내는 각각 소득원(earner)과 소비자(consumer)로서 현지를 다르게 인식한다. 그 차이는 상인과 고객만큼 다르다.

22) 합해서 0(zero)이 되는 관계는 0 = A + B로 표현될 수 있다. A가 5가 되면 B가 -5가 되어야만 합이 0이 된다. 영합관계는 제한된 물량을 나눌 경우에는 한 사람의 몫이 늘어나면 다른 사람의 몫이 그만큼 줄어들 수밖에 없음을 의미한다.

조기유학생들은 장기 체류하더라도 주류(mainstream) 사회와 문화에 진입하지 못한 채 주변인(marginal (wo)man)으로 남을 가능성이 많다. 조기유학은 분별력을 갖지 못한 어린 시절에 부모의 의지에 의해 결정되지만, 그 결정에 대한 책임은 부모로부터 자녀에게로 점차 이전되고 결국에는 고스란히 자녀의 몫으로만 남게 된다. 부모는 자녀들의 조기유학을 선택할 수 있었지만, 자녀들은 유학 기간이 늘어나면서 선택의 여유를 갖지 못하게 되며 유학국에 영구 체류할 경우에는 소수민족으로서의 한계와 차별을 피할 수 없다. 유학국가에 체류할 경우에는 인종에 의한 사회적 배제를 당하게 된다. 이러한 인종차별에 의한 배제는 유학기간이 늘어나고 학력과 학벌이 상승할수록 더 심해질 수밖에 없는데, 그 이유는 학력과 학벌의 상승은 해당 국가의 지배적인 특권계층－미국의 경우, 앵글로색슨계 백인 신교도(White Anglo-Saxon Protestant: WASP)－과 경쟁해야 하는 상황으로 진입하는 결과를 초래하기 때문이다.

학력·학벌경쟁이 치열한 한국사회에서 자녀들의 학력과 학벌이 부모들의 자존심에 심대한 영향을 미치므로, 적지 않은 부모들이 해외 명품을 구매하듯 또는 비교를 기피하기 위해 자녀들의 해외 유학을 결행한다. 이러한 경우, 자녀들은 부모들이 선정하여 제공하는 정보만을 접할 수밖에 없으며 자신들의 미래에 대해 선택권을 거의 갖지 못한다. 충분한 정보(긍정적 측면과 부정적 측면을 편견 없이 공개한 정보), 정보를 판단할 수 있는 능력, 선택에의 자율성 등의 조건들이 충족되지 않은 상태에서 주어진 선택의 기회는 강요와 다를 바 없다. 조기유학생들은 부모들이 유학에 대해 직접 말을 꺼내기 훨씬 전부터 낌새를 간파하고 있다. 초등학교 고학년만 되어도 부모들의 대화를 통하여 조기유학 계획을 짐작하게 된다. 조기유학 계획을 간파한 자녀들은 한국 학교생활에 소홀하기 쉽다. 이는 이민을 계획한 사람들이 업무수행에 진지하기 어려운 것과 마찬가지이다.

조기유학에 대한 논의는 떠나는 사람들에게만 초점이 맞추어져 왔다. 조기유학은, 상당한 특권으로 인식되고 있기 때문에, 떠나지 못하는 사람들이나 남아 있는 사람들에게 부러움, 거부감, 배신감 등을 불러일으킬 수 있다. 한국사회에서 유학은 오랫동안 엘리트 과정처럼 여겨져 왔기 때문에 이웃이나 학급의 친구가 조기유학을 떠날 때마다 남아 있는 학생들은 뒤처진다는 느낌을 지우기 어렵다. 더욱이 조기유학이 세계화, 국제화, 선진화, 코즈모폴리턴, 넓은 세상, 세계적 명문대학, 아이비리그(Ivy League) 등과 연관시키면서 정당화하거나 미화함으로써 한국에서 학교에 다니는 절대 다수의 학생들로 하여금 국지화(局地化), 후진화, 로컬리스트, 좁은 세상, 국내대학 등과 밀착됨으로써 뒤떨어지거나 때로는 '낙오되는 것'처럼 인식하게 만든다. 외국으로 떠나는 조기유학생들과 비교됨으로써 졸지에 주변에 머물러 있고, 뒤처져 있으며, 세상을 모르는 것처럼 인식되는 한국에 '남아 있는' 학생들은 이러한 불쾌함을 털어버리기 위해 조기유학에 대해 부정적이고 비판적이며 공격적이다. 조기유학의 유형이 다양할 수 있음에도 불구하고 '도피성' 유학으로 매도(罵倒)되는 데에는 이러한 감정도 작용하고 있다.

조기유학을 결행한 사람들은 한국에 대해 불만을 토로하거나 한국의 학교와 교육현실에 대해 부정적인 견해를 드러내기도 한다. 이 때문에 조기유학에 대한 찬반이 점차 격렬해지고 있다. 이러한 현실은 조기유학생들의 중도 귀국을 점차 어렵게 만들고 있다. 조기유학에서 귀국한 학생들은 한국 학교에 재적응하는 데 심각한 어려움을 겪게 된다. 교과학습의 경우에도 어려움은 적지 않다. 조기유학생들은 유학 기간 동안 한국학교에서 가르치는 것들을 배울 수 없다. 초등학생인 두 아들의 조기유학에 동반하여 미국에서 1년 반을 지낸 후 귀국한 어머니의 고백을 인용해 보자. 인용문은 초등학교 고학년 아들의 경우이다.

> 미국에 처음 갔을 때 Reading책을 앞에 놓고 멍하게 있던 우리 큰아이가 한국에 와서는 국어와 도덕책을 앞에 놓고 괴로워한다. 한자어로 된 단어나 4자성어가 나오면 마치 외국어를 보듯 막막해 한다. 선생님이 말하는 것은 구어체이기 때문에 수업시간은 재미있게 따라갔지만 활자로 쓰인 것은 이해를 못하는 경우가 종종 발생했다. 한국에 돌아와서 첫 중간고사를 준비하면서 아이가 문제 자체를 이해 못하는 것을 보니 정말 돌아버릴 지경이었다. 어쩔 수 없이 미국에서처럼 내가 또다시 책상 옆에 앉아야 했다. 미국에 가서는 영어책을 한국말로 번역해줘야 했는데, 이번에는 한국말을 더 쉬운 한국말이나 영어로 풀이해주어야 했다(김희경, 2004: 74-75).

한국교육개발원의 조사에 의하면, 귀국한 학생들 가운데 상당수가 유학 전의 석차를 유지하지 못하고 있다(김홍원, 2005: 32). 이 학생들은 물론이며 그 부모들도 중도에 포기했다는 생각을 지우지 못한다. 이들은 유학을 떠날 때 자신들의 의사와 관계없이 다른 학생들에게 질투심과 배신감을 안겨 주었기 때문에 쉽사리 접근하지 못한다. 따라서 귀국학생들은 학업적응 못지않게 생활적응에 어려움을 겪게 된다. 이러한 어려움은 나이가 많아질수록 가중되기 때문에, 외국에서의 체류기간이 길어질수록 조기유학생들이 중도에 귀국하기가 현실적으로 점차 불가능해진다. 한편, 조기유학생의 부모들은 자녀들의 조기유학을 정당화하기 위해 한국의 교육과 사회에 대해 부정적으로 평가했기 때문에, 이들은 유학에 대한 미련을 버리지도 못하고 한국 학교에 적극적으로 재적응하지도 못하는 딜레마에 빠지게 된다. 중도 귀국 후 재차 유학을 떠나는 사례가 적지 않음은 이러한 딜레마의 증거가 된다.

귀국학생들의 한국학교 적응에서 가장 심각한 문제는 한국어 의사소통 능력이 동년배들보다 크게 낮다는 사실이다. 어릴 때 외국에서 살면 한국어를 더 빨리 잊어버리기 때문에 조기유학생들의 귀국 후 학교적응 과정이 그만큼 어렵다. 초등학생의 경우, 1년 정도의 유학만으로도 한국어 구사능력에 영향을 받는다. 그리고 유학 기간 동안 뒤처진 학업성적이 자신감을 상실하게 만드는 요인으로 작용할 수 있다. 여기에 더하여 한국 교사들의 귀국학생에 대한 인식도 귀국학생들의 재적응에 부담으로 작용하고 있다.

> 미국의 교사들이 한국 학생들은 성취동기가 강하고, 예절바르며, 교사를 존경하고, 규칙을 잘 따르며, 열심히 공부하고, 잘 적응하는 학생들로 보는 한편, 한국의 교사들이 귀국학생을 보는 관점은 미국교사들이 보는 것과는 상반되어 있다. 우리나라 교사들은 귀국학생들이 우리말도 제대로 하지 못하고, 교사를 존경하지 않으며, 용의가 단정하지 못하고, 규칙을 잘 따르지도 않으며, 학습 준비물도 제대로 갖추지 못하고 있다고 보아 귀국학생에 대한 부정적인 견해를 나타내고 있다(곽영호, 1998: 25).[23]

조기유학생들은 귀국하여 한국학교에의 재적응을 외국 학교에의 적응보다 더 어려워하거나 어렵게 느낄 가능성이 많다. 그 이유들을 네 가지로 정리해 볼 수 있다.

23) 여기 인용된 글은 곽영호(1998)가 Sung Eun Noh(1988). Return Korean immigrant children's perceptions about their educational environment in Korea. The University of Connecticut, Ph.D. Thesis, pp 88-92에서 제시된 내용을 참조하여 요약한 것이다.

첫째, 외국 학교에 적응해야 할 때에는 어려움을 미리 예측하고 각오를 단단히 하지만, 한국 학교에 재적응할 때에는 어려움을 예견하지도 각오하지도 않기 때문에 막상 어려움이 닥칠 때에는 더 힘들거나 힘들게 느껴진다.

둘째, 유학국의 현지 교사들은 문화와 언어가 다른 외국에서 전학 온 학생들을 적응시키는 데 필요한 인식, 지식, 기술 등을 갖추고 있거나 쉽게 획득할 수 있는 통로가 있지만, 한국의 교사들은 이방인 같은 학생들에 대한 인식, 지식, 기술 등을 갖고 있지 않으며 도움을 받을 수도 없다.

셋째, 현지 학교의 교사들은 외국에서 전학 온 한국학생을 현지 문화와 언어에 익숙하지 않은 이방인으로 인식하므로 그들을 손님 대하듯이 배려하지만, 한국 학교의 교사들은 귀국한 한국학생들을 외국인으로 대할 리가 없을 뿐만 아니라 이 학생들이 직면하는 어려움에 대한 인식이나 이해가 부족하며[24] 적응에 대한 기대는, 평상시 보아 온 한국학생들과 전혀 다를 것이 없어 보이기 때문에, 오히려 아주 높다.

넷째, 한국 학교의 상대적으로 많은 학과목수, 외국의 교과과정보다 앞선 진도, 빈번한 시험 등은 적응에 필수적인 시간적 여유를 허용하지 않으며 적응의 성패를 쉽사리 판정하게 만든다.

조기유학 후 귀국한 학생들은 한국어와 외국어를 모두 모국어 수준이나 이에 근접한 수준으로 습득한 단계 곧, 능숙한 이중언어 단계(proficient bilingualism)에 크게 못 미치는 제한적 이중언어 단계(limited bilingualism)에서 벗어나지 못하고 있다. 이 때문에, 귀국학생들은 외국에서 체득한 언어를 유지하는 데도 실패할 뿐만 아니라 한국 학교에서의 학업성취에서도 크게 불리한 처지에 놓이게 된다(원진숙·이영호, 2003). 언어적 불리함 때문에 자신이 가진 잠재적 능력보다 훨씬 낮은 학업성취에 머무르게 되는 학생들은 정서적 발달

---

24) 조기유학 후 귀국한 학생이나 그 부모가 한국 학교에 재적응하면서 외국 학교와 비교하면서 한국 학교의 낙후성을 지적한다면, 그 학생과 부모는 학교나 교사로부터 호의적인 응접을 기대할 수 없을 것이다. 만일, 한국의 교사들과 학생들에게 해외 유학을 특권처럼 비치기라도 한다면, 귀국한 학생은 한국,학교에 적응하는 데 심각한 어려움에 봉착할 수 있다.

에도 부정적인 영향을 받게 된다. 그 결과, 한국 학교에 적응하는 데 실패하여 다시 외국으로 유학을 떠나는 사례도 발생한다.

외국에서 태어났거나 어릴 때부터 생활하다가 귀국한 학생들의 적응을 돕기 위해서 '귀국학생 특별학급'(귀국반)이 1992년부터 시범적으로 운영되기 시작하였다. 이 학생들의 적응 과정은 상당히 힘들고 어려운데도 최근 귀국반이 늘어나면서 이 조치가 특혜[25]로 비판되고 있다(권효숙, 2002: 111). 귀국학생들의 적응을 돕기 위해 특별학급을 편성하고 배려하는 조치는, 한국의 학교가 학습부진 아동에 대한 배려에 인색했기 때문에, 비판을 피하기 쉽지 않다. 하물며 한국의 학교와 사회에 대해 부정적인 감정을 표출하고 외국의 학교와 사회를 선망하며 떠난 조기유학생들의 중도 귀국을 돕기 위한 특별 프로그램이 학교에 개설될 경우에는 심각한 비판을 받게 될 것이다.

모든 사람들이 언제나, 어떤 경우에서나 동의할 수 있는 성공 모형은 있을 수 없다. 자녀교육의 성공 여부는 자녀의 사회경제적 지위에 의해서 가려지지 않는다. 더욱이 거주하는 국가의 국제적 위상에 의해서 좌우되지 않는다. 한국인들은 자신의 주관적 선호보다 외부의 평판에 의해 인생의 성공 여부를 가려왔다. 우리는 자녀들이 사회적으로 출세할수록 부모로부터 멀어지기 쉽다는 현실을 직시해야 한다. 젊은 시절에는 '기러기 아빠'로서 자녀들을 위해 헌신할 수 있을지라도, 장년을 지나 노년에 이르게 되면 사정은 급격히 변화한다. 자녀들이 조기유학하고 있는 국가들은 한국보다 훨씬 개인

25) 이 학생들에게 국어, 사회 등 한국사회에서 적응하는 데 절실히 요구되는 과목과 함께 영어 구사능력을 유지·개발한다는 명목 아래 원어민 교사를 채용하여 영어를 가르치는 경우(http;///www/hani.co/kr/popups/ 2007-04-10)는 형평성에 어긋난 특혜로 비칠 수밖에 없다.

주의적이며 한국처럼 가족의 유대를 중요하게 생각하지 않는다. 오늘날에는 한국사회에서도 자녀들이 부모의 분신이기를 거부하고 어릴 때부터 독립을 선언하고 있다. 하물며 개인주의가 팽배한 서구사회에서 어릴 때부터 부모 또는 아버지와 떨어져 생활함에 따라 한국문화로부터 격리되고 유학국의 언어와 문화에의 적응에 혼신을 다해야 했던 조기유학생들은 세월이 지나고 성장하면서 부모가 기대하는 유형으로부터 멀어져 갈 수밖에 없다.

강대국에의 거주가 더 나은 삶을 보장하지 않는다. 미국, 영국, 프랑스, 독일, 캐나다 등 소위 선진국 또는 강대국에 대한 선호나 평가는 여행, 출장근무, 유학, 영구거주 등의 상황에 따라 전혀 다를 수밖에 없다. 다시 말해서, 여행자로서 미국이나 프랑스를 보는 시각을 가지고 그 곳에서 소수민족으로 영원히 거주할 수는 없다. 여행자는 그 곳에 잠깐 머물 뿐만 아니라 주로 소비자로서 현지주민들을 상대한다. 이 때문에 여행자는 적지 않은 지출을 감수하고 모처럼 갖게 된 외국 여행을 의미 있게 기억하기 위해서 여행지에 대해 애써 좋은 인상을 가지려 하며, 외국 여행지에서 여행자들을 고객으로 상대하는 현지인의 상업적 친절을 일상적인 문화로 오해할 가능성이 많다. 그러나 그 곳에서 영구히 거주해야 하는 경우에는 사정은 전혀 달라진다. 영주권을 받고 시민권을 확보하더라도 소수민족 또는 이주민의 신분을 벗어날 수 없다. 더욱이 학력이 높아지고 학벌이 좋을수록 그 사회의 주류집단을 상대해야 하며 경쟁이 치열해짐에 따라 인종차별은 점차 심해진다.

조기유학은 여행자, 출장근무자, 또는 유학생으로 외국을 경험한 부모들에 의해서 그 자녀들이 그 외국에 영주권자나 시민권자로 살게 되는 결과를 초래할 수 있다. 이러한 결과를 다르게 해석하면,

조기유학은 여행자, 출장근무자, 유학생으로서 외국을 한시적으로 그리고 호의적으로 경험한 부모들이 자녀들을 어릴 때부터 유학을 보내고 오래 체류하게 함으로써 그 자녀들이 한국에서 살 수 있는 기회를 사실상(de facto)[26] 잃게 만드는 절차를 밟고 있다고 볼 수 있다. 놀라운 사실은 최근에는 외국인에게 부과되는 제한이나 규제를 벗어나기 위해서 자녀들을 그 외국의 시민권 소지자에게 입양시키면서 법률상(de jure) 자식을 포기하는 사례도 늘어나고 있다. 이러한 경우가 한국사회의 중상류층 이상의 부모들에 의해서 발생한다는 사실을 주목할 필요가 있다. 자녀들을 법률상 포기한 부모들은 그 자녀들로부터 실질적으로 부모자리가 배제될 수 있음을 예견하지 못하고 있다. 그러한 가능성은 입양 여부가 당사자인 자녀들의 선택에 앞서 부모들에 의해 결정되기 때문이다. 거리낌 없이 결정할 수 없고 충분한 정보와 식견에 바탕을 두지 않은 처지에서 선택해야 하는 상황 아래에서는 사실상 선택의 여지는 없다.

유학기간이 길어질수록 유학국의 주류집단으로 진입하게 되며 학력과 학벌이 높아질수록 강력한 주류집단의 구성원들을 경쟁상대로 만나게 된다. 다시 말해서, 자신이 소수민족임이 두드러지게 되는 상황으로 진입하게 된다. 상대편들도 외국에서 온 유학생으로 보다는 자신들과 경쟁하게 될 소수민족의 학생으로 대하게 된다. 학력과 학벌이 상승함에 따라 대학이나 대학원 과정에서 만나게 되는 유학국의 주류집단 학생들은 '한국에서 유학 왔으며 한국으로 돌아

---

26) 법률상(de jure)으로는 한국의 조기유학생은 언제라도 한국에 돌아와서 살 수 있다. 그러나 체류 기간이 길어지고 어릴 때부터 혼신을 다해 외국의 학교와 사회에 적응하고 졸업 후 직장까지 갖게 되었을 때에는 사실상(de facto) 귀국하여 한국의 직장과 사회에서 다시 적응하는 일이 쉽게 결정될 수 없다.

갈 한국학생'과 '오래전에 유학 왔으며 여기에 살게 될 한국계 학생'을 애써 구분한다. 그 이유는 자신과의 경쟁 관계에 있을 상대를 구별하기 위해서이다. 대학원 과정으로 유학한 한국학생들은 유학국의 학생들과 교류함으로써 사회적 자본을 축적하는 데 치중하지 않으며 오히려 비슷한 처지에 있는 한국학생들과의 교류를 더 중요하게 생각한다. 이들과 오래전부터 체류해 온 조기유학의 한국학생들은 이전 단계의 학교생활과 사회생활이 전혀 다르기 때문에 정서가 다를 뿐만 아니라 공통의 화제를 찾기도 어렵다. 외모는 비슷한데 느낌은 전혀 다르기 때문에 두 가지 유형의 한국유학생들은 상호 교류하는 경우가 적으며 경우에 따라서는 적대감을 표출하기도 한다.

9 조기유학에 대한 성찰

어린 자녀가 조기유학에 성공했다고 자랑하는 부모들은 "그 어린 것이 이국땅에서 의연하게 생활하는 것을 보고 어른이 다 되었구나"라고 생각하며 대견해 한다. 그러나 다른 관점으로 보면 예컨대 엘카인드(Elkind, [1988] 2001)의 주장에 따르면, 이 부모들은 자녀를 너무 빨리 자라게 함으로써 그 자녀로부터 '어린 시절'을 박탈하였다. 듀이(Dewey, 1897)는 "나의 교육신조"(My pedagogic creed)에서 "나는 교육이 삶의 과정이며, 미래의 삶을 위한 준비가 아니라고 믿는다"고 말하였다. 교육이 중요하다고 어린 시절에 가져야 하는 경험들을 박탈해가며 강요해서는 안 된다. 부모 앞에서 어리광이나 투정을 부릴 때는 그렇게 하도록 기회를 주는 것이 참교육에 가깝다. 물론, 어리광이나 투정이 과도할 때에는 제지해야 마땅하다. 어린이들이 제 모습대로 행동할 수 없게 한다면 아동학대와 크게 다르지 않다. 부모의 과보호도 문제이지만 과잉 기대로 아이들을 너무 빨리 숙성시키는 것도 문제다. 자녀는 조생(早生)되어야 할 대상이 아니다.

부모와 자녀 사이에 애정은 공유(共有)한 경험들을 쌓아가며 깊어진다. 어른들의 말을 빌리면, 심성이 곱다고 시부모를 모실 수 있는 것이 아니다. 자신도 나이가 많아 거동이 편하지 않은 며느리가 늙고 병든 시부모를 모시는 이유는 고운 심성을 가졌기 때문이 아니라 오랜 세월을 살아가며 많은 것들을 함께 공유했기 때문이다. 부모들은 자녀들에게 물질적으로 모자람이 없게 지원했다고 자녀들이 존경하거나 사랑할 것으로 확신할 수 없다. 부모가 자녀를 사랑하려면, 자녀 편에서 세상을 볼 수 있어야 한다. 부모는 자녀와 함께 같은 것들을 같은 시각으로 볼 필요가 있다.

현대 산업사회에서 대부분의 부모들은 자녀들과 경험을 공유할 수 있는 기회를 극도로 제한받고 있다. 농경사회에서는 부모와 자녀가 하루 종일 들, 밭, 집에서 함께 지냈다. 자녀들은 부모들의 생업(生業) 활동을 보고 거듦으로써 삶에 필요한 지식과 기술을 습득하였다. 어린 자녀들도 한몫의 노동을 담당함으로써 어른들로부터 인정을 받았다. 그러나 현대사회에 접어들면서 가정과 직장이 분리되고 자녀들의 노동은 점차 가치를 인정받지 못하게 되었다. 생산에 투입되지 못한 어린이들은 소비를 늘려갔으므로 부모들은 이전보다 훨씬 더 많은 짐을 져야만 했으며 짐을 덜기 위해서는 자녀수를 줄일 수밖에 없었다.

자녀수를 극도로 줄여버린 한국의 부모들은 한두 명의 자녀들에게 자신들이 가진 것들을 투기하듯 쏟으면서 이와 함께 엄청난 기대도 덧붙이고 있다. 부모의 기대가 너무 높고 강하기 때문에 자녀들은 자신들의 삶을 추구하기가 쉽지 않다. 부모의 전폭적인 사랑에 보답하려면 자녀들은 조생해야 하고 탁월해야 한다. 조숙하고 월등하기 위해서 한국의 어린이들은 실존의 위기를 맞고 있다. 모든 부모들은 한국의 학교제도와 출세지향성을 탓하며 자신들의 과잉교육열을 정당화할 뿐 자신들이 주체적으로 결정할 수 있는 일들을 포기하고 있다. 한국의 부모들은 자신들의 자녀교육에의 몰입과 전력투입(全力投入)으로 한국사회가 무의미한 교육경쟁에 휩싸이고 과잉교육으로 인한 구조적 실업이 만연해지더라도 "다른 사람들이 다 그렇게 하고 사회도 그러니까 나도 어쩔 수 없이 따라간다"고 말하며 "국가가 나서서 해결해야 한다"고 덧붙인다.

좋은 사회에서는 다양한 삶이 가능하다. 한국의 대학진학률은 세계 최고 수준이어서 고등학교 졸업생 가운데 80퍼센트가 대학에 진학한다. 진학을 희망하는 학생들이 절대 다수이기 때문에 고등학교에서는 진로지도를 아예 하지 않으며 진학지도에만 집중한다. 이러한 현실을 반영하듯, 중·고등학교 교사를 양성하는 사범대학의 교직과목에 진로 지도와 관련된 과목이 설정되어 있지 않다. 대학졸업생들 가운데 극소수만이 학력에 걸맞은 직업을 가질 수 있을 뿐이다. 이러한 현실은 한국의 직업 구조상 필연적인 결과이며 경기 불황과는 무관하다. 어느 국가도 자국민의 절반 이상에게 전문직 또는 준(準)전문직을 마련해 줄 수는 없다. 한국사회처럼 의사나 변호사 같은 직업만이 인정받는다면, 학력·학벌경쟁은 피할 수 없다. 한국사회에서는 행복까지도 돈과 명예에 의해 객관적으로 규정된다. 한국사회는 이러한 세태를 거부하고 자신이 원하는 일을 선택한 사람들까지도 비하하며 격하시킨다.

소위 선진 외국에도 나름대로의 사회문제들이 산적해 있다. 인종차별과 민족차별은 어느 사회에서나 있기 마련이다. 더욱이 사회계층 구조에서 상층으로 올라갈수록 그리고 경쟁이 심해질수록 차별은 심해진다. 슈퍼마켓에서 상품을 살 때와 상품을 팔 때가 다르며 납품해야 할 경우에는 더 달라진다. 외국에 나가 물건을 살 때에는 누구라도 대접을 받지만 외국에서 취업을 하고 진급을 해야 할 경우에는 상황은 전혀 다르게 전개된다. 외국의 고급 사립학교에 입학할 때와 졸업하고 대학, 대학원으로 진학할 때는 전혀 다른 장면이 펼쳐지며, 졸업하여 취업할 경우에는 더욱 다른 장면에 직면할 수밖에 없다.

한국사회에 살고 있는 우리들은 갖가지 교육문제를 만들고 사태를 악화시킨 장본인들일 뿐만 아니라 사회의 구조와 문화를 근본적으로 개혁하려는 데 대해서는 강하게 거부하고 제도가 바뀌면 그 제도 아래 헤쳐 나갈 수 있는 전략을 강구하는 데 더 몰두하고 있다. 이러한 상황에서 어떤 제도나 정책이 교육문제들을 해결할 수 있을지 의문이다. 이는 정확한 진단에 의해서 처방이 내려졌는데도 불구하고 그 처방대로 따르지 않으면서 의사를 바꿈으로써 완치가 되기를 기대하는 것보다 더 어리석다. 우리들은 스스로 그리고 먼저 변화하기를 거부하면서 다른 사람들이 앞서서 변화되기를 촉구하고 있다. 그리고 우리들은 하나같이 조건들을 내걸고 그 조건들이 충족되면 그 때 변화하겠다고 말한다.

이제 부모들의 자녀교육 열정은 국경을 넘나들고 있으며, 자녀들이 다닐 학교를 전(全)세계 학교시장에서 찾고 있다. 해외유학의 시작 시기는 석·박사 과정에서 점차 낮아져 고등학교, 중학교를 거쳐 초등학교 단계에까지 이르렀다. 유학의 기간은 장기, 중기, 단기 등으로 망라되어 있다. 조기유학 대상 학교는 초기에는 학군이 좋은 공립학교에 집중되었지만 이제는 비싼 사립학교도 마다하지 않게 되었다. 유학 대상 국가는 영어권 선진국으로 제한되었지만 이제는 영어로 수업하는 학교라면 필리핀, 중국, 말레이시아 등도 포함된다. 한편, 한국의 학교교육에 대한 불만 때문에 자녀들의 조기유학을 결행했다고 주장하는 부모들이 목표한 국가에 가서도 학력과 학벌에 대한 집착을 버리지 못한다. 이러한 주장은 조기유학 대상 학교가 주거비용이 많이 소요되는 학군의 공립학교나 엄청난 금액을 지불해야 하는 사립학교에만 집중되고 있는 사실과 부합하지 않는다. 예를 들어 미국이 유학 대상국가일 경우, 도심(都心) 학교는 물론이며 소수 민족 학생들의 비중이 높은 학교도 기피되고 오직 교외(郊外) 공립학교, 사립학교, 기숙 사립학교 등 미국사회에서 선호도가 높은 학교들만 선택된다.[1] 그리고 미국은 물론이며 캐나다에서도 이미 오래전부터 한국형 과외 학원들이 설립되었으며 문전성시(門前成市)를 이루고 있다. 이 학원은 현지에서 '쥐어짜듯 공부시키는 학교'(cram school)로 조롱받고 있다.[2] 심지어 적지 않은 조기유학생들이 유학 중임에도 불구하고 방학 동안에는 한국으로 돌아와 과외학원에서 집중적으로 수업을 받고 있다.

한국의 부모들은 자녀들을 선진국의 학교에 유학시키는 것이 아니라 선진국에 있는 소위 '명문' 학교에 보내는 것이다. 예컨대, 한국의 학교교육이 못마땅하기 때문에 결행된 미국행 조기유학이라면, 미국에 있는 학교들 중에서 그토록 철저하게 골라내어야 할 이유가 없다. 그러나 조기유학 부모들은 한국에서 학군과 학교를 가리듯이 미국에서도 학구와 학교를 세심하게 선별한다. 이러한 사실

---

1) 2003년의 경우, 뉴욕 학구(學區)의 학생들은 백인이 16.1퍼센트, 흑인이 36.1퍼센트, 라틴계가 37.3퍼센트, 아시아계가 10.0퍼센트로 구성되었다, 로스앤젤레스 학구의 인종별 학생 구성을 동일한 순서대로 표기하면 각각 9.6, 12.9, 71.4, 6.0퍼센트였으며, 시카고 학구는 각각 9.2, 50.9, 36.4, 3.3퍼센트로 나타났다(Ladson-Billings, 2004: 9).

2) 과외학원은 미국판 백과사전에도 소개되어 있다(http://en.wikipedia.org/wiki/ Cram_school 1/22/2007). 심지어 방학을 이용하여 한국에 와서 과외학원에 다니는 경우도 있다.

은 한국의 학교교육에 대한 불만을 조기유학의 동기로 강변(强辯)할 수 없는 이유가 된다. 이러한 유형의 강변과 그에 따른 조기유학 결행은 한국의 학교교육에 많은 피해를 주고 있다. 그 이유들 가운데 하나는 조기유학의 불가피성, 정당성 등을 주장하며 결행하는 부모들이 한국사회에서 중상류층, 지도층, 지식인층[3], 전문직 종사자들로서 여론의 형성과 주도에 유리한 위치를 차지하고 있기 때문이다.

공교육이 부실하기 때문에 사교육이 번창한다는 주장은 현실에 전혀 부합하지 않는다. 이러한 주장은 "소위 일류 학교에 다니는 학생들과 삼류 학교에 다니는 학생들 가운데 누가 학원에 더 많이 다니는가"라는 질문 하나에 묵살된다. 질문을 이해하지 못하는 듯이 보이면 좀 더 구체적으로 "사립초등학교에 다니는 학생과 공립초등학교에 다니는 학생 가운데 누가 학원에 더 많이 다니는가"라고 질문해 보면 된다. 이러한 질문들에 대한 대답은 분명하다. 공교육이 상대적으로 낫다고 인정되는 학교의 재학생들 곧, 일류 학교 재학생들과 사립학교 초등학생이 비교되는 삼류 학교 학생과 공립학교 초등학생보다 학원에 더 많이 다닌다. 그렇다면, 공교육의 부실 때문에 사교육에 몰리는 것이 아니다. 공교육이 크게 개선되더라도 사교육에 대한 수요는 전혀 줄지 않는다.

부모들은 초등학교에서 영어를 가르치지 않기 때문에 어쩔 수 없어서 학원에 보내 영어를 배우게 한다고 말한다. 우리는 여기서 다음과 같이 자문해 보자. "초등학교에서 영어를 가르치면, 학원에 가

---

3) 기러기 아빠들 가운데 교수직을 가진 사람들이 아주 많다는 사실은 참으로 역설적이다. 자신들의 자녀들은 외국의 학교에 보내고, 자신들은 한국에 남아있는, 의미상으로는 뒤처져 있는, 학생들을 대해야 하는 교수들이 이 학생들을 가르치고 고무하며 격려할 수 있을지 의문이 제기되고 있다.

서 영어를 배우지 않을 것인가?" 그렇지 않을 것이다. 초등학교에서 영어를 정규과목으로 가르치면 학원에 더 많이 갈 것이다. 1997년부터 초등학생들의 영어학원 출입이 잦았는데 그 때부터 초등학교에서 영어를 가르치기 시작하였다. 학원에 가는 절실한 이유는 배움에 있지 않으며 경쟁에서 앞서는 데 또는 뒤떨어지지 않는 데 있다. 역설적으로, 수능과목에서 영어를 제외하면 사교육을 줄이는 첩경이 될 것이다. 수학까지 제외하면 사교육은 엄청나게 줄어들 것이다. 그러나 이러한 현상도 일시적일 수밖에 없는데, 그 이유는 남아 있는 입시과목들에 더욱 집중하기 때문이다. 학교에서 석차가 앞서 있는 학생일수록 과외수업에 더 집착하는 이유를 되새겨 볼 필요가 있다.

공교육의 부실화는 여러 가지 요인들에 의해서 시작될 뿐만 아니라 가속되고 있다. 그 요인들 가운데 하나이며 결코 경시될 수 없는 것이 학부모들의 가족이기주의적 교육열이다. 이 부모들은 자신들의 자녀들을 다른 가정의 자녀들보다 앞세우기 위해서 학교와 교사로 하여금 공정성을 잃게 만든다. 이들이 학교를 지원할 때에는 학교의 발전을 위해서보다는 자신들의 자녀들에게 직접적으로 이익이 돌아가기를 기대하기 때문이다. 조기유학은 가족이기주의적 자녀교육열의 극단적인 유형이며, 이를 한국의 공교육의 부실에 의한 불가피한 대안처럼 주장하는 것은 부당하다. 그 이유는 이들이 자녀들에게 제공한 조기유학 대상 학교들은 현지에서도 중상류층이 거주하는 학군의 학교들이거나 상류층만이 들어갈 수 있는 사립학교들이기 때문이다.

비슷한 논리로, 한국의 학교교육이 부실해서 외국 학교로 유학을 간다고 말할 수 없다. 외국으로 유학을 떠나는 학생들은 유학국가의 보통 수준의 학교로 유학을 가지 않는다. 미국 유학을 예로 들면, 미국으로 조기유학을 떠나는 학생들은 뉴욕의 할렘에 있는 학교, 로스앤젤레스의 도심에 있는 학교, 몬태나 주(州)나 앨라배마 주의 농촌에 있는 학교 등에 전학하지 않는다. 이 학생들은 백인들이 주로 거주하는 교외[4)]의 학구(school district)에 속한 공립학교, 통학하는 사립학교, 기숙 사립학교에 전학한다. 다시 말해서, 이 학생들은 소위 '값싼 학교'에서 '값비싼 학교'로 전학을 간다. 연간 비용은 초·중·고등학생일 경우 학생 일인당 소요되는 경비는 웬만한 중산층의 연간 소득과 비슷하며 훨씬 초과하는 사례도 적지 않다. 이 정도의 비용이 소요되는 학교는 한국에 없다. 여기에 상호 방문을 위한 항공료, 여비 등을 포함하면 초과되며, 어머니가 자녀들과 동거할 경우에는 더 초과된다.

한국의 학생들과 그들의 부모들은 감당하기 어려울 정도의 학력경쟁과 학벌경쟁에 휘말려 있지만 이를 구조적으로 개선하려는 데는 무관심하며 이 구조에서 개인적 출세를 도모하는 데에만 혼신을 다하고 있음으로써 구조의 재생산에 무의식적으로 공헌하고 있다. 경제적, 사회적, 문화적 자본이 많다고 해서 부모의 역할이 쉽지 않은데, 그 이유는 자녀들이 무한한 가능성 속에서 건전한 선택을 하도록 가르치려면 과도한 간섭과 개입을 피해야 하기 때문이다. 조기유학은 자녀들에게 다양한 가능성을 제공하려는 부모들의 무한한 간섭에 의해서 시도되고 있다. 그러나 조기유학은 부모들의 입장에서는 자녀들에게 값비싼 기회를 제공한 것이지만, 자녀들에게는 선택의 여지없이 부과된 의무이며 반드시 성공해야 하는 과제일 뿐

4) 미국의 교외는 백인들이 거주하는 지역으로 알려져 있다. 그러나 최근에는 유색인종들이 대거 유입하면서 도시에서 나타나는 사회문제들이 늘어나고 있다. 특히, 주요도시들에 인접한 교외일수록 그 속도는 더 빠르다.

이다. 부모 역할이 어려운 까닭은 자녀들이 실패하더라도 부모가 나서서 그 실패를 만회하게 하면 안 된다는 데 있다.

훌륭한 부모란 자녀들이 출세한 부모가 아니며 자녀들이 행복한 부모들이다. 좋은 부모는 자녀들이 실패를 두려워하지 않도록 용기를 북돋우며 성공했을 때보다 실패했을 때 더 포근히 감싼다. 그래서 훌륭하고 좋은 부모를 둔 자녀들은 안주(安住)하지 않으며 도전할 수 있고, 도전함으로써 더 의미 있는 성취를 이룰 수 있다. 돈이 아무리 많아도 실패를 두려워하면 부자 곧 돈이 많은 사람에서 벗어나지 못한다. 이런 유형의 부자들은 생산을 통해서는 내세울 것이 없기 때문에 과시적 소비를 통해 차별화를 시도한다. 우리는 많은 부동산이나 동산을 지키기만 하는 부자를 사업가(enterpriser)라고 부르지 않는다. 인류 역사상 위대한 발견과 발명은 가장 많이 실패한 사람들의 끊임없는 도전에 의해서 이룩된 성취의 결과이다.[5] 자신의 삶을 스스로 결정하지 못한 사람이 행복할 수는 없다. 조기유학의 결정적인 단점은 자녀들의 인생이 부모들에 의해서 너무 많이 조종되고 있다는 데 있다. 도전이어야 할 유학이 부모의 한없는 개입과 주도에 의해 재배(栽培)처럼 변질되고 있다.

부모가 자녀들이 출세하기를 바라는 것은 너무나 자연스럽고 당연하다. 그렇지만 부모가 자녀들이 출세하도록 강요한다면, 이는 비록 부모의 행위라 할지라도 폭력에서 벗어나지 않는다. 더욱이 부모가 일정한 통로를 설정해 놓고 자녀들이 이 통로만을 따르도록 강

---

5) 성공에만 집착하는 사람은 실패의 가능성이 적은 일만 시도한다. 결과적으로, 그 사람의 시도가 성공하더라도 큰 의미가 없다. 성공에만 집착하는 사람은 성공의 범위를 가능한 넓힌다. 그래서 웬만한 결과는 성공으로 판정된다. 넓은 표적지를 겨냥하는 사람은 좁은 표적지를 겨냥하는 사람보다 성공확률이 높지만 그 성공은 별 의미가 없다.

요한다면, 이는 명백히 폭력일 수밖에 없는데 그 이유는 자녀들의 자유를 철저히 박탈했기 때문이다. 부모라 할지라도 자녀들의 인생을 통제하고 지시할 수 없다. 부모는 자신들의 뜻대로 자녀들의 인생을 설계할 수 없다. 이는 자녀들이 부모의 삶을 간섭할 수 없는 것과 마찬가지이다. 자녀들은 자신들의 인생을 살아가야 할 권리가 있고 의무가 있다. 모든 사람은 태어나면서부터 타인에게 양도할 수 없는 고유한 권리 곧 천부인권(天賦人權)을 가지고 있다.

누구든지 자신의 인생수레를 끌고 간다. 아무리 어린 자녀들이라 할지라도 그 자신들의 인생수레가 있다. 자녀들이 인생수레를 끌고 갈 때 부모가 해 줄 수 있는 일은 뒤에서 밀어주는 정도를 넘지 못한다. 만일 부모가 자녀들의 인생수레를 그들을 제쳐내고 앞에서 수레를 끌면 자녀들의 인생을 박탈하는 것과 같다. 뒤에서 밀어줄 수밖에 없기 때문에, 부모들은 자녀들을 볼 때마다 안타까움을 떨쳐버리지 못한다. 그래서 제 몸도 제대로 못 가누는 팔순 노모(老母)도 쉰을 넘은 아들딸더러 길 조심하라고 당부한다. 자녀들의 인생수레를 뒤에서 밀어줄 때, 부모들은 너무 세게 밀거나 자녀들이 원하지 않는 방향으로 밀어서는 안 된다. 그러면 자신들의 인생수레를 끌고 가는 자녀들이 넘어지거나 자빠진다. 자녀들은 제 꿈을 꾸고 펼쳐야 한다. 부모들은 자녀들에게 "네 꿈을 펼쳐라"라고 격려해야 한다. 그 꿈들이 부모가 자녀들을 낳고 기르면서 수없이 꾸었던 그 꿈들과는 다르더라도 어쩔 수 없는 일이다. 자녀들도 자라면서 어머니와 아버지에 대한 꿈을 자주 그리고 다양하게 갖는다. 자녀들의 꿈속에서 아버지와 어머니는 슈퍼맨이고 원더우먼이다. 자녀들은 성숙해지면 부모를 마음대로 만들 수 없음을 깨닫고 그 꿈들을 철회하기 시작한다. 부모가 원하는 대로 자녀들을 만들 수 없듯이, 자녀들도 원하는 부모를 가질 수 없다. 그래서 '자식 복'이라 하고 '부모 복'이라는 말이 있고, 세상을 살다보면 그게 운수라는 생각이 들게 된다. 좋은 부모는 자녀의 인생수레를 앞에서 끌지도 않으며, 뒤에서 과도하게 밀지도 않으며, 때가 되면 혼자 끌고 가도록 내버려 둔다.

부모가 가장 부모다웠을 때는 자녀가 태어나는 때이다. 이때에는 모든 부모들이 아기의 탄생을 진심으로 축하한다. 고통의 전형(典型)으로 비유되는 산고(産苦)를 참아낸 어머니는 신생아를 보고 진심으로 감사하며, 이 순간을 지켜보는 아버지는 경건해진다. 이 순간, 어머니와 아버지는 피투성이 아이의 출현만으로도 행복해 한다. 아마 모든 부모들은 아이가 건강하고 밝게 자라주기만을 기도할 것이다. 이 순간에는 어느 부모도 아이에게 고학력, 명문학벌, 출세를 요구하지 않을 것이다. 그래서 이 순간이 모든 부모들을 가장 부모답게 만들며 모든 가정을 가장 건전하게 만든다.

한국사회가 발전하려면 모든 가정이 건전해야 한다. 한국사회가 좋은 사회가 되려면 공동체를 지향해야 한다. 공동체는 목적, 신념, 재원, 선호, 필요, 위험 등을 공유하고 결속을 다진다. 지금처럼 모든 가정이 다른 모든 가정을 제쳐 버려야 할 상대로 간주하고 무한 경쟁을 펼치는 한, 한국사회가 공동체가 될 리 없고 따라서 함께 함으로써만 가능한 행복도 누릴 수 없다. 오늘날 한국의 학교는, 단계에 불문하고 유형에 관계없이, 각 가정에서 부모들로부터 상대를 꺼꾸러뜨릴 수 있는 전략을 전수(傳受)받고 무기를 공급받아서 전의(戰意)를 불태우려는 전사(戰士)들의 격전장에 가깝다. 여기에서 여리거나 순수한 마음을 가진 사람은 가장 먼저 도태된다. 상대방으로부터 공격을 받지 않으려면 항상 긴장하고 있어야 한다. 이러한 환경에서 학생들은 영리해지지 않을 수 없고 영악해지기까지 한다. 이 격전장에서 학생들은 남들을 제치는 데에만 몰두함으로써 자신의 꿈과 소망을 알지도 갖지도 못한다. 이러한 격전장에서 매번 승리를 구가(謳歌)해 온 사람들은 경쟁거리를 찾아 나선다. 이들은 그 무엇보다도 승리하기 위해 경쟁에 뛰어든다. 이들은 사회적 평판에 신경을 곤두세우며 출세로 인정받아야 직성이 풀린다. 이들은 언제 어디서나 상대적 우위를 확인하려든다. 우리 모두는 이들을 부러워하며 이들과 크게 다르지 않다. 우리들은 하나같이 격차, 우열, 승패를 가려야만 직성이 풀린다. 격차, 우열, 승패를 쉽게 가리기 위해, 한국사회에서는 모든 것이 수치(數値)로 전환되고 순위가 매겨진다.

출세로 인정받으려는 사람들은 무엇이 되는 데에만 혼신을 다할 뿐이다. 이들은 출세로 인정받을 수 있는 자리를 차지하는 데에 전력을 다하지만 정작 그 자리를 차지한 후에는 그 자리에서 '해야 할 일'을 하는 데에는 소홀하며 더욱이 '의미 있는 일'에는 전혀 관심을 갖지 않는다. 이들은 자신들의 출세를 확인받을 수 있는 곳이라면 가리지 않고 출현하여 자신의 건재함을 알린다. 이들은 소속감을 느낄 수 있고 군림할 수 있는 모임을 좋아하며 그런 모임의 지명도를 높이는 데 적극적으로 기여하고 생색을 낸다. 이들은 자신이 차지하고 있는 일자리를 통해서 사회적으로 공헌하거나 봉사하는 데에는 관심을 기울이지 않는다. 자리에만 연연하고 일에는 소홀함으로써, 이들은 사회적 평판이 높은 자리에 있으면서도 실제로는 일로부터 소외되어 있다.

조기유학은 한국의 학교교육에 대한 불만에서 결행될 때에는 미국사회에서 소수민족들과 어울림을 피하기 위해서 백인들에 의해 자행된 '도심에서 교외로의 탈출'(white flight)에 비유될 수 있으며, 한국에서 기대한 상급학교로의 진학에 대한 불안에서 취한 조치라면 합의한 규칙에 의해 진행된 경기를 거부하는 것에 비유될 수 있다. 조기유학이 시대적 흐름일 뿐만 아니라 조기유학을 통한 새로운 사회망(social network)이 형성되어 세력화할 기세를 보이고 있기 때문에, 조기유학 집단에 대한 개인적 불만과 집단적 거부감은 물론이며 계층적 위화감이 강화되고 있다. 더욱이 조기유학생들이 추후 인적 자본, 경제적 자본, 사회적 자본 등으로 무장하여 한국사회에서의 출세를 도모할 경우에는 심각한 사회문제를 유발할 수 있다.

조기유학은 부모가 가진 경제적, 사회적, 문화적 자본이 자녀 교육에 직접적으로 개입하는 전형적인 현상이다. 조기유학에는 경제적, 사회적, 문화적 자본이 아주 많이 요구되기 때문에 교육 불평등을 조장하게 된다. 조기유학이 사회적 쟁점으로 부각하게 된 데에는 현실적으로 유리한 조건을 가진 집단들에 의해서 기득권 유지를 위한 수단으로 이용된다는 인식이 깔려 있다. 사실, 조기유학은 한국사회의 최상류층인 자본가계급에 의해서만 이루어지고 있지 않다. 조기유학은 최상류층 자본가계급에 의해서 발단되었지만 사회적 지명도가 높은 의사, 법조인, 교수, 연예인 등 전문직을 가진 부모들에서 급격히 확산되었다. 의사, 법조인, 교수, 연예인 등은 하나같이 사람들에게 봉사하는 직업이며 사회의 행복, 정의, 미래를 책임지고 있다. 이들에 의해서 가족이기주의적 행위가 확산됨에 따라 사회계층이나 직업집단 사이의 위화감이 고조되고 있다.

자녀들의 조기유학을 계획하거나 실행하는 부모들은 자녀들의 장기적인 미래에 대해서는 크게 개의치 않는다. 다시 말해서, 이 부모들은 자녀들이 진학할 대학의 수준에 대해서는 민감하게 대처하고 있지만 자녀들의 그 이후의 인생에 대해서는 막연한 소원만 가지고 있다. 이 부모들은 자녀들이 조기유학을 통해서 국내의 대학진학에 유리해지거나 현지 대학의 진학이 수월해지는 데에만 관심을 집중한다. 거의 모든 한국의 부모들이 그러한 것처럼 자녀들이 대학에만 들어가면 그 다음의 절차는 순조롭게 될 것으로 낙관하거나 그 자녀들이 "알아서 해야 할 일"이며 자신들로서는 어쩔 수 없는 단계라고 생각한다. '기러기 아빠'를 핵심개념으로 사용한 최양숙(2005: 73)의 연구에 의하면, "자녀 미래 거주지에 대한 기대"를 묻는 질문에 연구에 참여한 20명의 기러기 아빠들 가운데 4명만이 귀국을 기대한다고 응답하였다. 이 질문이 기대 수준을 묻는 것이어서 이 4명의 아버지도 자녀의 귀국을 확신하지 못한다.

그러나 자녀들의 인생에 있어서 중요한 전환은 대학진학 이후에도 지속된다. 취업, 결혼, 병역의무 이행, 거주지 등의 결정 결과에 따라 전혀 다른 인생이 펼쳐질 수 있다. 자녀들의 조기유학을 실행한 부모들은 이처럼 결정적인 선택 과정에 대해 고려하지 않거나 애써 미루어 두고 있다. 이 때문에 조기유학 이후의 결정들에 따라 자녀의 인생이 전적으로 좌우될 수 있음에도 불구하고 계획적이기보다는 상황에 따라 즉흥적으로 내려질 가능성이 많다. 한편, 조기유학을 떠난 학생들에게는 현지 적응에 치중하는 만큼 귀국의 가능성은 줄어들며 국적과 정체성에 따른 위기를 겪게 된다. 조기유학생들은 유학국에 체류하기로 결정한 후에는 소수민족으로서 인종차별을 피할 수 없게 된다. 그리고 이들은 한국의 경제력이 상승함에 따라 선진국의 시민으로서 지금까지 누려 왔던 '선진국 프리미엄'도 갖기 어렵게 된다. 다시 말해서, 이들은 유학을 떠나기 전에는 자신들보다 훨씬 불리한 처지에 있었던 친구들이 세월이 가고 성인이 된 후 귀국했을 때에는 사회경제적 지위나 삶의 질적 수준이 자신들보다 낮지 않거나 훨씬 높음을 인정해야 하는 경우도 적지 않을 것이다.

자유는 항상 가까운 사람들로부터 침해되며 구속은 항상 가까운 사람들로부터 시작된다. 그리고 구속은 항상 보호라는 이름으로 자행된다. 부모, 자녀, 형제자매, 배우자 등 일차적 집단의 구성원들에 의한 구속은 이차적 집단에 의한 구속보다 치명적이다. 자녀에 대한 부모의 사랑은 자유보다 구속에 더 가까운 형태로 나타난다. 자녀로부터 자유로운 부모가 없듯이 부모로부터 자유로운 자식도 없다. 자식에 대한 부모의 사랑은 "자식을 잘 되게 한다"는 명분 아래 너무 많이, 직접적으로, 결정적으로 자식의 삶에 개입함으로써 자식들이 자신들의 삶으로부터 소외된다. 자아상실로 정신연령이 생활연령보다 턱없이 어린 성인들이 넘쳐 나고 있다.

아이들끼리는 질서를 유지하다가도 부모가 개입하면 여지없이 무너져버린다. 함께 어울려 즐겁게 웃던 아이들 사이에 어머니들이 나서면, 분위기가 순식간에 경쟁 상황으로 돌변하기도 한다. 유치원 원아들도 한 원아의 어머니가 나타나 자식사랑을 표현하면 종전의 즐거움을 잃게 된다. 중·고등학생들이 교실에서 수업을 듣다가도 화사한 옷차림으로 학교 교정을 가로질러 교무실로 향해 가는 어떤 어머니를 목격하는 순간부터 수업의 분위기는 어수선해진다. 한국의 학부모들은 진솔한 마음으로 학교를 방문할 수 없다. 그러한 마음으로 방문하더라도 그 진의를 인정받기 어렵다. 한국의 부모들은 학교에는 관심을 갖지 않으며 오직 자녀의 성적과 석차에만 몰두한다. 학교를 개선하기 위해서 학부모들의 참여와 도움을 필요로 할 때에도 가족이기주의로 무장한 부모들 때문에 모임 자체가 무산된다.

언제 누구로부터 시작되었는지도 모르는 선행학습 때문에 학교 수업이 방향과 진도를 잃고 무력해지고 있다. 먼저 배우는 것을 먼저 아는 것으로, 나아가 더 똑똑한 것으로 오해되고 있다. 선행학습이 학생 자신들의 의지에 의한 학습 곧 예습의 의미를 상실하고 공정하게 출발해야 할 경주(競走)에서 외부의 개입에 의한 부정출발(不正出發)과 같은 부당함이 부모의 자녀교육열로 포장되어 교육체제를 위협하고 있다. 한국사회에서는 규제되어야 할 부정출발이 모든 선수들이 정당하게 출발하지 않기 때문에 묵인되고 관례화되듯이 선행학습이 보편화되고 있다. 사교육기관에서 미리 배운 학생들 때문에 학교에서 제때에 배우는 학생들이 열등하거나 낙오된 것처럼 오해되고 있다. 선행학습이 너무 확산됨에 따라 학교의 교과과정이 시대와 학생들의 능력에 뒤처져 있다는 비판이 쇄도하고 있을 정도가 되었다. 온실의 식물처럼 재배됨으로써 가능했던 조생(早生)이 성숙(成熟)처럼 오해되고 있다. 조생은 야생(野生)에서의 적응력 상실을 의미하고 상품화되고 있음도 함축하고 있다. 실제로는 선행된 교수(teaching)이면서도 학생들의 자발적인 학습처럼 인식되고 있다. 선행학습이 확산되면서 학생들은 자신들이 반드시 주체이어야 할 학습으로부터 소외되고 있으며 그 결과로서 '즐거움으로서의 배움'(learning as joy)의 의미는 사라지고 있다. 배움과 깨달음 그 자체로부터 기쁨과 즐거움을 갖지 못한 학생들은 성적, 학력, 학벌에 따른 보상과 벌의 대상으로서만 의미를 둔다.

한국사회에서는 자녀교육에 있어, 모든 부모들이 다른 모든 부모들의 부당함을 지적하면서 자신들의 부당함을 정당화하고 있다. 자녀들의 학력, 학벌, 출세에만 몰입하는 부모들에 의해서 한국사회는 규범이 무너지는 현상 곧 아노미 현상이 확산되고 있다. 전략만 난무하며 정의는 소멸되고 있다. 점차 많은 사람들이 자신의 전략이 먹혀 들어가지 않을 때마다 국가와 사회의 부당함을 강도 높게 비판한다. 한국사회에서는 자녀의 출세를 위해 몰입하는 부모들에 의해서 편법(便法) 또는 위법(違法)이 전략처럼 인식되고 있다. 현행법상 조기유학은 위법행위이지만 다양하고 교묘한 수법에 의해서 그리고 너무 확산됨에 따라 묵인되고 있다. 한국에서 활용했던 전략을 외국에서도 적용하면서 개인적으로는 물론이며 국가적으로도 부끄럽고 난감한 상황이 속출하고 있다.

조기유학을 규제하는 데 대해서 불만을 토로하는 사람들이 적지 않다. 자유주의, 민주주의, 인권 등을 불가침의 가치로 내세우는 국가에서는 부모가 자녀의 학교선택권[6]을 가질 수 있어야 한다. 그러나 국가의 입장에서 보면, 의무교육은 한 국가에서 살아가는 데 필요한 최소한의 가치와 규범을 가르칠 수 있는 유일한 장치이다. 이 의무를 이행하지 않음에 대한 국가의 규제는 이로서 정당성을 갖는다.

> 국가가 국민들에게 일정 기간의 학교교육을 의무로 부과하는 이유는 국가사회가 유지되고 발전하려면 국민들이 최소한의 지식과 기술은 물론 사회에 대한 책임감을 가져야 하기 때문이다. 국민들이 대부분 문맹이고 국가에 대한 충성심이 없다면, 그 국가는 발전은 말할 것도 없고 존속도 어려울 것이다. 반대로, 국민들이 풍부한 지식과 양질의 기술을 갖고 있을 뿐만 아니라 건전한 도덕성과 높은 애국심을 갖고 있다면 그 국가는 발전을 거듭할 것이다. 모든 국가는 국가의 존속과 발전을 위해 교육을 활용하고 있다(오욱환, 2003: 22-23).

6) 학교선택권은 교육선택권, 학습선택권 등으로 표기되기도 한다. 그러나 선택이라는 말이 사용되려면 선택할 수 있는 꺼리가 다양해야 한다. 교육선택권과 학습선택권에는 각각 교육을 받을 권리와 거부할 권리, 그리고 학습할 권리와 학습을 거부할 권리라는 두 가지 선택밖에 없다. 수용과 거부만이 주어질 경우에는 '권리'라는 용어만으로도 충분하다. 조기유학과 관련된 권리 논쟁은 교육 또는 학습을 받을 권리를 의미하지 않으며 학교를 선택할 수 있는 권리를 지칭하므로 학교선택권으로 표기되는 것이 낫다. 교육권리는 국가에 요구하는 기본권(基本權)이라면, 학습권리는 가르침 없이도 학습과 터득이 가능하기 때문에 천부적(天賦的) 인권이다.

부모의 체면 유지를 위한 수단으로 그리고 학생의 우쭐거림을 위한 도구로서 이용되는 조기유학은 성공의 범위와 종류를 광범위하게 설정함으로써 실제적인 과정이나 예견되는 결과를 무시한 채 위세의 수단으로 활용되고 있다. 한국의 부모들은 서로를 상대로 하여 무한경쟁을 벌이고 있다. 이 때문에 한국사회의 교육열은 제어기능을 잃은 기관차처럼 내달리고 있다. 자녀교육에서는 반칙이 전략으로 오해됨으로써 쉽사리 그리고 거리낌 없이 자행되고 있다. 예습, 자습, 학습, 터득 등 중요한 교육적 활동이 소멸되고 있다. 학습과 터득이 교수에 선행할 수 있음을 부정하고, 학습은 오직 가르침에 따른 결과라고 생각한다.

교육의 최종적인 목적이 학생의 지적, 정의적, 도덕적 성숙에 있는데도 불구하고 한국사회에서 학생들은 가르치는 대로 배우는 피동적 존재로서 각인되고 있다. 한국사회에서 학생들은 학습의 주체가 되지 못하고 가르침의 객체로서, 달리 표현하면 교사의 고객으로서만 존재하고 있다. 교육에서 가장 중요하게 생각하는 주체성, 환경통제감은 포기되고 있다. 목이 마를 때마다 심지어 마르지 않을 때에도 물을 풍족히 줌으로써 물을 찾는 방법을 알지 못할 뿐만 아니라 목이 마르는지도 모르는 상태로 악화되고 있다. 한국의 부모들은 자녀들이 물을 요구하지 않을 때에도 물을 주며 심지어 물을 먹이고 있다. 한국의 어린이들과 청소년들은 부모들로부터 너무 많이 그리고 미리 받음으로써 자신들에게 필요한 것이 무엇인지 스스로 깨닫는 경험을 하지 못하고 있다. 한국의 어린이들과 청소년들은 갈구(渴求)해본 경험이 부족하여 추구할 줄도 모르며 성취했을 때의 기쁨도 느끼지 못한다.

한국의 부모들은 자녀들을 위해서 혼신을 다하면서도 자신들의 부모에게는 냉담해지고 있다. 그러면서도 한국의 부모들은 자녀들이 자신들이 베푼 만큼 나중에 효도할 것이라고 기대하고 있다. 한국의 부모들은 국가와 사회의 책임을 강조하면서도 정작 자신들은 철저히 가족이기주의에 의해 처신하고 있다. 자기 자녀들의 이익을 확대하기 위해 다른 가정의 자녀들에게 피해가 될 수 있는 행동도 주저하지 않고 자행한다. 자신들이 불리할 때에는 평등을 부르짖다가도 유리한 입장에 처하게 되면 자유를 최고선으로 표방한다. 다른 사람들을 비판하는 데에는 익숙하지만 스스로 성찰하는 데에는 인색하다. 얻는 데에만 몰입하며 베푸는 데에는 무심하다.

한국의 부모들은 자녀의 교육을 위해서라면 모든 것을 희생할 각오가 되어 있다. 그 결과로서, 한국의 교육열은 세계 어느 나라도 추월할 수 없을 정도로 높다. 한국 부모들의 자녀교육열은 매우 높지만 자신들의 교육과 학습에서는 아주 소홀하다. 그래서 각 가정에서 부모들은 자녀들이 공부하도록 몰아치지만, 정작 자신들은 배움을 철저히 외면하고 있다. 각 가정에는 자녀들의 교과서, 참고도서, 부교재, 학습지 등은 널려 있지만 부모들이 자신들의 지적, 정서적 성장을 위한 책은 거의 없다.

> 지난해 7월 리서치컴의 설문조사 결과 우리나라 성인이 한 달 동안 읽는 책은 평균 1.3권이다. 2002년 조사의 0.8권에 비하면 조금 늘어난 수치이지만, 미국 6.6권, 일본 6.1권, 프랑스 5.9권에 견주면 창피할 정도로 낮은 수준이다. 우리보다 1인당 국민소득이 훨씬 적은 중국도 2.6권이나 됐다. 한국은 유엔이 정한 평균 독서량 순위에서 세계 166위라는 초라한 성적표를 받았다(배용수, 2006).[7]

---

7) http://www.dongailbo.co.kr/docs/magazine/shin/2006/02/15/200602150500058/200602150500058_2.html 또는 신동아 2006년 2월호 492-499.

지하철이나 버스에서 자녀에게 영어 단어를 암기시키는 어머니들을 볼 수 있지만 자신을 위해서 책을 읽는 어머니들을 보기는 어렵다.[8] 각 가정은 경제적 자본(돈)이나 사회적 자본(인맥)을 늘리기 위해 애를 쓰지만 문화적 자본에 투자하는 데는 인색하다. 당연한 결과로서, 자녀들은 진지하게 공부하고 탐구하는 부모의 모습을 볼 수 없다. 가정은 철저히 소비, 오락, 휴식의 장소로서만 이용되며 생산, 학습, 창조의 산실이 되지 못하고 있다. 한국 가정의 풍경은 자녀들을 공부하도록 재촉하면서 정작 본인들은 놀거나 휴식하는 부모와 그 닦달로부터 모면하기 위해 애쓰는 자녀 사이에 팽팽한 긴장과 전략이 교차하는 곳이다.

한국사회는 교육사회(educating society)일지는 몰라도 학습사회(learning society)와는 거리가 멀다. 한국의 부모들은 자녀들을 공부하도록 밀어붙이는 사람(pusher)이지만 사려 깊은 안내자(guider)이거나 이상적 모형(ideal model)은 아니다. "오늘날 풍족한 계층의 아이들에게 팽배한 불만의 대부분을 차지하며 '재촉'이라는 큰 스트레스를 구성하는 것은 이용당하고 있다는 느낌, 부모에 의해 착취당하고 있다는 느낌, 정당한 이유 없이 아동기의 정체감과 고유함을 잃고 있다는 느낌이다"(Elkind, [1988] 2001: 37). 부모로부터 조숙하도록 강요받는 아이들은 아이답게 행동할 수 없으며 어른처럼 처신해야 한다. 이러한 아이들은 자신의 인성을 잃어버리게 되고 기대된 역할에만 충실하게 된다. 다시 말해서, 이러한 아이들은 무대에서의 배우

---

8) 한국에서는 버스나 지하철에서 신문이나 정보지를 읽는 사람들은 다소 있지만 책을 읽는 사람은 거의 없다. 이러한 광경은 한국인들이 소일(消日)하고 있을 뿐 탐구(探究)하는 데에는 소홀함을 증명한다. 그 결과로서 한국성인의 1인당 도서 구매량은 일본과 비교할 수조차 없을 정도로 낮다. 한국에서 문고판 도서의 판매가 극도로 부진한 것도 이와 무관하지 않다.

역할에 너무 충실한 나머지 무대 밖의 일상에서 자아를 잃게 된다. 그리고 그 역할을 수용하고 수행하는 대가(代價)로 부모로부터 많은 것을 보상받으려고 하고 실제로 받기 때문에 경제적으로는 물론이며 심리적으로도 제때에 독립하지 못한다.

조기유학은 아동기나 청소년기의 아이들을 조숙하도록 재촉하는 극단적인 사례이다. 낯선 곳을 여행할 때에도 스트레스를 피할 수 없다. 낯선 곳에서 살아가려면 이전의 자신을 버려야 한다. 그 곳에 빨리 적응하고 업적을 쌓으려면 자아를 포기해야 하고 요구하는 역할에만 충실해야 한다. 조기유학생들의 현지 적응 과정의 이면(裏面)은 조숙해지도록 요구하는 부모의 기대를 충족시키기 위해 '아이다움'의 기회를 포기하는 과정이다. 자아보다는 역할에 충실해야 하는 생활을 오래하다 보면 상대편에게도 역할만 요구하게 된다. 조기유학생들에게 우려되는 것은 자아의 상실과 역할에의 종속이다. 조숙을 재촉 받은 자녀들은 부모의 사랑에 대한 기대를 철회하고 부모의 역할만을 요구하게 된다. 상대를 역할로만 인식하게 되면 객관적 평가만 남게 되고 인간적 교감이나 정서적 교류는 사라진다. 재촉은 애정이 아니며 역할의 강요에 지나지 않는다. 부모로부터 재촉받는 아이들은 성인 역할을 강요받는다고 인식하게 되므로 부모를 사랑할 수 없으며 역할에 충실하다보면 부모를 사랑할 수 있는 여유도 갖지 못한다.

어린 자녀를 유학길로 떠나보내는 부모들은 "열심히 공부해라. 그리고 정 못 견디겠으면 언제든지 돌아와라"라고 애정 어린 말을 건넨다. 이 말은 '말하는 사람'과 '듣는 사람'에게 동일한 의미를 갖지 않는다. 부모는 "언제든지 돌아오더라도 괜찮다"로 말했겠지만, 그 말을 듣는 자녀는 "정 못 견디겠으면"에 무게를 둘 수밖에 없다.

더욱이 조기유학을 위해서 엄청난 비용, 시간, 노력이 투입되었거나 부모의 인생이 모두 걸려 있다는 사실을 알고 있는 자녀에게 부모의 말이 "언제든지 돌아와도 좋다"로 인식될 리 없다. 오히려 '정 못 견디겠으면' 다시 말해서, '불가능하면', '희망이 없으면' 또는 '실패했으면' 돌아오라는 뜻으로 이해된다. 자녀에게 이 말은 "성공하기 전에는 돌아오지 마라"는 말과 별반 다르지 않다. 조기유학은 떠나기 전까지는 선택이지만 떠난 후에는 선택이 될 수 없는 이유가 바로 여기에 있다.

한국인들은 만족을 유예시키는 성향이 아주 강하다. 미래를 위해서 현재를 희생하는 가치관을 너무 미화한 나머지 일상적 행복을 등한시하는 경향이 있다. 자녀를 위해서 자신의 행복은 물론이며 일상생활까지 포기하는 경향도 나타나고 있다. 당연한 결과로서 자신들의 배우자, 부모, 형제자매에 대한 최소한의 의무도 기피하는 사례가 적지 않게 일어나고 있다. 한편에서는 조기유학 온 친인척 아이들을 부탁받은 현지 거주 한국인들이 이 아이들의 무례함과 자유분방한 행동 때문에 힘들어 하고, 다른 한편에서는 그 아이들에 대한 친인척의 소홀함 때문에 그 부모들이 섭섭해 한다. 현지에 거주하는 친인척들은 자신들의 일상생활과 가풍을 송두리째 뒤흔들 정도의 배려를 요구하는 조기유학생 부모들을 이해하기 어렵다. 이와는 반대 입장에 있는 그 부모들은 부모의 슬하를 멀리 떠나 이국땅에 홀로 지내야 하는 아이들을 보살펴주는 데 그 친인척들이 각박하게 군다고 생각한다. 조기유학 자녀 때문에, 한국에 살고 있는 부모들과 현지에 거주하는 친인척들 사이에 갈등이 야기되는 경우도 빈번해지고 있다. 조기유학생 부모들과 현지 친인척들은 각각 방문자와 거주자로서, 소비자와 소득자로서 또는 고객과 점원으로서 자신들의 규정하고 있기 때문에 시각의 차이는 극복되기 어렵다.

자녀의 조기유학을 위해서 많은 가정이 비상상태로 유지되고 있다. 부부가 별거 상태에 있는가 하면 가정경제가 위험 수위에 육박하고 있다. 이러한 위기상태를 정당화하기 위해 자녀의 인생에 너무 깊이 개입하고 몰입함으로써 부모-자식 사이에 감정의 골이 깊어지는 경우도 적잖게 발생하고 있다. 자녀들에게 "나는 너 하나만 믿고 산다"는 말을 애정의 정수(精髓)처럼 착각하고 수시로 반복하여 각인시킴으로써, 자녀들이 부모에 대한 부담을 떨쳐버리지 못하여 자신들의 삶을 구상하고 실행하지 못하는 경우도 발생하고 있다. 한국사회에는 육체적 탯줄은 끊었지만 정신적 탯줄을 놓지 않고 이를 통해 자녀를 원격 조종하는 부모들이 적지 않다.

도전이라는 이름으로 추진된 자녀의 조기유학이 자녀로 하여금 부모에게 경제적, 심리적으로 훨씬 의존하게 만듦으로써 자기 삶의 주체가 되지 못하게 만드는 결정적 원인으로 작용하는 역설적 현상이 일어나기도 한다. 자녀를 위해 자신들을 희생한다고 생각하는 부모들은 그 희생이 자녀에게 엄청난 부담이 된다는 사실을 알지 못한다. 부모일지라도 자신을 희생한다고 해서 자녀의 인생을 독점할 수는 없다. 자신의 삶을 선택할 수 없다면, 그 어떤 지원도 강요에 지나지 않는다.

부모와 자녀가 동거할 수 있는 기간은 무한하지 않다. 조기유학으로 부모와 자녀가 동거할 수 있는 기간이 급격히 줄어들고 있다. 동거의 기간이 줄어드는 만큼 경험의 공유 기간도 줄어들면서 정(情)을 나눌 수 있는 절대 시간이 부족해지고 있다. 초등학교 6학년생이 조기유학을 떠날 경우, 정을 나눈 세월이 13년을 넘지 못하는 극단적인 사태도 발생할 수 있다. 아무리 심성이 고운 며느리라

할지라도 함께 한 세월이 없으면 시부모를 모시기 어렵다. 그러나 심성 사나운 며느리라도 오랜 세월을 시부모와 함께 살았다면 미운 정 고운 정 때문에 늙고 병들어도 모실 수 있다. 부모와 자식 사이의 정(情)도 피를 나누기만 하면 자동적으로 돈독해지는 것이 아니다. 자녀들의 성장 과정을 지켜보지 못한 부모는 그들에 대한 추억거리를 제한받게 된다.

조기유학에는 무리한 방법까지 동원하기 때문에 위법적 요소가 개입될 소지가 있다. 현실적으로는 허용이 되지만 법률적으로 위반되거나 윤리적으로 부당한 사례가 적지 않다. 미국으로의 조기유학의 경우 비합법적으로 공립학교 입학, 자녀와의 동반을 위한 불법 체류, 형식적인 입양을 통한 현실적 이권 획득 등은 자녀의 동의, 묵인 그리고 협조 아래 추진되므로 자녀에게 편법, 위법 또는 위선을 가르치는 결과를 초래한다. 이러한 과정은 긍정적으로 보면 개인주의적이지만 부정적으로는 이기주의적으로 비쳐진다. 자녀에게 더 나은 교육기회를 제공하기 위한 결단이 실제로는 부정적인 것들을 현장감 있게 가르치는 것과 다름이 없게 된다.

조기유학은 인생 주기 가운데 가장 급격하고 변화무쌍한 10대에 진행된다. 이 시기는 질풍노도로 표현될 정도로 변화가 무쌍한 때이다. 격동의 청소년기는 그 부모의 중·장년기와 맞물려 있다. 성장과 발달 측면에서는 청소년기가 질풍노도의 시기이지만, 직업의 세계에서는 중·장년기가 거센 바람과 파도를 홀로 헤치고 나아가야 하는 시기이다. 중·장년은 피고용자일 경우 가파르게 승진해야 할 때이고, 자영업자일 경우 기반을 확실히 다지고 확대해야 할 때이며, 전문직일 경우 업적을 풍성하게 쌓아야 할 때이다. 이처럼 역할이 과도하게 기대되는 만큼, 이 시기에는 위험이 도처에 도사리고 있다. 다시 말해서, 중·장년기 부모는 개인적으로 흥망성쇠가 가려지는 시기를 맞게 된다. 자녀와 부모 모두, 유형은 다르지만, 격동의 시기를 맞고 있기 때문에 상대의 격려와 지원을 절실히 필요로 한다. 정은 애정, 존경, 연민 그 어떤 형태로 표현되던 교감에 의해서 쌓이고 두터워진다. 교감은 오감에 의해서 감지할 수 있어야만 교류될 수 있다. 그래서 한국에는 "먼 곳에 있는 일가가 가까운 이웃만 못하다", "낳은 정보다 기른 정이 더 크다"는 전래 속담이 오늘날에도 통용되고 있다. 부모는 자녀의 성장기의 격동을 그리고 자녀는 부모의 생업에서의 부침(浮沈)을 지켜보고 격려·고무하면서 어버이와 자식 사이에 정이 쌓이게 된다. 그렇게 쌓은 정에 힘입어 추후의 애정과 존경을 이어간다. 함께 한 추억이 없으면 생각조차 날 수 없다.

낯선 이국땅에 어린 자녀들을 보낼 수 있는 용기를 가진 부모들이라면, 그 부모들은 학력·학벌로부터의 자유를 결행하는 용기도 갖고 있을 것이다. 조기유학을 보낼 수 있는 부모들은, 경제·사회·문화·정치 등 모든 영역에서 지배·주도·선도적 위치에 있을 것이므로, 부정적으로 묘사하고 있는 한국교육의 현실 속에서 개인적, 단기적 돌파구를 마련하는 데 미련을 버리고 사회구조적, 장기적 해결책을 모색하는 데 역량을 쏟을 수 있을 것이다.

소원을 담아 긍정적으로만 묘사하는 조기유학은 환상이며 유토피아에 지나지 않는다. 이국(異國)의 공항에 도착하고, 거주지를 마련한 후, 현지 학교에 등록한 다음, 교실에서 듣는 수업은 현실일 뿐이다. 외국 생활이 지속될수록 현실은 절박하고 냉엄하게 다가온다. 조기유학을 계획하는 부모들은 무엇보다 먼저 그 현실을 냉철하게 간파해야 한다. 환상을 갖고 조기유학을 추진하면 현실에서 위기를 맞을 수밖에 없다. 조기유학을 추진하는 사람들은 나름대로의 유토피아를 상상하고 있다. 구상 속의 조기유학은 유토피아일지라도 실행해야 할 조기유학은 엄연한 현실이다. 유토피아를 향한 비행(飛行)은 착륙할 곳을 잃을 수 있다. 유토피아를 찾아 나선 비행일지라도 반드시 현실에 착륙해야 한다.

조기유학을 떠나면서 소원했던 모든 사항들이 실현된다면 지상의 낙원(樂園)에 들어가는 것과 같을 것이며, 생각하기조차 싫어했던 사항들이 모두 현실화된다면 악몽(惡夢)과 크게 다르지 않을 것이다. 조기유학이 장기화되면서 나타나는 실재(reality)는 낙원과 지옥 사이의 어느 지점에서 이쪽 또는 저쪽으로 약간 유동(流動)할 것이다. 자녀를 조기에 유학을 보내면서 희망사항만 생각하는 부모들은 이 세상에는 결코 존재하지 않는 (유토피아) 학교와 사회로 보내는 것이어서 실망하지 않을 수 없을 것이며, 부모들이 모든 절망까지도 감수하면서 보낸다면 자녀를 유기(遺棄)하는 것과 크게 다르지 않을 것이다. 부모가 자신들의 희망에만 부풀어 현실적 난관들을 철저히 외면한 채 어린 자녀를 외국에 유학을 보내는 것이야 말로 유토피아 곧 '이상향이지만 존재하지 않는 세계'로 송출(送出)하는 것과 비슷하다. 자녀의 조기유학을 계획하는 부모들은 <표 4>와 같은 준거를 마련하여 심사숙고할 필요가 있다.

현명한 부모는 자녀가 당면한 현실 ― 재능, 성격, 능력, 포부 등 ― 을 정확하게 그리고 객관적으로 간파하고 수용하면서 이상을 추구하지만, 무모한 부모는 자녀에 대한 자신들의 소원을 확정한 채 자녀를 그 소원에 맞추기 위해 몰아치고 재촉한다. 자녀의 장래 직업을 자녀의 의사(意思)나 의지(意志)와 무관하게 확정한 부모들은 자녀가 그 직업을 획득할 때까지 거치거나 갖추어야 할 경로(經路) 또는 절차를 미리 설정하고 철저히 통제한다. 이러한 유형의 부모들

표 4. 조기유학 자녀에 대한 부모의 희망과 절망

	희망	절망
현지 학교에의 적응	순조(順調)	곤란(困難)
영어 구사 능력	통달(通達)	미숙(未熟)
학업 성적	탁월(卓越)	열등(劣等)
학력(學歷)	충족(充足)	미흡(未洽)
학벌(學閥)	명문(名門)	범용(凡庸)
취업	용이(容易)	난관(難關)
승진	신속(迅速)	누락(漏落)
자아	실현(實現)	상실(喪失)
결혼 생활	화목(和睦)	불화(不和)
부모와의 관계	효도(孝道)	불효(不孝)
가족·친족과의 관계	돈독(敦篤)	반목(反目)
한국에 대한 정서	호의(好意)	반감(反感)

은 자신들이 예정한 직업 이외의 직업들에 대해서는 자녀가 생각조차 할 수 없도록 철저히 견제한다. 이렇게 조종되는 자녀는 직업이 고정될 뿐만 아니라 사고(思考)도 경직될 수밖에 없다. 소위 엘리트 경로라고 알려진 과정은 대체로 이와 유사하다. 이 경로는 예정된 직업을 획득할 수 있도록 철저하게 통제되기 때문에 훈련과정에 지나지 않는다. 훈련만 받는 사람들은 자신들의 인생을 주도할 수 없기 때문에 자신들의 삶으로부터 소외될 수밖에 없으며 당연한 결과로서 행복으로부터도 멀어진다. 그 이유는 비록 나를 위한 천국이라 할지라도 내가 소외된 채 외부에서 만들어져 주어진다면 그 곳이 천

국일 수 없기 때문이다.[9] 다시 말해서, 어떤 사람이 자신의 인생과 직결된 일인데도 구상으로부터 소외된 채 다만 외부에서 요구하는 명령만 수행함으로써 얻게 된 결과라면, 그 결과가 현실적으로 매우 선망되는 것일지라도 그의 삶을 가치 있게 만들 수는 없다.

한국사회에는 자녀교육에 현명한 부모들 못지않게 무모한 부모들이 많이 있다. 무모한 부모들은 그 수의 다소(多少)에 불문하고 교육적, 사회적 영향력이 아주 크다. 이들은 신념에 차 있고, 소리 높여 말하며, 발 빠르게 행동함으로써 사회적으로 큰 파문을 일으키고 있다. 자녀교육에 어려움을 겪는 거의 모든 부모들은 강한 신념, 큰 목소리, 과감한 실천력을 갖춘 열성 부모들에게 맞서기 어렵다. 대부분의 부모들은 이 열성 부모들을 만나면 주눅이 들 수밖에 없으며 자신들이 뒤처져 있다고 생각하게 된다. 대부분의 평범한 부모들은, 열성 부모들을 직접 만나거나 또는 간접적으로 의식함으로써, 자신들이 자녀교육을 방치하거나 소홀히 하고 있다고 판단하기 쉽다. 평범한 부모들이 이러한 심리 상태에 이르게 되면 열성 부모들의 주장에 동조하거나 행동을 모방하게 된다. 한국사회에서 사교육이 끝을 알 수 없게 팽창하고, 유학이 초등학생들에까지 확대되고 있으며, 모든 가정이 다른 모든 가정을 상대로 삼아 무한 경쟁에 돌입함으로써 자녀들은 물론이며 그 부모들까지 예외 없이 쫓기듯 살고 있다. 결과적으로 삶의 질은 가난에서 벗어나지 못했던 시절보다 더 나빠지고 있으며 학교교육은 황폐화되고 국가의 교육경쟁력도 기대할 수 있는 수준에 이르지 못하고 있다.

쫓고 쫓기며 살고 있는 우리 모두는 왜 그래야 하는지를 깊이

---

9) 이청준(1976)의 소설 『당신들의 천국』은 이러한 메시지를 인상적으로 묘사하였다.

성찰할 필요가 있다. 우리는 가진 것만으로도 행복할 수 있는데도 불구하고 못 가진 것들을 되새기면서 불행을 자초하기도 한다. 한국에는 부모의 일방적 기대와 철저한 조종 때문에 힘든 삶을 살아가는 자녀들이 의외로 많다. 이 부모들이 자녀가 태어났을 때 가졌던 순수함을 되찾았으면 좋겠다. 그 때, 부모들은 자녀의 출생에 감격했고 건강하게 자라기만을 소원하였다. 부모가 자녀의 학력, 학벌, 직업 등에 대해 일찍부터 확정하고 목표를 달성하기 위해서 구체적으로, 효율적으로, 혼신을 다해 밀어붙인다면, 그 자녀는 궤도에서 벗어날 수 없으며 극단적으로는 외줄을 타듯이 인생을 살아갈 수밖에 없다.

참고문헌

강지연 (2002). 학부모의 교육의식과 자녀 조기유학 선택: 서울 강남지역 학부모를 중심으로. 석사학위논문. 이화여자대학교.

곽영호 (1998). 귀국학생의 적응과 국제성 유지 및 신장에 관한 연구. 『지리학연구』, 32(2), 15-28.

권효숙 (2002). 초등학교 '귀국반' 아동의 적응에 대한 문화기술적 사례 연구. 박사학위논문. 서울대학교.

고재용 (2006). 『미국유학 200% 해킹하기: 조기유학에서 IVY벽을 넘어 의대·치대·약대 가기』. 서울: 한솔미디어.

구자순 (2001). 함께 또 따로: 떨어져 사는 부부. 『변화하는 사회 다양한 가족』, 이동원 외 (편저). 서울: 양서원.

김난도 (2007). 『사치의 나라 럭셔리 코리아』. 서울: 미래의창.

김삼오 (2004). 홈스테이의 명암: 영어는커녕 배곯고 마음 고생만. 『조기유학 로드맵』, 한준상·S. Merriam 외 (편저). 서울: 청아출판사.

김상봉 (2004). 『학벌사회』. 서울: 한길사.

김양희·장온정 (2004). 장기 분거 가족에 관한 탐색적 연구: 기러기가족에 초점을 맞추어. 『한국가족관계학회지』. 9(2), 1-23.

김영룡 (1995). 잔잔한 정의 나라, 한국. 임태섭 (편저), 『정, 체면, 연줄 그리고 한국인의 인간관계』. 서울: 한나래.

김현주 (2007). 미국 조기유학 청소년의 적응과정 연구: 근거이론을 적용하여. 박사학위논문, 이화여자대학교.

김홍원 (2005). 조기유학에 관한 국민의식과 실태. 『조기유학: 국민의식과 실태』. 한국교육개발원(편), 연구자료 RM 2005-7. 3-43.
김효창 (2005). 『한국인 설득의 심리학』. 성남: 바람출판사.
김희경 (2004). 『죽도 밥도 안된 조기유학』. 서울: 새로운사람들.
복거일 (1998). 『국제어 시대의 민족어』. 서울: 문학과지성사.
손준종 (2005). 누가 교육을 위해 한국을 떠나려고 하는가? 교육 관련 '탈'한국 현상의 사회적 성격 분석. 『교육사회학연구』, 15(2), 95-120.
송순호 (2001). 『조기유학, 절대로 보내지 마라!』. 서울: 사회평론. (2004년 2월 21일 출판된 초판 5쇄본을 참조함)
엄명용 (2002). 장기 분거가족의 전문직 남성문제: '기러기아빠'. 『한국가족치료학회지』. 10(2), 25-43.
오욱환 (1989). 교육사회학에서 사회적 불평등을 의미하는 변인의 선택과 설명 체제. 『한국교육』, 16(1), 81-105. 또는 『학교교육과 불평등: 교육사회학 논문묶음 I』, 오욱환 (편저) (1996). 서울: 교육과학사.
오욱환 (1997). 한국사회의 교육열에 대한 고유 이론모형의 탐색. 『교육학연구』, 37(4), 1-28.
오욱환 (1999). 미국 고등교육 경쟁력의 배경. 『비교교육연구』, 9(2), 1-37. 또는 『사회변화를 위한 교육: 교육사회학 논문묶음 III』, 오욱환 (편저) (2005). 서울: 교육과학사.
오욱환 (2000). 『한국사회의 교육열: 기원과 심화』. 서울: 교육과학사.
오욱환 (2003). 『교육사회학의 이해와 탐구』. 서울: 교육과학사.
오욱환 (2004). 현대 자본주의사회의 업무 탈기술화와 과잉교육의 역설적 관계에 대한 탐구. 『교육사회학연구』, 14(3), 157-182. 또는 『사회변화를 위한 교육: 교육사회학 논문묶음 III』. 오욱환 (편저) (2005). 서울: 교육과학사.
오욱환 (2005). 『교사전문성: 교육전문가로서의 교사에 대한 논의』. 서울: 교육과학사.
오욱환 (2007). 보상 패러다임의 성인교육: 한계와 극복. 『교육사회학연구』, 17(2), 53-76.
원진숙·이영호 (2003). 이중언어교육으로서의 해외 귀국학생을 위한 한국어 교육. 이중언어학회 국제학술대회(북경외대) 발표자료.
이두휴 (2007). 기러기 아빠의 교육적 희망과 갈등. 『교육과 시험의 사회사』, 한국사회사학회·한양대학교 수행인문연구소·비교역사문화연구소 공동학술대회 (편). 137-157.

이청준 (1976). 『당신들의 천국』. 서울: 문학과 지성사.
임태섭 (1995). 『정, 체면, 연줄 그리고 한국인의 인간관계』. 서울: 한나래.
장원섭 (1997). 『교육과 일의 사회학: 네트워크 이론적 접근』. 서울: 학지사.
장태한 (2004). 『아시안 아메리칸: 백인도 흑인도 아닌 사람들의 역사』. 서울: 책세상.
전옥경 (1996). 『엄마와 함께 하는 조기유학 길라잡이』. 서울: 사람과 사람.
조 은 (2004). 세계화의 최첨단에 선 한국의 가족: 신글로벌 모자녀 가족 사례 연구. 『경제와 사회』, 64권, 148-173.
정재옥·주은선 (2003). 해외 귀국 청소년들의 학교생활적응 특성에 관한 연구: 질적 분석을 통한 귀국 중학생들의 경험 파악 중심으로. 『한국심리학회지 상담 및 심리치료』, 15(2), 329-351.
최경석·김양희·김성천·김진희·박정윤 (2003). 『한국 가족복지의 이해』. 3판. 서울: 인간과 복지.
최양숙 (2005). 비동거 가족경험: '기러기 아빠'를 중심으로. 박사학위논문. 연세대학교.
최양숙 (2005). 『조기유학, 가족 그리고 기러기 아빠』. 파주: 한국학술정보.
한준상·기영화·강양원·박현숙·샤론 메리엄 (2002). 조기유학생 적응지도에 관한 연구. 『청소년학연구』, 9(1). 199-220.
한학성 (2000). 『영어 공용어화, 과연 가능한가』. 서울: 책세상.

Adler, M. J. (1982). *The paideia proposal: An educational manifesto*. New York: Collier Books.
Altbach, P. G. (1982). Servitude of the mind? Education, dependency, and neocolonialism. In *Comparative education*, edited by P. G. Altbach, R. F. Arnove and G. P. Kelly. New York: Macmillan.
Altbach, P. G. (1984). The distribution of knowledge in the third world: A case study in neocolonialism. In *Education and the colonial experience*, 2nd revised edition, edited by P. G. Altbach and G. P. Kelly. New Brunswick, NJ: Transaction Books.
Apple, M. (ed.) (1982). *Cultural and economic reproduction in education: Essays on class, ideology, and the State*. London: Routledge and Kegan Paul.
Blau, P. and O. D. Duncan (1967). *The American occupational structure*. New York: Wiley.

Bar-Tal, D. (1982). The effect of teachers' behavior on pupils' attribution: A review. In *Attributions and psychological change: A guide to the use of attribution theory in the clinic and education practice*, edited by C. Antaki and C. Brewin. London and New York: Academic Press.

Bourdieu, P. (1986). The forms of capital. In *Handbook of theory and research for the sociology of education*, edited by J. G. Richardson. New York: Greenwood Press. (원본 불어판은 1983년에 출판됨).

Bourdieu, P. and J-C. Passeron (1977). *Reproduction in education, society, and culture*. translated by R. Nice. London and Beverley Hills, CA: SAGE Publications. (원본 불어판은 1964년에 출판됨).

Bowles, S. and H. Gintis (1976). *Schooling in capitalist America: Educational reform and the contradictions of economic life*. New York: Basic Books.

Brophy, J. E. and T. L. Good (1970). Teachers' communication of differential expectations for children's classroom performance: Some behavioral data. *Journal of Educational Psychology*, *61*(5), 365-374.

Brown, P. (1990). The 'Third Wave': Education and the ideology of parentocracy. *British Journal of Sociology of Education*, *11*(1), 65-88.

Carnoy, M. (1974). *Education as cultural imperialism*. New York: McKay.

Carter, F. and R. Strickland (2003). 『내 영혼이 따뜻했던 날들』 [*The education of Little Tree*]. (조경숙 역). 서울: 아름드리미디어. (1976년에 원본 초판, 그리고 2001년에 '25주년 기념판'이 출판됨, 초기 번역본은 『작은 나무야 작은 나무야』라는 제목으로 출판됨).

Coleman, J. S. (1990). *Foundations of social theory*. Cambridge, MA: Harvard University Press.

Coleman, J. S., E. Q. Campbell, C. J. Hodson, J. McPartland, A. M. Mood, F. D. Weinfeld and R. L. York (1966). *Equality of educational opportunity*. Washington, DC: U.S. Department of Health, Education, and Welfare. (Coleman Report로 더 알려져 있음).

Davies, N. (2007). 『위기의 학교』[*School report: The hidden truth about Britain's classrooms*]. 이병곤 (역). 서울: 우리교육. (원본은 2000년에 출판됨).

Devine, F. (1992). *Affluent workers revisited: Privatism and the working class*. Edinburgh, [UK]: Edinburgh University Press.

Dewey, J. (1897). My pedagogic creed. *The School Journal*, 54(3), 77-80.

Duncan, O. D. (1984). *Notes on social measurement: Historical and critical*. New York: Russell Sage Foundation.

Elkind, D. (1981). *Children and adolescent: Interpretive essays on Jean Piaget*. 3rd ed. New York: Oxford University Press.

Elkind, D. ([1988] 2001). 『쫓기며 자라는 아이들 : 너무 일찍, 너무 빨리 스트레스 받는 아동들』[*The hurried child: Growing up too fast too soon*]. 김용미 (역). 서울: 학지사. (원본은 1988년에 출판됨).

Falbell, A. (2004). 학습? 좋죠. 교육? 사양합니다[Learning? Yes, of course. Education? No, thanks]. In 『학교를 버려라』[*Deschooling our lives*]. (기영화·김선주 역). 파주: 나무를 심는 사람. (원본은 1996년에 출판됨).

Festinger, L. ([1957] 1987). 『사회심리학서설: 인지불협화이론』[*A theory of cognitive dissonance*]. 장광수 (역). 서울: 선일문화사. (원본은 1957년에 출판됨).

Forsyth, D. R. (1986). An attributional analysis of students' reactions to success and failure. In *The social psychology of education: Current research and theory*, edited by R. S. Feldman. Cambridge and New York: Cambridge University Press.

Freire, P. ([1970] 1983). *Pedagogy of the oppressed*. New York: Continuum.

Frieze, I. H. (1980). Beliefs about success and failure in the classroom. In *The social psychology of school learning*, edited by J. H. McMillan. New York: Academic.

Gartner, A., C. Greer, and F. Riessman (eds.) (1973). *After deschooling, what?* New York: Harper and Row.

Gatto, J. T. (2005). 『바보 만들기』[*Dumbing us down: The hidden curriculum of compulsory schooling*]. 서울: 민들레. (원본은 1992년에 출판됨).

Ginott, H. G. (2003). 『교사와 학생사이』[*Teacher and child*]. 신홍민 (역). 서울: 양철북. (원본은 1972년에 출판됨).

Giroux, H. (1983). *Theory and resistance in education: A pedagogy for the opposition*. London: Heinemann Educational Books.

Good, T. L. and J. E. Brophy (1997). *Looking in classrooms*. 7th ed. New York: Longman. (초판은 1973년에 출판됨).

Goodman, K., P. Shannon, Y. Goodman, and R. Papoport (eds.) (2004). *Saving our schools: The case for public education saying no to "No children left behind"*. Berkeley, CA: RDR Book.

Granovetter, M. S. (1995). *Getting a job: A study of contacts and careers*. 2nd ed. Chicago: University of Chicago Press.

Heider, F. (1958). *The psychology of interpersonal relations*. New York: Wiley.

Hentoff, N. (1966). *Our children are dying*. New York: Viking.

Herndon, J. (1971). *How to survive in your land*. New York: Simon and Schuster.

Holt, J. (1964). *How children fail*. New York: Delta.

Homans, G. (1974). *Social behavior: Its elementary forms*. Revised ed. New York: Harcourt Brace Jovanovich.

Illich. I. (1969). *Celebration of awareness: A call for institutional revolution*. Garden City, NY: Anchor Books.

Illich, I. (1970). *Deschooling society*. New York: Harper and Row.

Ingersoll, R. (2004). Why some schools have more underqualified teachers than others. In *Brookings paper on educational policy*. Washington, DC: Brookings Institute Press.

Johns, E. E. and K. E. Davis (1965). From acts to dispositions: The attribution process in person perception. *In Advances in experimental social psychology*, edited by L. Berkowitz. New York: Academic Press.

Kelley, H. H. (1971). *Attribution in social interaction*. Morristown, NJ: General Learning Press.

Kelley, T. (1987). *A teacher for the apple: Why New York City can't staff its schools*. New York: Educational Priorities Panel.

Kohl, H. (1967). *36 children*. New York: A Signet Book.

Kozol, J. (1991). *Savage inequalities: Children in America's schools*. New York: HarperPerennial.

Kuehn, L. (2006). 『발칙하고 통쾌한 교사비판서』[*Das Lehrenhasserbuch*]. 조경수 (역). 서울: 황금부엉이. (원본은 2005년에 출판됨).

Kuroyanagi, Tetsuko(구로야나기 테츠코) ([1981] 2000). 『창가의 토토』[*Modogiwa no Tottto chan*]. 김난주(역). 서울: 프로메테우스출판사. (원본은 1981년에 출판됨)

Ladson-Billings, G. (2004). Landing on the wrong note: The price we paid for Brown. *Educational Researcher*, *33*(7), 3-13.

Lortie, D. (2003). 『교직사회: 교직과 교사의 삶』[*School teacher: A sociological study*]. 진동섭(역). 서울: 양서원. (원본은 1975년에 출판됨).

MacLeod, J. (1995). *Ain't no makin' it: Aspirations and attainment in low income neighborhood*. 2nd ed. Boulder, CO: Westview.

McLaren, P. (1998). *Life in schools: An introduction to critical pedagogy in the foundations of education*. third edition. New York: Longman.

Meier, D., A. Kohn, L. Darling-Hammond, T. R. Sizer, and G. Wood (eds.) (2004). *Many children left behind: How the No Children Left Behind Act is damaging our children and our schools*. Boston: Beacon Press.

Mills, C. W. ([1959] 1975). *The sociological imagination*. Harmondsworth, [UK]: Penguin Books. (초판은 1959년에 출판됨).

Morin, E. (2001). 『미래의 교육에 반드시 필요한 7가지 원칙』[*Les Sept Savoirs nécessaires à l'éducation du futur*]. 고영림(역). 서울: 당대. (원본은 1999년에 출판됨).

Murnane, R. J. and F. Levy (1993). Why today's high-school-educated males earn less than their fathers did: The problem and an assessment of responses. *Harvard Educational Review*, *63*(1), 1-19.

National Commission on Excellence in Education (1983). *A nation at risk: The imperative for educational reform*. Washington, DC: US Government Printing Office.

Neill, A. S. and A. Lamb ([1995] 1999). 『행복한 학교 서머힐』[*Summerhill schook: A new view of childhood*, revised ed]. 김은산(역). 서울: 양서원. (원본 초판은 1960년에 출판됨).

Noble, D. F. (2002). Technology and the commodification of higher education. *Monthly Review*, *53*(10). 26-41. http://www.monthlyreview.org/0302noble.htm 에서 2004. 7. 4 인출.

Ogbu, J. U. (1982). Equalization and educational opportunity and racial/ethnic inequality. In *Comparative education*, edited by P. G. Altbach, R. F. Arnove, and G. P. Kelly. New York: Macmillan.

Ogbu, J. U. (1986). The consequences of the American caste system, In *The school achievement of minority children: New perspectives*, edited by U. Neisser. Hillsdale, NJ: Lawrence Erlbaum.

Ornstein, A. C. and D. U. Levine (2006). *Foundations of education*, 9th ed. Boston: Houghton Mifflin.

Parkin, F. (1979). *Marxism and class theory: A bourgeois critique*. London: Tavistock.

Persell, C. H. and P. W. Cookson, Jr. (1986). Chartering and bartering: Elite education and social reproduction. *Social Problems*, *33*(2), 114-129 또는 In *Exploring education: An introduction to the foundations of education*, written and edited by A. R. Sadovnik, P. W. Cookson, Jr. and S. F. Semel. Boston: Allyn and Bacon.

Peterson, P. E. and M. R. West (eds.) (2003). *No children left behind: The politics and practice of school accountability*. Washington, DC: Brookings Institution Press.

Postman, N. and C. Weingartner (1971). *The soft revolution*. New York: Delacorte Press.

Reimer, E. (1970). *School is dead: Alternatives in education*. Garden City, NY: Anchor Books.

Rist, R. C. (1977). On understanding the processes of schooling: The contributions of labeling theory. In *Power and ideology in education*, edited by J. Karabel and A. H. Halsey. New York: Oxford University Press.

Roberts, K. (1995). *Youth and employment in modern Britain*. Oxford and New York: Oxford University Press.

Rogers, C. (1969). *Freedom to learn: A view of what education might become*. Columbus, OH: Charles E. Merrill.

Rosenbaum, J. E. (1976). *Making inequality: The hidden curriculum of high school tracking*. New York: Wiley.

Rosenthal, R. and L. Jacobson ([1968] 1992). *Pygmalion in the classroom: Teacher expectation and pupil's intellectual development*. newly and expanded edition. Williston, VT: Crown House. (초판은 1968년에 출판됨). 심재관 (역) (2003). 『피그말리온 효과: 기대와 칭찬의 힘』. 서울: 이끌리오.

Rothbart, M., S. Dalfen and R. Barrett (1971). Effects of teacher's expectancy on student-teacher interaction. *Journal of Educational Psychology*, *62*(1), 49-54.

Sadovnik, A. R., P. W. Cookson, Jr., and S. Semel (2006). *Exploring education: An introduction to the foundations of education*. Boston: Allyn and Bacon.

Silberman, C. E. (1970). *Crisis in the classroom: The remaking of American education*. New York: Vintage Books.

Stevenson, H. W. and J. W. Stigler (1992). *The learning gap: Why our schools are failing and what can learn from Japanese and Chinese education*. New York: A Touchstone Book.

Stigler, J. W. and J. Hiebert (1999). *The teaching gap: Best ideas from the world's teachers for improving education in the classroom*. New York: The Free Press.

Turner, B. S. (1988). *Status*. Minneapolis: University of Minnesota Press.

Turner, R. H. (1961). Modes of social ascent through education: Sponsored and contest mobility. In *Education, economy, and society: A reader in the sociology of education*, edited by A. H. Halsey, J. Floud, and C. A. Anderson. New York: The Free Press. Reprinted from Turner, R. H. (1960). Sponsored and contest mobility and the school system. *American Sociological Review*, *25*(5), 1960.

Veblen, T. (1983). 『유한계급론』[*The theory of leisure class: An economic study in the evolution of institutions*]. 최황렬 (역). 서울: 양영각. (원본은 1899년에 출판됨).

Veblen, T. (2005). 『유한계급론』[*The theory of leisure class: An economic study in the evolution of institutions*]. 김성균 (역). 서울: 우물이 있는 집. (원본은 1899년에 출판됨).

Weiner, B., I. H. Frieze, A. Kukla, L. Reed, S. Rest and R. M. Rosenbaum (1971). *Perceiving the causes of success and failure*. Morristown, NJ: General Learning Press.

White, M. (1987). *The Japanese educational challenge: A commitment to children*. New York: The Free Press.

Willis, P. (1977). *Learning to labour: How working class kids get working class jobs*. New York: Columbia University Press. 김찬호·김영훈 (역) (2004). 『학교와 계급재생산: 반학교문화, 일상, 저항』. 서울: 이매진.

찾아보기

< 인 명 >

< 주 제 >

(ㄱ)

(ㅈ)

저자 소개

오욱환(吳旭煥)
http://home.ewha.ac.kr/~oookwhan

오욱환은 1971년 서울대학교 교육학과를 졸업하고, 1976년 서울대학교 대학원에서 교육행정학으로 석사학위를 받았다. 1979년 8월 미국 일리노이 주(州) 어바나-샴페인 시(市)에 있는 일리노이대학교(University of Illinois at Urbana-Champaign) 대학원 교육정책학과(Department of Educational Policy Studies) 박사과정에 진학하였다. 4년 후(1983년) 교육사회학 전공으로 박사학위를 취득하였다. 1984년 3월 이후 이화여자대학교 교육학과 교수로 재직하고 있으며, 1992년 6월부터 2년 동안 한국교육사회학회 회장을 맡았다.

그는 교육학을 종합학문과 실천학문으로 규정하고 교육학의 통합을 주장하고 있다. 교육학이 종합적 속성을 되찾으려면 하위 영역 사이에 인위적으로 만들어진 경계를 허물어야 하며 실천적 속성을 잃지 않으려면 교육현장에 더 많은 관심을 기울여야 한다고 역설하고 있다. 이러한 주장과 확신에 스스로 충실하기 위해, 교육학 하위 영역들의 접목과 교육현상에 대한 통합적 접근을 시도해 왔다. 교육사회학, 비교교육학, 교과과정사회학, 여성교육학, 평생교육학, 교육정책학, 고등교육, 교육사회심리학, 교육역사사회학 등을 가르쳤으며 하위 영역의 경계를 넘나들며 논문과 저서를 집필하였다.

그는 2004년도에 이화여자대학교에서 강의우수교수로 선정되었다. 그리고 『한국사회의 교육열: 기원과 심화』로 2004년도에 한국교육학회 학술상을 수상했으며, 2006년에는 『교사전문성: 교육전문가로서의 교사에 대한 논의』가 대한민국학술원 기초학문육성 우수학술도서로 선정되었다. 개인홈페이지(http://home.ewha.ac.kr/~oookwhan)에 출판된 논문과 저서 그리고 담당했던 과목의 수업계획안을 제시하고 있다.

조기유학, 유토피아를 향한 출국

조기유학의 복합적 기능과 역기능

2008년 1월 10일 1판 1쇄 인쇄
2008년 1월 15일 1판 1쇄 발행

저 자 : 오 욱 환
발행자 : 김 동 규
발행처 : 교육과학사

경기도 파주시 교하읍 문발리
파주출판문화정보산업단지 514-5
전화 (031) 955-6956~8 / FAX (031) 955-6037
Home-page : www.kyoyookbook.co.kr
E-mail : kyoyook@chol.com
등록 : 1970년 5월 18일 제2-73호

낙장 · 파본은 교환해 드립니다.
Printed in Korea.

정가 12,000 원
ISBN 978-89-254-0123-2